全球语境下海外高校汉语教学

洪历建 主编

Quanqiu Yujingxia
Haiwai Gaoxiao Hanyu Jiaoxue

学林出版社

图书在版编目(CIP)数据

全球语境下海外高校汉语教学/洪历建主编. —上海：学林出版社，2012.12
ISBN 978-7-5486-0452-5

Ⅰ.①全… Ⅱ.①洪… Ⅲ.①汉语—教学研究—高等学校—国外—文集 Ⅳ.①H19-53

中国版本图书馆 CIP 数据核字(2012)第 268290 号

全球语境下海外高校汉语教学

主　　编——洪历建
责任编辑——李西曦
封面设计——鲁继德

出　　版——上海世纪出版股份有限公司　学林出版社
　　　　　　地址：上海钦州南路81号　电话/传真：64515005

发　　行——中国图书进出口上海公司
　　　　　　地址：上海市广中路88号　电话：36357888

字　　数——27万

书　　号——ISBN 978-7-5486-0452-5/H·32

（如发生印刷、装订质量问题，读者可向工厂调换。）

全球语境下海外高校汉语教学
Chinese Language Teaching in Universities Abroad in a Context of Globalisation

主　编：洪历建　（Lijian Hong）（澳大利亚）

副主编：刘国强　（Guoqiang Liu）（澳大利亚）

编　委：（按姓氏的汉语拼音字母排序）
　　　　陈慧忠　（Huizhong Chen）（中国）
　　　　郭志岩　（Zhiyan Guo）（英国）
　　　　洪历建　（Lijian Hong）（澳大利亚）
　　　　刘国强　（Guoqiang Liu）（澳大利亚）
　　　　伍云姬　（Yunji Wu）（澳大利亚）
　　　　熊　文　（Wen Xiong）（美国）
　　　　徐　慧　（Hui Xu）（澳大利亚）
　　　　许玉增　（Yuzeng Xu）（澳大利亚）
　　　　张新生　（Xinsheng Zhang）（英国）
　　　　周少明　（Shaoming Zhou）（澳大利亚）

目　录

前言 Preface	本书编委会 刘国强 (Guoqiang Liu) 许玉增 (Yuzeng Xu) 执笔	1

第一编：英语国家篇

欧盟语言政策和大学外语教学 Language Policy of European Union and Universities' Foreign Language Teaching	张新生 (Xinsheng Zhang)	3
国际汉语和英国大学汉语教学 Teaching Chinese as an International Language and University Chinese Language Teaching in UK	李明芳 (Mingfang Li)	21
对外汉语初学者的阅读过程初探 An Exploration of CFL Beginners' Reading Process	郭志岩 (Zhiyan Guo)	40
外语教育新模式和探索——美国中文领航项目的目标和实践 The Chinese Language Flagship Program: Exploring New Model of Chinese Language Teaching in American Universities	熊　文 (Wen Xiong)	56
困境与出路——语言教学中的文化传授 Challenges and Suggestions: Teaching Culture in Language Classes	周少明 (Shaoming Zhou)	69

从国际汉语的角度审视澳大利亚高校的翻译课程 Chinese as an International Language and the Teaching of Chinese Translation at Australian Universities	洪历建 (Lijian Hong)	81
澳大利亚华语教师与文化教育差异 Australian Chinese Language Teachers: an Analysis from Pedagogical and Cultural Perspectives	高保强 (Baoqiang Gao)	112
澳大利亚大学生学习汉语的动机调查 A Study on Australian University Students' Motivation of Learning Chinese	许玉增 (Yuzeng Xu) 刘国强 (Guoqiang Liu)	133
澳大利亚 Monash 大学中国留学班（上海班）学生需求分析调查报告 An Analysis of Student Learning Demand Survey for Monash Chinese Incountry Program (Shanghai)	张 忻 (Xin Zhang) 洪历建 (Lijian Hong) 徐 慧 (Hui Xu)	161
作为第二语言的汉语的积极教学法 Active Pedagogy in Teaching Chinese as a Second Language	郑 林 (Lin Zheng)	200

第二编：亚太国家篇

日本高校汉语教学离国际化、现代化还有多远？ Internationalization and Modernization of College-level Chinese Language Instruction in Japan	西香织 (Kaori Nishi)	217
日本的汉语教育四题 Four Issues in Chinese Language Teaching in Japan	胡士云 (Shiyun Hu)	239
新加坡高校中的中华语言与文化教学 The Teaching of Chinese Language and Culture at the Tertiary Institutions in Singapore	梁秉赋 (Pengfu Neo)	250
以语言教学为本位的文化教学与专业汉语教学 Language Focused Teaching and the Teaching of Chinese Culture and Teaching of Chinese for Special Purposes	阮黄英 (Nguyen hoang Anh)	281

"大华语"和"国际汉语"的理念与思考 Some Thoughts on the Concepts of Extensive Mandarin and Chinese as an International Language	吴春相 (Chunxiang Wu)	294
论外语教学的语境与作为外语的汉语教学 The Context of Foreign Language Teaching And The Teaching of Chinese as a Foreign Language	郑振贤 (Zhenxian Zheng)	308
非目的语环境下高校汉语教学中的三教问题——以日本高校汉语教学为例 Three Issues of Language Teaching (Teachers, Teaching Material and Teaching Philosophy) in University Education of Chinese Language in Non-Target Language Environment: A Case Study of Chinese Language Teaching in Japanese Universities	杨金华 (Jinhua Yang)	319
大阪产业大学孔子学院工作简介 A Brief Introduction to the Chinese Teaching at Confucius Institute at Osaka Sangyo University	鹿钦佞 (Qinning Lu) 吕 林 (Lin Lü)	334

前　言
Preface

本书编委会
刘国强(Guoqiang Liu)(澳大利亚 Deakin University)、
许玉增(Yuzeng Xu)(澳大利亚 La Trobe University)
执笔

汉语教学的国际化与本土化

　　进入21世纪之后,随着中国经济的高速发展,世界各国高校在汉语教学上也有了较快的发展,高校汉语教学的性质也有了值得重视的变化。过去,教学的方向主要是培养汉学家,学生学习汉语的目的主要是为了能够研究中国的文化、政治与社会,教学内容也偏重于文学作品的阅读。近年来,不少高校的汉语教学的重点转向了语言交际的实用功能性,主要培养学生的语言交际能力,增强学生毕业后的就业能力。就教学内容和语料来说,以前有一个中心目的语,强调语言的正宗性和标准性,即：标准的发音、标准的语法、标准的用词。换言之,汉语教学基本上是以中国(主要是北京)的场景来安排学生学习普通话,这与世界各国高校学生身处的生活环境没有直接的联系,学生也没有什么机会学习如何在其所处的语言环境中用汉语来表达自已。

当前,汉语教学与研究人员开始意识到汉语目的语远远不止一个中心,除了中国大陆以外,还有中国台湾、东南亚、北美、欧洲、澳洲等等。汉语已经成为一种国际化程度非常高的语言,在世界各地得到广泛使用。在学术界,国际化程度最高的英语已被看作是一种含多个亚种的语言,即世界英语(World Englishes,见Hans-Georg,2009),比如,有作为母语使用的美式英语、澳式英语、新西兰英语、南非英语等;有作为第二语言使用的中式英语、日式英语、印度英语等等。汉语实际上也是一种多中心的语言,有中国大陆普通话、台湾华语、新加坡华语等等。如果全球学习汉语的趋势继续发展,或许在不久的将来,随着汉语学习人数的增加,世界各地越来越多的汉语非母语背景的人都会用汉语进行交流沟通,带各地特点的汉语形式也会随之而出现,那时候,复数形式的汉语(World Chineses)很可能成为一个独立的学术研究领域。

从第二语言习得角度来说,语言学习的一个原则是语言的现时现地性(here and now),即:需要用现时现地的语料进行现时现地的沟通,这样才能有效地学习一种语言(Ellis,2003;Cook,2008)。因此,汉语学习者需要有一个目的语中心,不过这个中心不是远离自身、与自己的生活无直接关系的中国中心或台湾中心,而是汉语学习者本人的目的语中心,也就是以自己所处的生活环境为汉语学习的目的语中心。所以,汉语学习需要本地化,这就与"国际汉语"概念(洪历建,2011)相吻合。

2010年10月,"全球语境下的高校汉语教学国际研讨会"在澳大利亚Deakin大学召开。来自中国高校的对外汉语教学专家和墨尔本各高校汉语教学领域的专家、学者共聚一堂,就全球语境下高校对外汉语教学及海外汉语教学中的一些重大议题展开了讨论和交流。此次研讨会由澳大利亚高校汉语教师学会主办,并得到国家汉办资助和中国驻墨尔本总领事馆教育组的支持。

这次国际研讨会是在汉语教学日益走向世界的背景下召开的。研讨会就汉语教学国际化和本土化这一议题展开了讨论,其意义和针对性较强。其涵盖内容有高校汉语教学理念、国家语言政策等宏观问题研究;有中外合作办学模式、汉语教师与文化教育差异等比较研究;也有文化教学、汉语教学法等教学实践探讨;以及教材、教学语料载体、汉字教法等教学经验总结。在这次国际研讨会的基础上,世界各国的一些高校汉语教学界同行在各个层面上对汉语教学国际化和本土化展开了进一步的思考与探索,我们将这些研究成果汇编成为本书。

本书分为上下两编。上编的论文由来自在英语国家高校从事汉语教学的学者,下编的论文来自亚太地区高校的汉语教学学者。本书的出版得到了国家汉办的资助。

各国的国家汉语语言政策与汉语教学现状

国家语言政策与汉语教学状况是本书的重要内容之一。

在《欧盟语言政策和大学外语教学》一文中,张新生回顾了欧盟语言政策从隐性到显性的发展历程。语言问题在欧洲一直受到高度重视,从1949年建立的欧洲国家之间最早的联合机构欧洲委员会起一直到现在的欧盟,语言政策一直是欧洲的一个工作中心。欧洲委员会和其后的欧洲经济共同体制定的语言政策旨在推行平等、包容、民主等人权基本原则。欧洲联盟成立后继续推行这些基本原则,并在统一的基础上鼓励对文化和语言多样性的尊重,培养欧洲意识。2005年11月,欧盟公布了其语言政策《多语制度的新框架战略》，倡导新欧洲价值中的"多元中的统一"，并充分发挥语言的经济、政治和社会功用性。欧洲联盟的主要语言教育项目包括设立欧洲语言奖、欧洲语言年、每年9月26日的欧洲语言日；制定了《推动语言学习和语言多样化：2004至2006年行动计划》、《欧洲语言参考框架》、《终身学习项目》、《欧洲多元语言主义战略》等。欧洲语言政策的出发点是欧洲各国的本土语言。虽然汉语也是欧洲使用的一种语言，但并非欧洲语言政策考虑的重点。因此，怎样在欧洲发展和壮大汉语教学还有待于汉语教师的努力。为此，伦敦高校亚非学院、法国雷恩二大、德国柏林自由高校、意大利罗马智慧高校等汉语教师正在起草《欧洲汉语外语能力标准》，目的"在于促进以应用为目的的汉语教学，秉承欧洲语言参考框架的精神，结合汉语的语言特点，提出一个适用于全欧洲的汉语能力描述框架，为欧洲范围内汉语课程设置、教学资源开发、评测工具制定，以及使汉语教学和其他欧洲语言教学的接轨提供一个平台"。(张新生，2011)

美国的一项重大语言政策举措是涉及多种语言的外语领航项目。这些项目的独特点包括：1.高校中密集、强化的语言和文化教学；2.让学生在海外高校学习专业中浸入目的语及其文化；3.通过各种渠道安排学生在目的语环境中实习；4.同时获得专业学位和高级语言能力。在《外语教育新模式和探索——美国中文领航项目的目标和实践》一文中，熊文论述和分析了美国的中文领航项目的目标和发现人才及培养人才的途径，其中包括开设强化和多元的语言和文化课程，开设高年级专业汉语课程，统一考评与个人学习档案相结合，以及在海外设立中文领航项目中心。

日本主管教育的文部科学省在21世纪推行的一项语言政

策举措是注重外语教学中的口语交际,这也是日本教育界对"汉文"教育的反思结果。因此,汉语教学从学术性转向了实用性。在《日本高校汉语教学离国际化、现代化还有多远?》一文中,西香织通过北九州市立高校的汉语教学情况对这项语言政策下的日本高校汉语教学的现状作出了分析,其中涉及公共汉语课程和专业汉语课程的设置、师资、教学法等问题。

在《以语言教学为本位的文化教学与专业汉语教学》一文中,阮黄英阐述了进入21世纪后越南汉语人才结构状况,目前的汉语教师需求已饱和,而对专业汉语翻译人才需求激增。在这个背景下,越南的汉语教学完成了以语言教学为本位的专业汉语教学的转向。她还论述了越南汉语教学中文化教学与专业汉语教学的必要性、汉语教学中的汉民族文化教学,并对以语言教学为本位的专业汉语教学课程进行了探索。

新加坡是个多民族的国家。近年来,政府语言政策鼓励华裔、马来裔和印度裔的学生修读各自的祖裔语,修读高级华语的中小学生人数由此大增。在此背景下,梁秉赋在《新加坡高校中的中华语言与文化教学》一文中联系汉语国际化问题对新加坡高校中"汉学"、"汉语"与"中文"专业、"华文"、"华文B"与"高级华文"等课程进行了阐述和分析。

课程设置、教师培养与教学法探讨

一些学者对各国的汉语课程设置、教师培养、教学法等问题进行了探讨。在《日本的汉语教育四题》一文中,胡士云认为日本各高校学术独立性强,在汉语课程设置方面无统一标准,因此高校的汉语课程各显个性,教学内容大都以实用基础汉语为主,兼授社会、经济、历史、文化等内容。近年来汉语教师在职培训的本地化和长期化受到了重视,这有助于提高汉语教师,特别是非汉语专业出身的汉语教师的专业知识水平和教学水平。日本高校汉语教学面临的一个问题是低年级学生很多,但随后逐年减少,其原因在于高校课程设置结构问题,尤其是高校对学生课程中外语的学分比例要求较低。

李明芳在《国际汉语和英国大学汉语教学》一文中对欧盟语言政策和国际汉语教学语境下的英国高校汉语教学发展方向作了深入的思考。她认为英国高校的汉语教学发展需要具备如下条件:明确的国际汉语理念和可行的行动方案;统一且适应英国的国际汉语教学标准;高质量的专业汉语师资;符合英国需求的本土汉语教材,以及需要加强汉语教学研究与各校之间的合作。

在《困境与出路——语言教学中的文化传授》一文中,周少明对如何在汉语教学课堂上有效地传授文化知识这一课题作出了结合实际的探讨。针对在有限的课堂教学时间内如何有效地传授复杂的文化教学内容,他认为,精力应集中放在对语言的"实事"与"关系"特性的把握上,将教学活动引向与教学内容更具关联的方面来。具体地说,教学重点应放在中国文化的独特性上,因为正是这种独特性直接影响着学习者的跨文化交流能力。

澳大利亚的汉语教师目前主要由汉语为母语者担任。在《澳大利亚华语教师与文化教育差异》一文中,高保强从跨文化交流理论和教育学等角度分析了中文背景的汉语教师在澳大利亚从教中所遇到的挑战,其中包括对学生学习动机的了解、自身形成的中国文化情境中交往特点、对教育和学习的认识与态度、教师角色作用等。他认为汉语教师应认识到,除发音、语法、语言的正确使用之外还需深入了解语言使用的情境,并提高对澳大利亚教育理念和教育环境的认识。高保强的研究为澳大利亚的汉语教师培训指出了方向。

洪历建在《从国际汉语的角度审视澳大利亚高校的翻译课程》一文中对澳大利亚高校汉语教学中的翻译课程作了分析，并重点对新型的本科翻译课程进行了深入的探讨。教育国际化促进了本科非专业翻译课程的急剧发展，这类课程可协助未来的专业人士获得语言技能；本科翻译课程让学生充分利用自己的母语资源，借助语言比较和翻译来提高第二语言能力，使他们通过学习翻译来了解第二语言及其相关的文化。洪历建指出，我们应当重新认识高校翻译教学的本质，根据生源和就业需求建立多元的、多层次的高校翻译教学新理念，并在这些理念的基础上改进课程设置。

在《作为第二语言的汉语的积极教学法》一文中，郑林对自己十五年的汉语教学生涯作了分析和总结。她在教学中实践六个基本语言教学原则，即：以学生为中心、循序渐进、因材施教、精讲多练、教学趣味性和语言文化相结合。在此基础上，她还展开了教学研究，在澳大利亚高校汉语教学的特点、声调因素与汉语标准发音、语法结构与高水平汉语、汉英双语与跨文化交际等方面总结出自己的经验。

郭志岩开展了一项对学生汉语阅读困难和阅读策略的调查研究，在《对外汉语初学者的阅读过程初探》一文中对调查研究的结果作出了分析。他的调查显示，构建式阅读模式仍是阅读过程的有效解释。学生的阅读困难包括：汉字的识别、记忆和重现；意义单位辨别；汉字不同字体之间的差异；中文名字识别；生词猜测；汉字组词；以及汉语语法。在阅读策略方面，他发现学生采用的策略包括：由下而上；翻译；非语言学符号标记内容；标出拼音或词义；在上下文中寻找线索；默读字音；借用母语阅读技能;寻找语法线索,以及元认知技能。

在《非目的语环境下高校汉语教学中的三教问题——以日本高校汉语教学为例》一文中,杨金华对日本汉语教学的历史与现状作了评述,对日本高校的教师、教材和教学方面的问题作了分析,并且对汉语师资不足、重研究轻教学、教材国别化和规范化、教材使用、教学大纲、教学规范等问题提出了如何改进的具体建议。

建立孔子学院是目前中国在世界上推广汉语教学的重要形式之一。鹿钦佞、吕林在《大阪产业大学孔子学院工作简介》一文中对大阪产业大学孔子学院概况作了详细的介绍,包括大阪产业大学孔子学院的教学、学制、招生与生源、课程设置与教材等等。他们对孔子学院在教学、组织考试和师资培训等方面的特点和难点作出了分析。此外,他们还对孔子学院的发展进行了思考和展望,包括孔子学院总部的标准化工作、各地孔子学院的教师本土化道路,并指出孔子学院的汉语推广和文化传播应当融合而不是割裂。

汉语学习动机与需求

在语言教学中,学生的学习动机与需求对学习的效果来说至关重要,这是教师必须了解的两大问题。

许玉增和刘国强认为,学习动机与学习成功与否有着密切的关系;动机推动成功,成功也增强动机。他们在《澳大利亚大学生学习汉语的动机调查》一文中对一项学生学习汉语的动机调查进行了分析。语言学习动机可分融入型和工具型。调查结果显示,选择学习汉语的学生来自不同的专业,而多数学生来自人文和社会学学院、法学院和管理学院。而且,除个别学生选择主修汉语之外,绝大多数学生只把汉语作为选修课来学习。从这点上来看,学习汉语尚不具备普遍性,更不能称之为大学生的主选趋势。不过,具有说服力的是,几乎所有学习汉语的学生,都有"喜欢中国"、"了解中国"、"要去中国"的情感和愿望,显示出融入型的汉语学习动机。在被调查的学生中,凡是去过中国的学生,基本都表示毕业以后"要去中国"或从事与说汉语相关的职业,显示出融入型和工具型动机的结合。

教育国际化促使跨国教育成为高校教育的重要组成部分。张忻、洪历建、徐慧对澳大利亚赴华留学班学生的学习需求做了案例调查。问卷包括语言技能方面的学习需求;语言要素、文化和交际技能等课堂教学内容;留学大环境中教学途径、学习方法以及考试评估等。在《澳大利亚 Monash 大学中国留学班(上海班)学生需求分析调查报告》一文中,他们对调查结果进行了综合分析。调查分两次进行,一次在课程初期,另一次在课程过半时,两次调查结果比较后可显示学生的需求变化情况。这项调查为 Monash 大学中国留学班的课程设计、教材选用和教学法的调整奠定了基础。Monash 大学每年举办的中国留学班已成为该校中文系汉语教学的重要组成部分。

国际汉语与教学语境

吴春相在《"大华语"和"国际汉语"的理念与思考》一文中对"大华语汉语"和"国际汉语"这两个概念及其范畴作了论述。他指出,汉语是汉民族的语言,大华语是全世界华人的共同语,而国际汉语则是华人母语和全世界汉语使用者的共通语。他认为提出大华语和国际汉语两个概念及规范各自的范畴具有积极意义:大华语概念有利于全球华人的感情认同,而国际汉语概念可促进汉语作为国际化通用语言的发展。

在《论外语教学的语境与作为外语的汉语教学》一文中,郑振贤论述了外语教学的语境因素、语境因素对作为外语的汉语教学的影响和制约、全球语境下的作为外语的汉语教学、以及全球语境下的中外高校合作汉语教学。

从澳大利亚高校中文教师学会于2005-2006年开始讨论"国际汉语"概念、Monash大学2009年第一次召开"国际汉语研讨会",到2009年"亚太地区国际汉语教学学会"成立和连续四次年会(大阪2009、首尔2010、新加坡2011、河内2012)的成功召开,"国际汉语"概念已经开始引起汉语教学界的重视。到目前为止,越来越多的学者认识到,不能因为汉语姓"汉",就简单地将其归结为一个民族、一个国家的语言。"国际汉语"中的"国际"表明了汉语的全球性、多样性;"国际汉语"中的"汉语"表明了这些汉语之间的共同性。汉语与中国的周边国家语言文化之间的相似性,使它有可能成为亚洲除英语之外的第二种通用语言。要做到这一点,汉语自身观念的转变是关键。只有在我们把汉语看成是世界各国的语言时,它才能真正成为一种国际化的语言。目前,对"国际汉语"的讨论还处于初期阶段,基本上还集中在理论和概念的探讨上,更多的研究还有待于我们去做。继《全球语境下的汉语教学》出版之后,本书的出版是再一次的抛砖引玉,希望能引起更多的汉语教学和研究者对"国际汉语"概念的重视,以便有更多、更深入的理论来指导全球的汉语教学。

参考文献

洪历建,"前言",洪历建主编《全球语境下的汉语教学》,学林出版社,

2011。

张新生,欧洲语言共同参考框架和欧洲汉语外语能力标准研究,《国际汉语教育动态·研究》,第一辑,第42-46页,2011。

Cook, Vivian, 2008, *Second Language Learning and Language Teaching*, London: Hodder Education; 4th Edition.

Ellis, Rod, 2003. *Task-based language Teaching and Learning*. Oxford: Oxford University Press.

Hans-Georg, Wolf. 2009, *World Englishes : a cognitive sociolinguistic approach*. Berlin ; New York : Mouton de Gruyter.

本书编委及作者介绍

(按姓氏的汉语拼音字母排序)

陈慧忠(Huizhong Chen)：华东师范大学中文系硕士。现为上外国际文化交流学院副院长、教授。世界汉语学会会员、上海比较文学研究会会员。主要研究方向：中国三十年代文学、汉语国际教育。出版和撰写的有《中国当代文学概观》、《中国现当代文学作品选读》、《奥运汉语》等。发表的主要论文："中日对外语言教学的对比思考"、"试谈对外汉语课堂教学三环节"、"口语教学中的个人化原则"、"'国际汉语'和'汉语国际教育'的关联性"等。

高保强(Baoqiang Gao)：博士，澳大利亚 La Trobe University 亚洲研究院中文系主任。研究领域涉及东西方师生关系比较、澳大利亚教育出口和对华研究、汉语教学的文化因素、跨文化交流与教育等。主要研究方向为语言教学中的文化因素、国际比较教育等。著有《中国现代化时期的师生关系》(The Edwin Mellen Press, 2011)、《从帝制到共和：明末至民初中国思想的变迁》(与刘一等人合著，湖南师范大学出版社, 2011)。

郭志岩(Zhiyan Guo)：博士，英国华威大学(Warwick University)，高级中文讲师，从事对外汉语教学工作十余年。研究兴趣涉及外语及第二语言习得、跨文化交际、现代科技在外语教学中的应用等领域，近几年来，关注于欧洲学生的汉字习得和阅读能力的培养。有数篇论文发表于德语区对外汉语教学协会的学术年刊、美国IGI Global2013年出版的新书《机辅外语教学的新发展》等。

洪历建（Lijian Hong）：博士，澳大利亚Monash University国际汉语中心主任，澳大利亚高校汉语教学学会会刊《中国研究评论》主编，上海外国语大学兼职教授，华东师范大学顾问教授。研究领域为国际汉语的教学、语言与政治、澳大利亚和中国国家语言政策比较、跨国汉语教育、澳大利亚高校汉语教学等问题。提倡以"国际汉语"概念指导海外汉语教学，已发表有关论文数篇并主编了《全球语境下的汉语教学》。

胡士云（Shiyun Hu）：博士，现任职于日本四天王寺大学（Shitennoji University）。主要从事汉语方言、社会语言学、亲属称谓、语言文化研究和对外汉语教学工作。相关论著有《普通话基础方言基本词汇集》（合著，陈章太、李行健主编）（语文出版社）、《汉语与中国文化十讲》（大阪外国语大学）、《汉语亲属称谓研究》（商务印书馆）、《汉语方言地图集》（合著，曹志耘主编）（商务印书馆）、《涟水方言研究》（中华书局）、《中日／日中贸易用语词典》（日本东方书店）等。

李明芳（Mingfang Li）：英国摄政学院（Regent's College）语言与跨文化研究系副主任，特级讲师。早年就读于山东师范大学，上海交通大学和英国诺丁汉大学（The University of Nottingham）。曾先后在英国外交部语言中心，帝国理工（Imperial College）和伦敦大学（The University of London）亚非学院教授汉语。研究兴趣涉及商务汉语教学、语言文化教学、语言教师培训、语言政策执行及汉语教材开发。为英国外交部语言中心编写过高级外交情景会话教材。合著《高级商务汉语》和《步步高中文》等汉语系列教材。

梁秉赋（Pengfu Neo）：博士，曾任职于新加坡国立大学（The National University of Singapore），为该校中文系助理教授。现任教于南洋理工大学（Nanyang Technological University），新加坡国立教育学院（National Institute of Education）亚洲语言文化学部，为该学部中文系讲师。其科研专业为中国经学、新加坡语言政策与华文教育史的研究。

刘国强（Guoqiang Liu）：博士，澳大利亚 Deakin University 人文与社会学系副教授，担任中文课程教学。研究兴趣包括第二语言习得、社会语言学、语言变化及语言政策。

鹿钦佞（Qinning Lu）：博士，（南开大学汉语言文字学专业、历史语法学方向），研究领域为汉语历史语法、现代汉语语法、汉语作为第二语言习得与教学研究。现在上海外国语大学外国语言文学博士后科研流动站做针对韩国学生的汉语习得和教学研究，兼任上海外国语大学国际文化交流学院讲师。

吕林（Lin Lü）：毕业于上海外国语大学日本文化经济学院，获学士学位。毕业后留任上外国际文化交流学院外国留学生部做留学生管理工作。2010年被国家汉办派往日本大阪产业大学孔子学院任中方院长至今。研究领域为国际学生管理及汉语教学管理。

阮黄英（Nguyen hoang Anh）：博士，越南国家大学所属外国语大学（University of Languages and International Studies–Vietnam National University）中国语言文化系主任。主要研究方向：现代汉语（语音学、语法学、语义学）、越汉语言文化对比研究、越南汉语教学。曾参与越南教育部组织越南初中、高中汉语教科书的编写。在越南国内外语言学刊物上发表学术论文十余篇。

吴春相（Chunxiang Wu）：博士（语言学及应用语言学专

业),上海外国语大学副教授,毕业于上海师范大学,以后在复旦大学从事博士后工作。主要研究方向为现代汉语语法学、汉语修辞学、对外汉语教学。已发表学术论文三十余篇,出版专著两部,参与主编教材三部,参与主编论文集一部。

伍云姬(Yunji Wu):博士,曾任墨尔本大学(The University of Melbourne)亚洲学院高级讲师,现任墨尔本大学亚洲学院荣誉研究员。研究领域为方言学,主要著作有:《湘方言语法之共时和历时研究》(Mouton de Gruyter,柏林,2005)、《湖南古丈瓦乡话调查报告》(与沈瑞清合著,上海教育出版社,2010,上海)。

西香织(Kaori Nishi):博士,日本大阪外国语大学(Osaka University of Foreign Studies)博士(语言文化学)学位。现任日本北九州市立大学(The University of Kitakyushu)外国语学部副教授、日本中国语教育学会理事。曾从事对外日语教学工作,现主要从事汉语教学与研究。主要研究方向为现代汉语语用学、跨文化语用学、社会语言学、汉日语言文化对比研究等。

熊文(Wen Xiong):博士,美国罗得岛大学(The University of Rhode Island)现代和古典语言学系助理教授,罗德岛大学中文领航项目和中文国际工程师项目副主任。主要研究兴趣为汉语作为第二语言的习得、对外汉语教学、汉英对比。《中国高等学校汉语言专业(外国留学生)本科语法大纲》主要执笔人之一。曾主编对外汉语教材七本。

徐慧(Hui Xu):澳大利亚 Monash University 中文系高级汉语课课程负责人,汉语言文学专业学士。研究方向:中国现当代文学、国际汉语高级汉语教学、国际学生的母语维护与发展。编写高级汉语教材两种(合著),出版散文集、短篇小说和诗歌若干。

许玉增(Yuzeng Xu)：博士，澳大利亚 La Trobe University 人文与社会学院高级讲师，澳大利亚高校汉语教师学会创立人，负责中文语言和中国文化课程教学，研究兴趣包括第二语言习得、中国文化、翻译标准和制度。发表作品包括：《终结语发展与互动》(海河大学出版社，2004)、"汉语作为外语之状语习得"收入《第六届世界华语文教学研讨会论文集》(第二册)，世界华文出版社，2000，以及数篇英文论文(*Chinese Studies Review*，2007，2009)。

杨金华(Jinhua Yang)：上海外国语大学国际文化交流学院语言学教研部主任，教授，硕士。曾赴法国、韩国及日本任教。长期以来一直从事语言学及应用语言学研究和教学工作，主要研究方向：词汇学、语义学、词典学、二语习得及对外汉语教学。发表合著、专著、教材、主编词典等十部，论文七十多篇。

张忻(Xin Zhang)：上海外国语大学国际文化交流学院讲师，硕士。曾任英国伦敦大学 Royal Holloway 学院语言中心讲师、澳大利亚 Monash 大学亚洲语言与研究系讲师、上外留学生中文教研部副主任。主要研究方向：第二语言教学理论、对外汉语教学、语言测试理论、HSK 命题研究。著有《对外汉语教学通论》(合著)，上海外语教育出版社，1996。科研项目有："韩国地区大学汉语教材"(国家汉办项目)、汉语网校听力课件(国家汉办项目)、HSK(少儿)命题审题(国家汉办项目)、HSK(旅游)审题(国家汉办项目)。

张新生(Xinsheng Zhang)：博士，英国特许语言学家协会(Chartered Institute of Linguists)荣誉会员，基金会理事。前英国伦敦大学(The University of London)亚非学院语言中心主任、伦敦孔子学院院长，山东师范大学教授。曾任英国汉语教师协会会长和欧洲汉语外语能力标准体系研究项目召集人等职。学术研究涉及英汉外语教学、教育史、语言政策、语言教师培训、汉语外语教材和翻译等领域，著有《英国成人教育史》。主编和参与编写数套汉语教材，系列教材《步步高中文》获第五届孔子学院大会优秀国际汉语教材奖。

郑林（Lin Zheng）：博士，澳大利亚 Deakin University 人文教育学院高级讲师。主要研究成果包括澳大利亚华裔中英双语学生语码转换、汉语第二语言教学法、中英语码转换与汉语教学、中英国际商务中的交流与误解。目前的研究课题是汉语商业书信、汉字以及当代中国妇女问题。

郑振贤（Zhenxian Zheng）：副教授，上海外国语大学硕士，上海外国语大学国际文化交流学院副院长。主要研究方向：修辞学、话语分析和汉语国际教育。

周少明（Shaoming Zhou）：博士，澳大利亚墨尔本大学（The University of Melbourne）中文系主任。北京师范大学哲学系本科毕业后，先后获得澳大利亚 La Trobe 大学教育硕士学位和澳大利亚墨尔本大学民俗学博士学位。发表中英文专著、论文多篇。研究兴趣除中文教学、教学法以外，主要集中在近现代以来中国区域文化的变迁。

第 一 编

英语国家篇

编者注：

在汉语的国际化过程中，主要英语国家（美国、英国、澳大利亚、加拿大、新西兰等）显然起到重要的作用。这不仅仅是因为这些国家华人数量众多，也不仅仅是因为汉语是这些国家高校主要的非英语语言课程（Languages Other Than English），甚至也不仅仅是因为这些国家的孔子学院数量最多。更重要的是，英语作为一种真正的国际性语言，它在全球普及的经验与教训，对于汉语走向全世界有着不可忽视的重要借鉴作用。世界各国对作为一种国际性语言的英语的研究，更是值得所有研究汉语国际化的学者重视。19世纪西方语言国际化的过程常常伴随着帝国主义的扩张和侵略。表现在语言上，就是语言帝国主义（Linguistic imperialism）和语言殖民主义（Linguistic colonialism）。这是一种靠着语言文化之外的势力，强行将外来语言文化殖入其他国家，通过语言文化对被殖民国家实行的精神和文化奴役。从20世纪中期以来，对这种语言帝国主义，尤其是对英语语言帝国主义的批判，与世界范围内的多元文化观的兴起，成为西方语言学界的主流。Robert Phillipson 的 *Linguistic Impereialism*（Oxford University Press, 1992）和 Adrian Holliday 的 *The Struggle to Teach English as an International Language*（Oxford University Press）是这一潮流的两部具有代表性的专著。与此相对照的，是汉语的国际化过程。早期的汉语走向世界的过程，基本上是随着华人移民海外而"移居"海外的，是一种和平走向世界的过程。身处英语国家的高校汉语教师在非汉语文化的语境下教授汉语，自觉不自觉地会受到西方语言学界的主流思想的影响。我们在第一部论文集《全球语境下的汉语教学》（学林出版社，上海，2011）中对汉语如何借鉴英语国际化的经验、吸取其教训已有初步讨论。本篇中的几位作者将再次讨论英语国家中的汉语教学问题。如何制定21世纪汉语国际化的路线图，是一个大理论研究课题，它还需要世界各地的汉语教学和研究者携手合作，共同努力。

欧盟语言政策和大学外语教学
Language Policy of European Union and Universities' Foreign Language Teaching

张新生(Xinsheng Zhang)
英国特许语言学家协会
(Chartered Institute of Linguists)
荣誉会员

提要 随着经济全球化的发展,欧洲政治经济一体化步伐也开始加快。20世纪末期,在欧洲委员会成立四十多年后,欧洲联盟正式诞生,其主要目的就是建立一个政治经济高度统一而强大的欧洲。作为促进欧盟各国之间的相互了解、交流与合作的工具和桥梁,多语能力和语言教学在这个过程中具有了全新而重要的作用。因此,在欧洲委员会原有语言政策原则基础上,欧盟成立以来又先后出台了一系列语言政策,并推出了与之实施相配套的项目和措施,以引领其成员国语言教学的发展方向,为建立起一个多元文化和语言的新欧洲服务。欧盟在21世纪初推出的《欧洲语言参考框架》,对欧洲各国的语言教学活动都产生了巨大的影响,并引起了全世界对它的广泛关注和研究。欧洲语言政策的发展也影响着汉语作为外语在欧盟的发展,本文将简要地回顾一下欧洲委员会及欧盟语言政策之沿革,还有2010年欧盟立项和资助的欧洲汉语外语能力标准项目,并就欧盟语言政策和汉语外语能力标准项目对欧盟大学汉语教学发展之影响进行简要的分析。

关键词 欧盟语言政策 语言文化多元化 多语社会 多语能力 欧洲语言参考框架 欧洲大学汉语教学 欧洲汉语外语能力标准

语言政策可以分为显性的和隐性的两种。前者通常表现为政府或机构用文字明确表述其目的和目标的文件,而后者则可能是通过一系列具有目的和目标的行动来间接体现政策。在过去的半个多世纪里,欧洲的语言政策就是随着欧洲一体化进程的加快和实现而逐渐由隐性变为显性的。

欧洲的一体化可以分为社会文化一体化和经济政治一体化两个方面,推动前者的机构是成立于1949年的欧洲委员会(Council of Europe),而主导后者的则是萌芽于1957年、成立于1993年的欧洲联盟(European Union),简称欧盟。这两个都是欧洲超越国家范围的"国际"组织,就欧洲语言政策而言,两者的原则基础基本一致,只是工作重心不同。也正是如此,它们常被误认为是同一个机构。

一、欧洲委员会的语言政策

欧洲委员会[①]是一个欧洲国家间的联合机构,其总部设在法国的斯特拉斯堡(Strasbourg),1949年成立时只有10个成员国家,20世纪90年代开始迅速扩大,现已经发展到了47个,成

---

① http://www.coe.int/aboutcoe/index.asp?page=quisommesnous&l=en

了名副其实的欧洲机构,其主要目的是根据1950年在罗马通过的"欧洲人权公约"(全称为"欧洲人权和基本自由保护公约"-European Convention for the Protection of Human Rights and Fundamental Freedom)的原则,维护和改善整个欧洲的民主和人权状况。和欧盟相比,欧洲委员会的工作目标和决策的制定及执行都更依赖于其成员国的承诺与努力。作为人权的"平等"和"包容"基本原则的组成部分,从委员会成立起,语言就是其工作的领域之一。欧洲委员会的语言政策和实践活动是通过委员会的语言政策司①(Language Policy Division,后改为Unit)来规划和推行的。

从成立之初至20世纪80年代,欧洲委员会语言政策司主要致力于在语言教学领域里探讨和建立为各成员国所认可的教学方法或组织制度,也就是说,是较为具体的语言教学领域的工作,以促进各成员国之间的交流,提高语言教学质量。较有影响的是语言政策司20世纪70年代推出的单元学分制(unit credit scheme)、交际语言教学项目(Language Teaching for Communication)等。虽然这些项目还不能完全看成是语言政策,但推行这些项目的原则是:语言为所有公民共有的权利,并应为公民的发展提供机会和便利。从这个意义上说,语言司推行的项目和欧盟1995年的发表的"语言政策白皮书"(见下文)在精神上是一脉相承的。

20世纪90年代初,欧洲委员会成员国的数量随着中欧和东欧国家的加入而迅速增加。虽然其语言工作的重心依然较为关注具体的教学问题,如信息技术应用、双语教育、教育交流和学习

---

① http://www.coe.int/t/dg4/linguistic/Domaines_EN.asp#TopOfPage

者自主学习等,但随着欧洲一体化进程的加快,语言政策司的目标越来越清晰,那就是:培养并服务于欧洲一体化所需的跨文化交流能力和多种语言应用(plurilingualism)能力。1997 年在斯特拉斯堡举行的"为了建立一个新欧洲的语言学习"大会①,1999 年在奥地利茵斯布鲁克(Innsbruck)举行的"欧洲民主公民享有的语言多样性权利"大会②及 2001 年欧洲语言年③(European Year of Languages),均是这个政策的具体活动体现。而在 1997 年在斯特拉斯堡大会上提出、2001 年由委员会推出的"欧洲语言参考框架"④(Common European Framework of Reference for Languages,简称 CEFR)及稍后发表的"欧洲语言能力档案"⑤(European Language Portfolio,简称 ELP)都是该政策的结晶。它们的制定为实现欧盟成员国之间更好地相互了解和合作,增进人员自由流动,协调各成员国语言政策和实践提供了有力的支持。

欧洲委员会语言政策司所负责的具体语言教学改革工作从 1990 年代中期由 1994 年成立、位于奥地利格拉茨(Graz)的欧洲现代语言中心⑥(European Centre for Modern Languages)所接替,以便于该司可以专注于欧洲语言政策问题及其相关的协调工作。其主要工作之一是推动欧洲国家与地区语言教育政策档案⑦(Language Education Policy Profile)的建立。从 2003 年第一

---

① 会议报告,请见 http://www.coe.int/t/dg4/linguistic/Publications_en.asp#P471_22538
② 会议报告,请见 http://www.coe.int/t/dg4/linguistic/Publications_en.asp#P471_22538
③ http://ec.europa.eu/education/languages/archive/awareness/year2001_en.html
④ http://www.coe.int/t/dg4/linguistic/CADRE_EN.asp
⑤ http://www.coe.int/t/dg4/education/elp/default_EN.asp?
⑥ http://www.ecml.at/
⑦ http://www.coe.int/t/dg4/linguistic/Profils_en.asp

个档案报告完成到目前为止,已经发表了15个成员国和地区的语言教育政策档案报告。值得一提的是,在这些发表的报告中,涉及1990年代委员会扩充前的西北欧国家和地区的报告仅有5个,他们是奥地利、爱尔兰、卢森堡、挪威和英国的谢菲尔德市[①]。这从一个侧面反映出其成员国的参与热情和参与程度。

二、欧洲联盟的语言政策

与欧洲委员会相比,根据《马斯特里赫特条约》(Maastricht Treaty)成立于1993年的欧洲联盟(European Union)则是个雄心勃勃、以实现欧洲经济政治一体化为目标的欧洲权力机构。其前身可追溯至1957年成立的欧洲经济共同体(European Economic Community)和成立于1951年的欧共体原机构欧洲煤炭和钢铁共同体(The European Coal and Steel Community)。虽然欧洲经济共同体并没有提出过明确的语言政策,但其活动之基础和欧洲委员会的"民主"和"平等"原则是一致的,即承认其成员国语言的平等地位。这一语言政策原则几乎一直贯穿着欧盟成立前欧洲经济、货币以及政治一体化的全过程。进入1970年代后,欧洲经济一体化进程开始加快,欧共体扩大,欧洲货币体系(European Monetary System,简称 EMS)先后问世。而日益加剧的经济全球化、高等教育的国际化、科技的高速发展,特别是通讯技术带来的信息革命和时空距离的缩短,加上欧洲政治发生的一系列嬗变,都对1990年代初欧盟的成立产生了直接的影响。1990年经济货币联盟(Economic and Monetary Union,简称

---

① http://www.coe.int/t/dg4/linguistic/Profiles1_EN.asp#TopOfPage

EMU)开始运作、1992 年欧洲单一市场(European Single Market)成立,这些,以及其他一系列的活动都为欧盟的建立做好了准备。虽然从这些活动来看,欧盟的成立似乎仍以经济活动为主,但实际上,欧盟的目标已经不再局限于欧洲的经济合作,而是欧洲的政治统一①。经过几次扩张,欧盟的成员国已从成立时的12 个发展到现在的 27 个。

由于欧盟所负有的政治使命和欧洲委员会不同,它从一开始就有较为明确的语言政策。原欧共体以民主和平等为基础,尊重所有成员国语言的原则,也是欧盟语言政策的重要基石之一。在《马斯特里赫特条约》第三章"教育、职业培训和青年工作"中,第 126 条号召成员国尊重文化和语言的多样性,通过提供其他成员国语言的教学和推广,在教育领域里开始培育新的欧洲意识,鼓励成员国在教育领域进行合作,尤其鼓励成员国学生、教师和青年人在成员国之间的自由流动②。从欧盟的发展历史不难看出,这一政策是它 1980 年代开始推动和支持的语言项目的继续,如 80 年代初关注欧洲本土少数民族语言和较少使用语言的专项语言项目,1987 年开始的鼓励高等教育领域流动与合作的"伊拉斯谟项目"(Erasmus programme)和 1989 年启动的旨在促进校内外"外语教育项目"(Lingua programme)。这些项目都是为实现欧洲一体化目标服务的,涉及的语言也是欧洲成员国的本土语言。

欧盟的成立很快就推动了欧洲各国之间人员流动的增加,

---

① 欧盟委员会第一任主席雅克·德洛(Jacques Delors)自 1980 年起就致力于欧盟的建立。1993 年在欧盟成立时他就坦率地声明,"我们并不仅要在此建立一个单一市场,而且是一个政治联盟",http://www.nejtillemu.com/delors.htm。德国前总理科尔也说过,欧盟条约将建立起一个欧洲联合国。

② http://www.eurotreaties.com/maastrichtext.html

自由开放的欧洲劳动力市场的形成,促进了多语社会的产生,欧洲公民同时使用多种语言也开始成为日渐普遍的现实。从前的那种仅仅强调各种语言平等的政策已经无法满足现实的需要。为此,欧盟提出了针对社会的"多语制度"(multilingualism)和针对个人的"多语能力"(plurilingualism)概念作为其语言政策。也就是说,在统一的欧洲内部,各成员国不再是单一语言、而是多种欧洲语言并用的社会,同时,凡属欧洲公民,都应该具有多种语言应用的能力,以便真正受益于统一的市场所提供的就业和个人发展机会,促进欧洲公民间更好的相互了解。欧盟1995年发表的《教育与培训:走向学习社会》(Education and Training-Towards the Learning Society)白皮书[1]明确指出,要走向知识社会,欧洲公民应该"具有三种成员国语言能力"。白皮书将多语能力看成是"欧洲身份与欧洲公民及欧洲知识社会不可分割的一部分"[2]。在2002年的巴塞罗那举行的欧洲委员会上,所谓"三种语言能力"明确被定义为"母语加两种外语",委员会并建议采取具体行动改善外语学习,如:从儿童期开始就学习至少两种外语。

欧盟的语言政策在2005年11月问世的《多语制度的新框架战略》[3](A New Framework Strategy on Multilingualism)中有了进一步的发展。战略框架重申了欧盟多语制度政策的三大目标,即:确保欧洲公民能够以母语获得欧盟法律和及其他重要信息;明确语言和多语能力在欧洲经济文化政治生活中的重要作用;鼓励欧洲公民学习和使用更多的语言,以便更好地相互理解

---

[1] http://ec.europa.eu/languages/documents/doc409_en.pdf
[2] 见上,第51页。
[3] http://ec.europa.eu/languages/eu-language-policy/multilingualism_en.htm

和交流。值得指出的是,框架明确表示,多语政策是欧洲价值的一部分,它追求的是"多元中的统一"(Unity in Diversity),而不是染缸文化式的磨灭差异的统一。框架第一次提出,欧洲多语制度政策也包括非欧洲本土的移民的语言。此外,框架还为"多语制度"提出了一个较为全面的定义,即:"多语制度"既指个人使用多种语言的能力,也指在一个地区多个不同语言社区并存之事实①。语言政策不但要支持经济发展(贸易和竞争)和社会和谐(相互了解和尊重),也要支持个人的发展和成长。框架还提及了一个以多种文化共存为基础的、不同文化之间开展平等交流的"文化间交际"概念(Interculturalism),以有别于传统的、主体文化与不同文化相互碰撞的"跨文化交际"概念(cross-cultural communication)。欧盟语言政策的这一发展,使其变得更为广泛包容,以达到更好地服务于欧盟内各文化语言社区和谐共处的目标。

欧盟此后的政策性文件,基本上都是进一步确认2005年的框架政策,强调语言和文化多样性对欧洲公民日常生活日益增长的影响,强调多语能力的重要性,尤其掌握多种语言对欧洲公民所具有的重要意义。与此同时,欧盟的语言政策也开始注重"多元文化社会中共同生活"的重要性,以及"和第三国以及欧洲这个最为多样化的地区里各国人民之间的关系"。这些政策的贯彻与执行主要是通过欧盟和欧洲委员会推出并资助的项目来进行的。

三、欧洲联盟主要语言教育项目

为了贯彻其语言政策,欧盟自1980年代起,先后推出并资

---

① 见上,第3页。

助了一系列旨在鼓励和支持建立多语社会、促进欧洲公民多语能力培养的教育和语言教学项目。尤其是从1990年代中期开始,欧盟的语言教育项目更加注重通过教育和培训来推动欧洲多语、多元文化的政策。1999年,欧盟启动了鼓励和推广多语环境里优秀语言教学活动的"欧洲标志"项目(European Label,在英国,直到2010年,这个奖一直被称为欧洲语言奖:European Award for Languages),目的在于推动欧盟优先发展的语言的教学活动。这些活动为2001年"欧洲语言年"的产生打下了良好的基础。

2001年的首届"欧洲语言年"由欧洲联盟和欧洲委员会联合推出,两个机构共有45个成员国参加。该项目的五个主要目标包括:1)提高对欧盟丰富的语言多样性、多种文明和文化价值的意识;2)促进和鼓励语言多元化;3)在最大范围内引起人们注意并认识到掌握多种语言能力的优势;4)鼓励终身学习语言的活动;5)搜集和传播语言教学活动的信息。同年,欧洲委员会建议每年9月26日定为欧洲语言日(European Day of languages),旨在向欧洲公民传达这样一个信息,即:欧洲是个多语言多文化的地方,并将会一直如此;学习语言可以给人们带来更多的机会;每个人都能学习语言。到2011年9月,欧洲语言日已经庆祝了它的第10个生日。除了这些宣传工作之外,欧洲委员会还经过十余年的努力,于2001年先后发表了《欧洲语言参考框架》和《欧洲语言档》。前者主要讲的是在欧洲多语、多元文化环境里的语言能力标准,后者结合语言教学和测评,鼓励自学。这两个文件为语言教学、评估及交流与合作提供了较有可操作性的平台和工具,对欧洲的语言教学产生了极大的影响。

进入21世纪后,尤其是2005年新战略框架的出台之后,欧盟对其语言政策项目的资助力度逐渐加大,规划周期开始加长,以保持政策的连续性。如2003年制定的三年计划《推动语言学习和语言多样化:2004至2006年行动计划》(Promoting Language Learning and Linguistic Diversity:An Action Plan 2004-2006)。该行动计划有着三个明确的发展方向:强调覆盖从早期教育到成人教育各阶段的终身语言学习;为教师、学生提供支持,开发评测工具,以提高语言学习质量;通过一系列活动,诸如语言年、媒体宣传和推动公民社会等,创立一个友善的"语言学习和使用大环境"。行动计划主要优先支持和资助的项目包括:建立多边合作伙伴关系;语言教学,尤其是较不常用的欧洲语言教学资源的开发;提高语言学习意识和扩大社会支持层面;巩固和发展语言教学和评测专业能力。

2007年,接替上述行动计划的,是欧盟新的7年教育计划(2007-2012年)——《终身学习项目》(Lifelong Learning Programme),其预算资金近70亿欧元。和上个计划相比,新的计划不但将以前所有相关项目纳入了一个框架,如前面提及的外语教学项目,1994年启动的"苏格拉底项目"(Socrates programme)等,而且还新增了不少的活动。计划的主要项目组成部分有:1)从中小学教育、高等教育、职业教育到成人教育的四级教育项目;2)跨越四大教育项目的语言学习项目、信息交流技术项目、政策合作项目和项目成果推广及应用项目;3)针对全球高等教育,旨在促进教学、激发反思和探讨欧洲一体化的"让·莫奈(Jean Monnet)项目"。第一个四级教育项目的各级,都又有其各自的项目,它们分别为:1)1995年启动,用于支持建立中小学合作伙伴关系、教师培养和学校教育合作网络的"夸美纽斯(Comenius)项目";2)1987年启动,用于推动高等教育交流,学生、教师及科研人员学习和工作流动的"伊拉斯谟(Erasmus)项目";3)始于1995年启动,用于促进职业教育领域合作,尤其是语言文化最佳实践交流,提高人员技能等活动的"达芬奇(Leonardo da Vinci)项目";4)2000年启动,旨在为成人提高其知识和技能、鼓励其终身学习(包括语言和跨文化交际)而提供支持的"格隆维(Grundivig)项目"。2012年是这个7年计划的最后一年,而欧盟已经在规划下一个7年计划(2014-2020)。有迹象表明,尽管目前欧元区经济萎靡不振、欧元持续疲软,但欧盟下一轮计划的预算很可能还会增加,而计划的重点将依然围绕着促进欧洲内部流动及欧洲与外部的交流。语言教育对此发挥的作用将是不言而喻的。

四、欧盟语言政策特点和大学汉语外语教学

综上所述,欧盟成立以来的语言政策主要有以下几个特点。首先是其明确的经济、政治和社会文化功用性。如果说欧盟成立之前的隐性语言政策主要服务于欧共体的经济目的,欧盟成立后的显性语言政策则体现出其服务于欧洲一体化的政治目的。欧洲公民与民主,多语政策等概念和主张的提出都是为了实现这一目标。

其次,欧盟语言政策表现出鲜明的欧洲性,它根植于欧洲文化,并通过贯彻这些政策来彰显欧洲的文化特征。欧盟语言政策到底涉及哪些语言,前后有多次说明,但不难看出,这些政策主要是以欧洲本土语言为出发点的。包括笔者在内的一些学者在《欧洲语言参考框架》问世后不久就评论说,这个参考框架是以欧洲语言为基础和以学习欧洲语言为目的而设计开发出来的。因此,该框架是欧洲语言的参考框架,并没有考虑到包括汉

语在内的、非欧洲本土的外来语言。如果汉语要想跻身于欧洲外语教学的主流,必须参考框架而开发适合汉语本身特征和欧洲应用环境的标准体系(Zhang and Li,2004)。直到2005年《欧洲多元语言主义战略》的出现,欧盟的语言政策才开始变得更为包容,包括了所有在欧洲使用的语言。

第三,欧洲语言政策在执行上注重现实,在政治正确的前提下提倡务实。尽管欧盟主张各国官方语言和本土语言地位平等,但随着欧盟的数次扩张,其认可的官方语言数量也在不断增加,目前已达23种。多语种翻译的需要虽然给翻译行业带来了生机,但却给欧盟机构造成了很大的财政负担(王克非,傅荣,2007)。目前,欧盟的工作语言趋向于英语、德语、法语和西班牙语等几大欧洲语言。被认为是国际通用语言的英语正在日益成为一种"无国籍性"的主要工作语言。

第四,欧盟新的多语概念中,就国家而言,是维护多种语言和多元文化的社会。就个人而言,是培养个人交际能力,即一种使用多种语言交际的综合能力。特别值得指出的是,虽然欧盟语言政策涉及的范围已经延伸至学校语言教学,但欧盟认为,学校教育并非是多语能力培养的唯一途径,非正规学习和终身学习更加重要。

显然,欧盟认为,培养多语能力和建立多元语言、文化、社会是解决21世纪日益复杂的政治、经济、文化和社会问题的方案之一,但从政策到实践究竟如何落实,尚拭目以待。

鉴于欧盟语言政策带有显著的欧洲性,其对欧洲大学的欧洲本土语言的教学,尤其是像作为外语的英语、法语、德语和西班牙等欧洲主流语言的推动,远远超过其他语言。欧洲大学外语的教学一般可分为三类。第一类是"专业类"。传统的课程设置往往是某种语言的语言文学专业。随着西欧国家高等教育及经济一体化发展等因素,从 20 世纪末开始,外语加一个专业的双专业学位(如外语和历史,外语和经济等)发展很快。

第二类是"半专业型应用类"。其产生与发展和第一类中新出现的含外语的双专业比较相似,不同之处是专业上更加偏重外语之外的另一个专业。外语被视为一种工具,比重通常不会超过整个课程的三分之一。

第三类是"巩固了解类"。这一类别又可分为算学分和不算学分两种,只是后者数量上相对较少。参加这类课程的学生有些是为了在学习自己的专业之外,继续学习或巩固已经学过的外语,也有些是为了结合需要和兴趣,学习或体验新的外语。

不难看出,这三类外语课程在其学习目标和所达到的水平方面差异较大,而欧洲语言的外语教学,特别是几大主流语言,也更容易受惠于以上提及的各种欧盟教育和语言教学推进项目。譬如 2009 年至 2010 年度的"伊拉斯谟"学生交流项目。当年,参加该项目的国家 33 个,参加学生人数 21 万多人,最大的学生接受国前 5 名分别为西班牙、法国、英国、德国和意大利①。

和欧洲大学本土语言的外语教学相比,欧洲大学汉语教学的整体发展要相对落后得多,其课程模式基本上和上述提及的三类课程相似。传统的专业汉语课程历史上在不少欧洲国家如德国、意大利等,都是以汉学的形式存在。这些课程注重中国古典文本的解读,有的也涉及近现代文学作品。随着 1960 年代开始的区域研究的兴起,一批汉语课程伴着新的中国研究机构的

---

① 见报告《伊拉斯谟－事实、数字和趋势:2009/10 年欧盟支持学生和教工交流及大学合作工作一览》第 6 页 http://ec.europa.eu/education/pub/pdf/higher/erasmus0910_en.pdf。

产生而问世,课程和学生数量都很快就大大超过了传统的汉语课程。但就整个欧洲而言,汉语教学的真正快速增长是在中国经济高速发展的近30余年,绝大部分的第二、三类课程都是在这个时期出现的。值得一提的是,2005年开始运行的孔子学院,对欧洲大学的汉语教学也产生一定的推动作用。到2010年10月,在全球322所孔子学院中,欧洲就有105所[1],其中绝大多数都是中方院校和欧洲大学合办的。

最近的一项大学汉语教学调查显示[2],欧洲各国的大学汉语教学发展依然很不平衡,课程设置、教学目标、课程种类和学生数量等方面都有较大的差异。在进行调查的法国、比利时、英国、爱尔兰、德国、瑞士、奥地利、意大利、西班牙、葡萄牙、挪威、丹麦、芬兰、瑞典等十几个国家里,除了具有较长汉学传统的法国、英国、德国和意大利之外,开设专业汉语课程的大学数量很少。虽然这些课程的学习人数在过去的几年里有明显的增长,但数量依然较小。发展较快的是第一类含汉语的双专业课程及第二、三类课程。调查结果显示,目前欧洲大学汉语教学存有着以下这些共性和问题:

首先,由于规模相对较小,大部分课程的发展时间较短,所以汉语教学的本土化水平较低,在本土汉语教师培训、教材开发和教学研究等方面尤其明显。譬如,英国、法国、意大利等有汉语教学传统的国家有一些本土出版的教材,瑞士2010年推出了一套教材,除此之外,其他的欧洲国家目前还没有自己开发的较

---

[1] 见汉办孔子学院网页 http://www.hanban.edu.cn/confuciousinstitutes/node_10961.htm

[2] 见欧洲汉语标准(European Benchmarking Chinese Language)项目。该项目2011年初对欧洲多个国家的大学汉语教学进行了摸底调查,初步结果见该项目网址 http://ebcl.eu.com/。

有影响的教材。这和欧洲语言教学本土教材比比皆是的情况形成了鲜明的对比。

其次,和欧洲大学作为外语的欧洲语言教学相比,欧洲各国的汉语教学至今还没有可供课程设置和质量比较的统一的标准。在整个欧洲,也还没有可适用汉语的欧洲汉语参考框架。虽独树一帜、发展较快但发展甚晚的汉语外语教学和欧洲语言外语教学之间似乎很少有可以相互沟通的"共同语言"。而且,即使是在汉语外语教学内部也存在的很大的差异。如同一国家内的同一类课程,在汉语授课课时上有近三分之一的出入(如法国的专业汉语本科);各大学课程的入学要求及毕业语言水平没有明确统一的标准(如英国等)。欧洲大学对"博洛尼亚进程"①(Bologna Accords or Process)的实施,对大学汉语课程的学分可比性可能会产生一些正面的影响。

再次,本土化程度低和统一标准缺失,也给汉语教学效果及其有效评估产生了消极的影响,并制约着今后汉语教学的可持续性发展。常见的问题是,一方面教学上对汉语的特殊性缺乏认识或过分强调,另一方面评估时要么忽略语言差异而削足适履,向欧洲语言看齐,要么要求特殊待遇天马行空,使汉语教学与欧洲语言外语教学显得格格不入而形单影只。

当然,以上这些问题在某种程度上是因为汉语教学在欧洲外语教学体制中时间短,缺乏连贯性。在欧洲,中学汉语教学较具规模和体系的国家只有法国和英国,在其他国家还处于刚刚起步或探索阶段。中小学汉语教学对大学汉语外语教学发展的影响也是不可忽视的。

---

① Bologna Declaration. http://ec.europa.eu/education/policies/educ/bologna/bologna.pdf

五、欧洲汉语能力标准项目

最后简要地介绍一下目前正在进行中的"欧洲汉语外语能力标准"（European Benchmark for Chinese Language）项目。前面已经提到，欧洲语言参考框架有其明确的政治目的和明显的欧洲语言倾向，该框架诞生时，很多国家的非欧洲语言都没有被包括在内，所以框架也没有考虑这些语言不同于欧洲语言的特点，其中就包括汉语，而汉语要在欧洲发展，就有必要建立适应欧盟语言政策的汉语标准（Zhang and Li, 2004）。近年来，随着欧盟多语制度和多元文化政策的发展，非欧洲本土语言的地位得到一定的改善。这些语言如何参照欧洲语言框架，开展教学、评估及应用也开始成为欧洲社会关注的问题。鉴于欧洲语言参考框架在欧洲外语教学界的重要地位，汉语要真正成为欧洲的主流外语之一，就必须考虑如何参照该框架，制定一个既与现有框架相匹配，符合欧洲语言政策，又兼顾汉语特点的汉语能力标准框架（李明芳、张新生 2004 年；白乐桑、张丽, 2009 年；Zhang and Li, 2006 和 2009）。"欧洲汉语外语能力标准"项目正是为了满足这种需求而提出的。

"欧洲汉语外语能力标准"项目由伦敦大学亚非学院负责牵头，成员有伦敦大学亚非学院、法国雷恩二大、德国柏林自由大学、意大利罗马智慧大学等四所大学和几所中学。这些学校都有长期从事汉语教学的经验，与包括孔子学院在内的汉语教学界有着广泛的联系。开展这个项目的目的"在于促进以应用为目的的汉语教学，秉承欧洲语言参考框架的精神，结合汉语的语言特点，提出一个适用于全欧洲的汉语能力描述框架，为欧洲范围内汉语课程设置、教学资源开发、评测工具制定，以及使汉语教学和其他欧洲语言教学的接轨提供一个平台"。(张新生，2011)项目得到欧盟的大力资助，并于2010年11月启动,为期两年。该项目已按计划完成了第一年的运作,目前正在进行第二年的工作。

"欧洲汉语外语能力标准"项目对汉语在欧洲的发展具有十分重要的现实意义。"欧洲汉语外语能力标准"项目的立项,标志着汉语领先于其他非本土欧洲语言,在欧洲迈开了进入欧洲主流外语的第一步。项目的设立得益于中国国力和影响的提高,以及欧洲多语政策的实施,同时,也要归功于欧洲一批积极推动汉语外语教学发展的专业人员和机构。该项目的执行将有助于提高欧洲外语教学界和整个社会对汉语外语教学的认识,有助于提高汉语外语教学在欧洲外语教学界的地位。"欧洲汉语外语能力标准"的建立将为汉语外语教学在欧洲取得与其他主流外语相同的地位,为汉语今后在欧洲的可持续发展奠定了必要的基础。"欧洲汉语外语能力标准"是为汉语在欧洲多语环境下进行教学和使用量身定做的,具有明确的欧洲特色,也将是国际汉语在欧洲多语环境里使用的具体表现。在欧洲,汉语在很长的一个时期将处于国际汉语和外语汉语功能并存、文化间和跨文化能力交叠的状态。该项目对欧洲的汉语外语学习、国际汉语学习和华人后裔的汉语学习,对维持汉语文化和传统都是极为有用的。

参考文献

白乐桑、张丽,从"欧洲框架"看欧洲语言教学新理念,《孔子学院》,2009年第5期,第32-35页。

李明芳、张新生,海外母语为英语者的成人初级汉语教学,《第七届国际汉语教学讨论会论文选》,北京大学出版社,北京,2004,第212-216页。

刘俊、傅荣主译,《欧洲语言共同参考框架:学习、教学、评估》,外语教学与研究出版社,北京,2008年。

王建,汉语国际推广的语言标准建设与竞争策略,《汉语教学学刊》第三辑,2007年,第5-16页。

王克非、傅荣,欧盟的外语和外语教育,http://www.sinoss.net/qikan/uploadfile/2010/1130/8368.pdf

张新生,欧洲语言共同参考框架和欧洲汉语外语能力标准研究,《国际汉语教育动态·研究》,第一辑,2011年,第42-46页。

Council of Europe (2001), *The Common European framework of reference for languages: Learning, teaching, assessment*, Cambridge: Cambridge University Press.

European Union (1995), *Education and Training – Towards the Learning Society*, (《教育与培训:走向学习社会》) http://ec.europa.eu/languages/documents/doc409_en.pdf

European Union (2005), *A New Framework Strategy for Multilingualism* (《多语制度的新框架战略》) http://ec.europa.eu/languages/eu-language-policy/multilingualism_en.htm

Vassiliou, A, 2010, "My policy priorities", http://ec.europa.eu/commission_2010-2014/vassiliou/about/priorities/index_en.htm

Zhang, G X. & Li, L. M. L (2004), "A Common Framework for Chinese", Navigating the New Language Landscape for Languages (CILT and SCLLAS), http://www.lang.ltsn.ac.uk/navlang/papers.html

Zhang, G. X, . & Li, M. L. (2009), "A Common Framework of Standards for Non-Major Chinese Courses in British Universities" in Zhang, GX (eds.), *Chinese Language Teaching and Learning: Theories and Practice – Applied Chinese Language Studies II*. London: Cypress Books Co UK Ltd. 143-151.

国际汉语和英国大学汉语教学
Teaching Chinese as an International Language and University Chinese Language Teaching in UK

李明芳(Mingfang Li)
英国 Regent's College

提要 欧盟语言政策对其成员国的外语教学产生了很大的影响。在过去的几年里,汉语教学在许多欧洲国家的高校里都有了长足的发展,英国也不例外。汉语在欧洲不是本土语言,其教学在欧洲多语政策下的定位对其今后在欧盟及其成员国的发展具有重大意义。本文旨在对经济全球化和欧盟语言多元化环境下国际汉语的定位阐述一些个人的看法,对作者所在的英国大学汉语教学近况作一个简要的介绍,并在此基础上就其发展和趋势作初步的分析。

关键词 国际汉语教学 对外汉语教学 汉语国际推广 欧盟语言政策 英国大学汉语 语言文化多元化

一、欧盟语言政策和国际汉语教学

近几年来,全球的汉语热持续升温,学习汉语的人数不断攀升。从2005年世界汉语大会召开时的3000余万[①],已经发展到了目前的5000万[②]。但在这众多的海外汉语学习者中,到中国学习的人数比重很小。中国教育部发表的2011年统计数字显示,在华留学生总数为29万,仅占全球学习汉语者的0.6%左右。教育部计划扩大来华留学生人数,到2020年,在华留学生人数将增长至50万,但那也只不过是目前全球学习汉语人数的1%而已,绝大部分汉语学习者还是在海外学习汉语。全球学习汉语人数快速增长的原因很多,中国经济高速发展和中国政府对汉语的国际推广,无疑是两大重要因素。但在目前世界经济高度全球化和欧洲语言文化日益多元化的环境下,我们有必要反思一下当前流行的有关汉语教学的几个重要理念,这对汉语教学目前在欧洲的发展定位与今后的可持续性发展都具有重大的意义。

1. 有关国际汉语等概念的反思

随着海外学习汉语人数的增加,尤其是中国政府大力支持的孔子学院的迅速发展,海外的汉语教学特征与存在的问题开始受到重视。海外汉语教学发展对汉语教材和教师的需求量很大,但国内编写出版的教材和培养的教师走出国门后经常会遇到"水土不服"的问题。这一现象已经引起不少专业人士对中国改革开放初期提出、并主导了国内汉语外语教学活动二十余年的对外汉语教学概念进行反思。根据《中国大百科全书》,对外汉语教学是"指对外国人的汉语教学,是一种外语教学"。自

[①] http://news.xinhuanet.com/overseas/2005-07/22/content_3252908.htm.

[②] http://www.hanban.org/article/2012-04/07/content_425295.htm. 另有汉语学习者达一亿人之说,见 http://www.for68.com/new/2006/7/ma528175511376002349-0.htm.

1980年代末对外汉语教学在国内成为一门学科以来,国内大部分学者对其是一种外语教学已达成共识,它的英文翻译为Teaching Chinese as a Foreign Language。然而只要仔细比较一下在国内进行的对外汉语教学和海外进行的汉语外语教学,就可以发现它们之间存在着一些明显的差别。

首先是语境,虽然对外国在华的学习者来说汉语是外语,但在中国学习汉语与他们在没有汉语语境的本国学习汉语,语言环境上有着天壤之别。正因为如此,面对来自各种文化语言背景的学习者,传统的对外汉语教学很少考虑学习者的语言文化背景对他们汉语学习的影响问题,而比较注重"正宗"的汉语语言技能和文化知识教学。所以,对外汉语教学的教师培训、教材编写和教学设计一般都是以汉语语言和中国传统文化为出发点的。因此,准确地说,对外汉语教学的英文应该是"Teaching Chinese to foreigners as a second language in China"才更为准确。只要了解了这些差别,就不难理解为什么以对外汉语教学为原则所培养的教师和编写的教材会在海外有"水土不服"之遭遇了。这个问题对成人汉语学习者尤其突出。不同语言文化背景的成人汉语学习者在学习汉语时所遇到的问题和困难各不相同,他们学习汉语和学习其他外语的经历和体会也不尽相同。只有对它们加以区别对待,教学才能做到有的放矢,取得预期的效果。

在过去的几年里,国际汉语的提法开始逐渐流行。如国际汉语教学、国际汉语教师、国际汉语教材、国际汉语学院和刊物《国际汉语》等。汉办自1987年成立以来,其宗旨(向世界推广汉语,增进世界各国对中国的了解)和工作目标(汉语走出国门,走出亚洲,走向世界)没有变化,但从其机构名称之改变(由原"国家对外汉语教学领导小组"在2006年改名为现在的"国家汉语国际推广领导小组办公室")就可见其工作重心的调整和转变。2007年,中国高校设立了"国际汉语教育硕士"专业(英文为Master of Teaching Chinese to Speakers of Other Languages,简称MTCSOL)。2008年,汉办又先后推出了《国际汉语教学通用课程大纲》、《国际汉语能力标准》和《国际汉语教师标准》三个有关汉语教学的指导性文件。一改以往的对外汉语之说法,三个文件都使用了"国际汉语"一词。然而,国际汉语究竟是指什么,它与对外汉语究竟有何区别,这些问题尚未明确说明。在解答对外汉语专业硕士和国际汉语教育硕士两个学位之区别时,常见的答案是前者较为注重理论,而后者更侧重实践,更面向海外。在有条件的学校里攻读国际汉语教育硕士,还有机会在海外进行汉语教学实习。国内很多大学都是这两个专业同时并存。与对外汉语教学相比,国际汉语教学似乎更强调在海外进行的汉语教学,因而是国际的。从相关的机构名称改变、文献和媒体报道都可看出,国际汉语标志着汉语外语教学市场的转移,即从中国汉语语言环境里教外国留学生汉语的"对外汉语教学",转移到国外非汉语语言环境里教汉语的"海外汉语教学"(刘骏,2010)。国际汉语重在将汉语推广至海外,以方便世界通过汉语学习了解中国。国际汉语推广是整个中国走向世界的一个有机环节[①]。

"国际汉语"的概念数年前就有海外的汉语学者提出过,如澳大利亚蒙纳士大学的洪历建博士(2007),但其概念的内涵十分不同。洪博士从澳大利亚汉语教学的实际出发,建议在海外汉语教学迅猛发展、汉语日益国际化的环境下,海外汉语教学应该以为海外汉语学习者建立起其母语及文化与汉语及文化间交

[①] 从对外汉语教学到孔子学院:http://www.cnfirst.org/NewsShow.asp?ID=269&ClsID=1

流和理解桥梁为目标。虽然洪博士没有明确地说明如此提法的根本意义所在,但他提及的问题十分重要,事关海外汉语教学的定位与今后发展。国际汉语作为一个概念,从字面上可以有两种不同的理解。如果我们在国际汉语后加上教学,通过对其进行不同的切分,就可较清楚地看到它们在内涵上的差别,一个是国际的汉语教学,另一个是国际汉语的教学。前者侧重汉语在非母语国家与地区的教学,是要让汉语走向世界;而后者则侧重汉语作为一种国际性语言的教学,是让汉语融入世界。从某种意义上说,目前国际汉语的发展面临着两种选择:一是汉语作为一种强势的世界性语言①(world language)进行推广,强调覆盖更多的地理区域,另一个是汉语逐渐转化成为一种国际性语言②(international language),即国际通用语(lingua franca),强调拓宽其应用领域。不难看出,虽然两者都能最终达到提升汉语国际地位和实力之目的,但两种不同的理解和选择之差别将对今后汉语教学的实际发展产生极其重大而深远的影响。值得注意的是,无论哪种选择和决定都应该考虑海外汉语教学所在地的政治和社会文化现状和条件。

2. 欧洲语言政策下的国际汉语教学

成立于1990年代初期的欧洲联盟由于它所承担的欧洲一

---

① 《剑桥英语词典》将世界语言定义为在许多不同国家里使用的语言。其特征不仅包括使用者(母语或第二语言)人数,还包括地理区域的分布和其在国际机构及外交关系等领域的使用,汉语作为联合国六种工作语言之一,就是一例。英文中还有 global language 一词,但总略有些历史的痕迹。

② 最为接近国际语言的英文可能是 lingua franca,即国际通用语言。英文中有国际英语(International English)一说,注重的就是其通用性和多元性,而不在专属于某一个国家或语言族群。

体化的政治使命,从一开始就有较为明确的语言政策。自从成立以来,欧盟出台的一系列语言政策都继承并发展了其前驱欧共体民主与和平政治理念及尊重所有成员国语言的原则,旨在通过欧盟成员国提供和推广其他成员国语言的"外语"教学,在教育领域里培育全新的欧洲公民意识,促进各成员国之间的理解和交流,实现欧盟内的人员自由流动,提高欧盟在全球经济领域的竞争力和政治领域的影响力。进入21世纪后,欧盟语言政策最为重要的发展就是提出了建立多语(multilingualism)社会和培养多种语言应用能力(plurilingualism)的目标,并将原来狭义的欧洲语言从仅包括欧洲本土语言,扩大为包括欧洲移民社团和族群的社区语言的广义的欧洲语言。作为行动目标,欧盟还明确指出,欧洲公民应该"具有三种成员国语言能力",即"母语加两种外语"。欧盟的这些语言政策对汉语外语教学在欧洲的发展也有着重大的影响。

首先,作为一种外语,汉语教学已在欧洲有了一定的基础。由于历史及传统等原因,欧洲是较早开展汉语教学的地区,在意大利、法国和英国等国家,汉语教学都已有百年以上的历史。虽然汉语教学通常是在汉学领域里进行,局限于一些高等学府之内,但在法国、英国等国家,汉语教学已经开始跻身于主流学校的外语教学。在目前欧洲语言政策和多语环境里,欧洲的外语教学正在发生一些变化。在大多数欧盟国家里,其公民具有多语能力是非常普遍的现象。来自不同国家和语言背景的欧洲人,特别是年轻人(包括移民和多元文化家庭后裔),他们之间用一种非母语的语言进行交流是很常见的现象。在笔者工作的伦敦欧洲商学院里,学生的语言能力最少是母语加上两种外语,会四种或更多种语言的人为数不少。语言的这种应用情况对汉语外语教学有什么影响这一问题尚未得到应有的重视。包括欧洲土生土长的华裔后代在内的欧洲人,他们学习汉语的目的、能力、目标和习得过程都有很大的差异。

第二,欧盟语言政策和外语教学现实需要我们重新考虑汉语作为外语的定义和定位。传统的外语教学有着明确的主宾关系。如果学习一门外语,学习者是"客",因而,这种学习就要"客随主便",学习这门语言本身及其相关的文化习俗等,以便能在访问该语言使用国时进行有效的交流,在学习过程中一般也没有这种外语的语言环境,但十分强调这种经历的重要性。这种外语学习中的"外"既符合学习者的视角,也符合其交流对象(母语使用者)的视角。然而,在推行多元主义政策的欧盟,发达的信息技术和普遍的多语能力已经颠覆了传统外语教学中这一"外"的观念。以最常用的英语为例,不但英语语料借助媒体和网络传播到世界各地,英语也不再是仅属于某个国家和族群的语言。虽然学习英国英语或美国英语还会涉及到其社会文化的内容,但在欧洲,除了英国和爱尔兰之外,其他欧洲人很多时候也是使用英语与说其他语言的人进行交流。我们都知道,英语现在已经成为国际会议、欧盟一般会议和事务的工作语言。每当看到法国人、德国人、西班牙人等欧洲人在一起用"中立"的英语作为媒介语开会时,就常常想到汉语教学今后在欧洲的发展问题。英语之所以能成为一种国际性语言,得益于它的非属性,因而才无主无宾,属于任何使用之人;得益于它的包容性,因而不是非此即彼,居于任何使用之处;得益于它的普及性,因而四海为家,立于任何使用之地,这对国际汉语在欧洲的发展应该有些可借鉴之处。

第三,国际汉语在欧洲的可持续发展取决于它是否能实现"本土化",因为只有实现了本土化,才能真正实现主流化(张新生,李明芳:2010)。真正的本土化有两个重要标志,一是进入当地的教育体制，二是融入当地的语言生活。第一方面比较容易理解，但实施起来困难重重。在近几年里，汉语教学在欧洲很多国家都有了较大的发展，目前正在进行中的以欧盟语言框架为基础的欧洲汉语能力标准制定项目也标志着汉语正在进入欧盟主流外语体系。但我们也必须看到，实现汉语在欧洲的教师、教材和教法本土化现在才是个开始，目前的问题和今后的挑战都不容盲目乐观，而观念认识上的偏差则可能错失目前汉语教学发展的大好时机。第二方面目前还有很多人不理解，但实际上却一直在悄然发生。欧盟多语能力概念尊重使用者语言能力发展不平衡和使用多样化的现实，强调语言的基本交流功能和文化间交流能力。换句话说，一种国际性语言本身也在使用中发生着变化。这在海外华裔，尤其是他们的后代身上表现得最为明显。汉语对他们来说更多地体现出脱离其母体文化的交际功能，而且逐渐地打上了所在国主流文化的烙印，出现一些语言词汇甚至结构方面的"本土化"现象。其实这是一种自然而健康的发展。由于通讯发达、交通便利和交流频繁，汉语不会出现多种英语那样的情况。但无论是欧洲的华裔后代，还是当地的汉语学习者，贴近他们生活的汉语将是他们学习的重要动力之一。

　　从欧洲的情况来看，对外汉语教学所遇到困惑在某种程度上是观念与现实间的差异造成的。国际汉语教学如果是国际性的汉语教学，即将汉语教学移至海外的国际推广，则仍是"对外汉语教学"理念和实践之延续，与欧洲的语言政策和现实会发生冲突。如果把汉语视为一种国际性语言，采取开放而包容的态度进行国际汉语的教学，国际汉语在欧洲就更容易实现"本土化"，融入欧洲的主流外语教学而实现其可持续性发展。

二、英国大学的汉语教学

英国的大学汉语教学在理论和实践上都是外语教学。在欧洲,与法国和意大利等国家相比,英国大学的汉语教学历史相对较短,其真正的发展是从 1960 年代开始的,在进入 21 世纪后的近几年里才有了高速发展。然而,随着前几年英国政府语言政策的改变,特别是政府从 2012 年开始减少对大学包括语言在内的人文社科学科的投入,英国大学汉语教学面临着如何解决可持续发展问题的严峻挑战。

1. 发展简述和现状

英国最早的成人汉语课程可追溯至 19 世纪 20 年代,由从中国回国的传教士毛礼逊(Robert Morrison)在伦敦开设。1837 年伦敦大学学院设立了英国第一个大学汉语教授职位。到了 20 世纪初的 1904 年,全英共有五个汉语教授,分布在伦敦、剑桥、牛津和曼切斯特。此后的一百多年,英国大学汉语教学的几次扩张,几乎都是政府根据实际需求、在其指定的专门委员会调研报告建议基础上进行投入的结果。如 1909 年《瑞伊报告》(根据委员会主席 Reay 勋爵命名,以下类同)之后成立了东方学院(后改名为亚非学院);1945 年《斯加伯洛报告》(Scarborough 伯爵)之后在剑桥、牛津和伦敦大学里新添了多个汉语和中国哲学、法律、艺术和考古专业;1961 年《威廉-海特报告》(William Hayter 爵士)之后在里兹大学和杜伦大学等数所大学内成立了注重现代社会研究的东亚系或区域研究中心;1982 年《帕克报告》(Peter Parker 爵士)之后在多所大学内增设了现代汉语和中国政治研究等一系列教职。但英国大学汉语教学发展较快的时期是自20世纪末以来的近十几年,其主要原因为英国政府的投入加大、英国大学本身开始重视汉语教学和中国政府的积极推动。

1999年英格兰高等教育拨款委员会(Higher Education Funding Council for England,简称HEFCE)在对英国大学中国研究状况进行调研之后发表了名为《中国研究调查》(Review of Chinese Studies)的报告。报告指出,随着中国的迅速崛起,英国缺乏足够的应对能力,已在中国研究领域落后于其他欧洲国家。报告建议调整英国高校中国研究的架构,加强语言技能的培养和对中国当代社会科学的研究。委员会决定在今后5年中加大对新型中文课程和中国研究的投入。同时,苏格兰高等教育拨款委员会(Scottish Higher Education Funding Council,简称SHEFC)也决定拨出专款,资助苏格兰大学的中文教学和中国研究活动。得到这笔HEFCE经费资助的院校有剑桥大学、杜伦大学、利兹大学、伦敦大学亚非学院、牛津大学和谢菲尔德大学。得到SHEFC经费资助的院校有爱丁堡大学和格拉斯哥大学等。这些院校有的用这笔资助开设了诸如商业中文、中文强化课程等新课程,有的聘请了教授中国研究领域的专业教师,有的新成立或加强了现有的中国研究中心,这对高等院校中文教学和中国研究的发展产生了很大的影响。2006年,在英格兰高等教育拨款委员会、经济和社会研究基金会(The Economic and Social Research Council)、艺术和人文研究基金会(The Art and Humanities Research Council)等机构的联合资助下,又成立了以由牛津、布里斯托尔和曼切斯特大学参加的英国大学校际中国中心(British Inter-University China Centre)。中心有5年的资助专款,用以培养能用汉语交流的新一代中国研究人才。这两个项目每年的投入都在百万英镑以上,可以说在英国大学汉语教学发展上是史无前例的。但政府的这些投入都集中在一些有汉语教学基础或中国研究传统的大学里,其主要意图是在这些大学里培养出高端的中国研究人才。

英国的大学汉语教学主要有汉语语言文学专业、汉语语言加另一专业、学分公共汉语课和非学分公共汉语课等几种。2011年初,欧盟汉语标准框架项目对英国的大学汉语教学普及程度做了一个调查(Zhang,2011)。根据汉语课程在本科学位的比重,调查将其分为占六分之一以上、六分之一以下和不带学分三类。调查发现,在英国近180多所高等教学机构(其中大学124所)中,已开设各种类型汉语课程的有90所,约占总数的一半。其中提供第一类课程的14所,第二类的46所,第三类的58所。有些学校提供两类甚至全部三类课程。笔者近期对该调查样本中的大学又做了一次复查,结果发现,开设汉语课程的学校已增至104所,其中提供第二类课程学校数量增加最快,达63所,增长了近40%,其他两类的则变化不大。下列的表格是根据英国高等教育统计局①对大学中国研究专业(主要为第一类汉语课程)学生人数的统计数据制作的。

年度	中国研究/ 汉语学生人数	区域/ 外语学生总数	学习汉语 人数比例
2000-2001	520	80485	0.65%
2001-2002	550	83405	0.66%
2002-2003	725	108960	0.67%

---

① Higher Education Statistics Agency:http://www.hesa.ac.uk/content/view/1897/239.

(续表)

年度	中国研究/ 汉语学生人数	区域/ 外语学生总数	学习汉语 人数比例
2003—2004	825	115110	0.72%
2004—2005	1035	114110	0.91%
2005—2006	1280	118820	1.08%
2006—2007	1330	117425	1.13%
2007—2008	1180	115210	1.02%
2008—2009	1165	109900	1.06%
2009—2010	895	67125	1.33%
2010—2011	865	61755	1.40%

从表中可以看出,自 2000 年以来,大学汉语专业学习人数基本呈上升的趋势。虽然近两年比人数最多时的 2006/2007 年有所下降,但这是与英国学习外语/区域研究人数整体减少的情况相吻合的。事实上,学习汉语占全部学习外语的人数比重一直在上升。发展最快的是第二、三类汉语课程的学生。由于没有官方的统计,具体的数字很难确定。但就开设这两类课程的学校数目来看,说英国大学中有五至十倍于专业汉语学生人数的学生在学习汉语一点也不夸张。尤其是自 2005 年第一所孔子学院在伦敦大学成立以来,英国至今已有 19 所孔子学院,其中 16 所建在大学里,对英国大学的汉语教学发展起到了推动的作用。英国大学近几年来汉语课程的快速发展也是学校为了适应社会经济及个人发展需求、培养复合型人才的举措之一。在不少学校里,汉语被结合进了商业和旅游专业等课程里,或者是汉语作为可供学生选择的公共外语课程。一些学校无法将汉语

安排进正规课程或暂时没有能力设置正规的汉语课程，汉语便被作为一种不带学分的额外课程供学生选择。在国际化日益成为英国大学的办学方向之际，一个大学没有外语课程，或在其外语课程中没有汉语，似乎多少有些落伍的感觉。最近出现的一个新动向是普里茅斯大学和一个属于大专的继续教育学院（Further Education College）开始联合培养含汉语课程的商科本科学生，学生先在学院里学习两年的汉语和商务基础学位课程，然后在普里茅斯大学再继续学习一年，完成学业者即可获得学士学位。这种联合办学的方式将对汉语教学产生什么样的影响，还有待观察和研究。

英国大学从事汉语教学的教师人数没有准确的统计数字。英国大学汉语教师组织英国汉语教学研究会①（British Chinese Language Teaching Society）现有成员60余人，来自于30多所高校，约占开设汉语课程的大学和大学汉语教师总数的三分之一左右。代表率较低是因为尽管英国大学的全职汉语教师人数有了很大的增长，但全职汉语教师总数仍然较少，仅占汉语教师总数的20%左右。很多大学的汉语课程从设置到教学都是由兼职教师来承担的，有些教师同时在两三所大学或其他机构任课。值得一提的是，英国大学汉语教师几乎都是汉语母语使用者，但汉语教学科班出身的较少，学术专业背景及教学经验差异也较大②。在汉语教材使用方面情况比较复杂。专业汉语课程往往采用出版教材外加附加材料的方法，而公共汉语及非学分课程

---

① 有关英国汉语教学研究会的发展可见 Shio-yun Kan 2005 年英国汉语教学研究会年会的论文 Brief History of BCLTS, 1996—2001。

② 请见张新生、李明芳《英国大学汉语教师和教学法现状调查》，2010年第十届国际汉语教学研讨会论文。

的教师则较依赖于出版的教材。常用的中国国内出版的教材包括《新实用汉语课本》、《汉语教程》、《新汉语教程》、《当代中文》、《基础汉语40课》、《汉语301句》以及英国本土出版的《汉语口语》和《步步高中文》等①。在市场占有程度上,中国国内出版的教材占有较大的比例。

2. 发展问题和趋势

近十几年里,从开设汉语课程的学校数量到学习汉语的大学生人数,英国的大学汉语教学有了十分可喜的发展。作为多年从事汉语教学的专业人员,我们都为这一发展感到高兴和骄傲。为了让汉语教学能够有长期可持续发展,我们也必须认清和分析现有的问题和挑战,以便做出应对的决定和采取适当的措施。

首先,英国大学的汉语教学发展需要有明确的国际汉语理念和可行的行动方案。

在注重民主自由、强调自我意识的欧洲和英国的大学里如何推动国际汉语教学,这是个亟待研究和解决的问题。国际汉语的政策应该考虑如何结合英国的传统和现实,利用目前的有利条件,有效地推动大学中的汉语教学活动。

多语政策与语言平等政策对在英国大学发展汉语教学是有利的,特别是英国大学在经费压力下日益务实和重视国际化之时。这在一个时期内为两种不同国际汉语观念指导下的汉语教学发展提供了相当的空间。但汉语教学只有实现了大学外语教学的本土化和主流化,才会真正具有成为国际汉语的长期发展

---

① 见张新生、李明芳《现代英国本土的汉语教材简述》《清华大学首届国际汉语教学研讨会论文集》,外语教学与研究出版社出版,2010年,北京。

潜力。

第二,英国大学的汉语教学发展需要有一个统一、并适应英国国情的国际汉语教学标准,这个标准还必须具有与其他外语教学标准的可比性。目前英国大学汉语课程缺乏统一的标准,这不仅影响着汉语作为外语的地位,而且也制约了今后的发展。因为没有大学认同的统一标准,各大学汉语课程所制定的教学目标和实际效果会相差很大。

以欧洲语言框架为基础的汉语能力标准之制定,将为英国大学汉语课程提供一个参考框架,推动汉语教学向本土化发展。该能力标准以及今后课程标准的制定,都与如何理解国际汉语/汉语外语之理念有着直接的关系,这种理念决定着具体课程的教学目标和教学内容等诸多方面。在今后的数年里,这个问题一定会继续是大家关注的热点之一。

第三,英国大学的汉语教学发展需要一支高质量的专业汉语教师队伍。教师对于语言教学质量的重要性是不言而喻的。鉴于英国的经济现状和用人制度,短期内改变现有的师资队伍结构可行性不大。唯一可行而又亟待进行的是为现有的教师提供具有针对性的培训,进一步提高汉语教学质量。因此,准确地了解英国大学汉语教师的情况及他们对相关问题的看法,对制定有效的汉语教师培训计划十分重要。

目前为汉语教师提供的培训机会大大地多于过去,但不少的培训并非以本土化为出发点,在培训计划的设置及内容等方面,缺乏对当地情况的全面考虑。国际汉语的可持续发展离不开汉语教师培训的本土化,而在教师培训工作上,英国当地汉语教学历史悠久和有师资培训经验的学校以及有条件的孔子学院都会逐渐地发挥它们应有的作用。

第四,英国大学的汉语教学发展需要一批符合英国当地需求的本土国际汉语教材。无论从汉语课程的设置来看,还是从目前的师资情况来看,英国大学都需要有符合英国大学学制和语言政策要求的汉语教材。来自使用国内出版的汉语教材的教师的反馈显示,国内教材无法真正地适用于英国大学的汉语课程。除了教学和编写理念不同之外,也有缺乏对说英语的学生的汉语习得特点、以及英国语言教学及其目标制定情况的了解等因素。

编写出真正适合英国大学需求的汉语教材有几个前提:一是要适应英国的语言政策和教育制度,二是有一个公认的汉语能力标准,三是有相应的汉语习得研究成果指导。欧洲汉语能力标准项目完成以后,我们期待一批英国本土的汉语外语教材问世,但高水平的本土汉语教材的产生还需要有相关研究成果的支持。

第五,英国大学的汉语教学发展需要加强汉语教学研究与合作。汉语教学方面的研究,尤其是英国语言政策研究、汉语习得与教学策略等研究是汉语教学发展之基础,对其可持续发展有着极其重要的意义,而目前英国大学在这方面的研究还非常匮乏。虽然这跟汉语教学直到近期才有快速发展的情况有关,但对汉语教学研究的重视程度不够也是重要原因之一。在各类有关汉语教学的发展计划中,很少有具体的有关汉语教学研究的计划。

在大学国际汉语教学研究方面,最为迫切需要的是统筹、协调与合作。只有这样,才能最有效地利用各种现有资源,达到事半功倍的效果。在个人研究继续的同时,希望英国汉语教学研究会、有一定汉语教学研究能力的大学以及有条件的大学孔子学院能够协同合作,推动英国大学的汉语教学研究和汉语教学可持续发展。

三、结　　语

　　从欧洲和英国的情况来看，国际汉语如何定位十分重要，关系到作为外语的汉语在欧洲和英国是否能实现其本土化和能否可持续性的发展的问题。在这方面，国际英语的发展史提供了一些可借鉴的经验和教训。与法语、德语等语言一样，英语早期也是作为一种世界语言在全球推广的。而英语后来成为一种国际通用语言，即国际英语，除了历史政治经济等原因之外，另一个重要的原因是其正宗性的淡化和本土性的增强。在英语为官方或第二语言的国家里，他们都有自己的本土标准，有像澳大利亚英语、南非英语、新加坡英语等不同的变体。作为国际语言的英语现在已是一种交流的言语工具，因此教学时较注重的是其语言形式和使用者本身文化的对比。

　　汉语教学要在英国大学里能有可持续的长期发展，就必须从国际汉语教学的观念问题着眼，从长远发展目标来进行规划。在具体的汉语教学工作方面，从可行的开发、培训和研究项目着手，加强各有关机构之间的合作、协调和统筹，不断巩固和扩大汉语教学现有的成绩和规模，真正使汉语融入欧洲，融入世界，成为国际汉语。

参考文献

　　洪历建，"关于国际汉语教学"，Chinese Studies Review，No. 1，Vol. 2，June2007，54-75。

　　李振杰，"'对外汉语教学'名称的尴尬"，http://www.huayuqiao.org/articles/yuwenjianshetongxun/8302.htm

　　刘骏，"国际汉语教师培养的新模式"，《世界汉语教学学会通讯》2010

年第3期,总第7期。

张新生,"英国大学公共汉语课标准框架之初探",2009年第九届国际汉语教学讨论会论文。

张新生,李明芳,"现代英国本土的汉语教材简述",《清华大学首届国际汉语教学研讨会论文集》外语教学与研究出版社,2010年,北京。

张新生,李明芳,"英国大学汉语教师和教学法现状调查",2010年8月第十届国际汉语教学研讨会论文。

张新生、李明芳,"海外母语为英语者的成人初级汉语教学",《第七届国际汉语教学讨论会论文选》,北京大学出版社,2004年,北京。

张新生、李明芳,"英国的汉语教学:现状和趋势",《海外华语教育》,2007年第2期。

赵杨,"英国中文教学的多元化趋势",《云南师范大学学报:对外汉语教学与研究版》,2009年7月第7卷第4期。

Footitt, Hilary (2005), "The National Language Strategies in Higher Education", https://www. education. gov. uk/publications/eOrderingDownload/RR625. pdf

Footitt, Hilary (2005), The National Language Strategies in Higher Education. https://www. education. gov. uk/publications/eOrderingDownload/RR625. pdf

HEFCE (1999), Review of Chinese Studies, http://webarchive. nationalarchives. gov. uk/20100202100434/http://www. hefce. ac. uk/pubs/hefce/1999/99_09. htm

Higher Education Statistics Agency, http://www. hesa. ac. uk/content/view/1897/239/

Kan, Shio-yun (2005), "A Brief History of BCLTS, 1996 – 2001", http://www. ctcfl. ox. ac. uk/clts/Newsletters/Newsletter8. 7. htm

Loewe, Michael (1998), "The Origins and Growth of Chinese Studies in the U. K", *British Association of Chinese Studies*, Survey No 7.

Song, Lina (2002), "Chinese Studies in the United Kingdom: 2002 Overview", http://www.llas.ac.uk/resources/gpg/131.

Zhang,G. X (2011),"EBLC Survey on British Universities",Rome Seminar 21 May, http://ebcl.eu.com/ebcl-project-survey/

Zhang,G. X. & Li,M. L. (2010), "Chinese language teaching in the UK: present and future", *Language Learning Journal*, London: Routledge, Vol 38,No 1:87-97.

对外汉语初学者的阅读过程初探
An Exploration of CFL Beginners' Reading Process

郭志岩(Zhiyan Guo)
英国 Warwick University

提要 有关对外汉语阅读的研究大部分基于中高级学习者,对于初学者的阅读过程研究并不多见。本研究探讨了22名汉语初学者(其母语均为欧洲语言)的阅读困难及其所采用的阅读策略。数据由两部分组成,一部分来源于学习了27个小时汉语的学生,他们在网上阅读了一篇笔者设计的短文,他们用英语列举自己在阅读中遇到的困难,并用短文中的例子说明这些困难;另一部分来自于7名学生在57个小时的课堂教学之后,阅读另一篇短文(两篇短文均为叙事体),然后他们用出声思考的方法告诉笔者自己是如何进行阅读以达到理解的目的的。对于初学者阅读困难和阅读策略的研究使我们增加了对初学者阅读过程的了解,进一步证实了Bernhardt's(1991)构建式的第二语言阅读模式可以用来解释初学者的阅读过程,希望能对汉语初级阶段的教学和测试有启示作用。

关键词 汉字 阅读困难 阅读策略

一、引　　言

　　由于汉语和欧洲语言在书写方面的差异，长期以来，中文的读写一直被认为是中文学习的瓶颈所在，其主要原因在于汉字发音和字形及正字法之间的关系不像欧洲语言的那样清楚和密切。据 Wang/Higgins（2008）统计，汉语中只有四百二十个不同的音节，如果把四声都计算在内，大约有一千两百个；并且，汉语中众多的同音字只有通过字形才能区分其意。那么在如此复杂的汉语汉字体系中，初学者是如何进行阅读并达到理解的目的的呢？对于一些研究者和教师来说，这一直是饶有兴趣的话题。本文将扼要介绍英语作为第一和第二语言的阅读研究中有关阅读策略的概念，并简单回顾对外汉语阅读研究中的文献。然后，围绕初学者在阅读中遇到哪些困难、采取哪些阅读策略的话题，笔者对二十二名初学者进行了实证调研，以期对对外汉语阅读的教学和测试的实践有一定的启示作用。

二、理论出发点和文献回顾

　　西方语言学界对阅读的研究始于英语作为第一语言的阅读研究。在 20 世纪 60 年代到 80 年代期间，研究发现阅读可以用两种模式展示其过程：自上而下和自下而上的策略。前者指阅读是从读者到课文的过程（Goodman，1967），即：读者从文章的整体出发，利用自己的相关知识来帮助理解，这被认为是一种高级的宏观阅读策略。与此不同，自下而上模式指阅读是由课文导向读者的（Smith，1978/1986，引自 Hinkel，2010），认为读者先识别词语并把对于文章的理解建立在词和短语的理解之上，也叫微观策略。此后出现的认知心理学的研究证明,阅读时这两种过程其实是相继发生并相互作用的,Finkbeiner(2001,2005引自Cohen,2007)发现这种相互作用在不同的读者中及不同的情境下,自上而下和自下而上的策略会不断地组合来达到理解的目的。Pritchard(1990)指出,文化图示(cultural schemata)对于阅读过程及策略的影响,读者对于文化题材比较熟悉的文章的理解率,远高于文化题材比较陌生的文章。

第一语言阅读研究的结果有助于我们理解第二语言的阅读过程。研究发现:以英语作为第二语言或外语时的阅读包含着从第二语言翻译成母语的过程,也叫心理翻译或头脑翻译(Kern,1994)。熟练读者从宏观着眼进行翻译,经常忽略生词,而不熟练的读者只翻译细小的词语和单字,生词常成为理解的障碍。Bernhardt(1991)在美国大学预科生的一个学习法语、德语和西班牙语的中级班学生中采集数据,研究出关于第二语言阅读的构建式模式。这一模式指出,在用第二语言进行阅读时,有六种过程同时发生,其中三种是以课文为主导因素的(即:词语识别、音素解码、句法特征识别),另外三种是以概念为主导因素的(即:文章内部要素的了解、已有知识和元认知)。

近十年来的对外汉语阅读研究对Bernhardt(1991)构建式的第二语言阅读模式进行了进一步的探索和丰富。Everson and Ke(1997)用出声思考的方法专门研究了五个中级学习者和两个高级学习者的阅读策略,从而把中文阅读的特质加入到Bernhardt的第二阅读模式中,即把正字法或字形学层面补充到词语识别的要素中。这一层面在中文阅读过程中是极其重要的,因为如果阅读者能够识别的汉字非常少,就难以认识和理解含有该字的词。Lee-Thompson(2008)进一步证实了Bernhard的构建式的第二语言阅读模式经过小的修改补充后是可以用来解释对外汉语学习者的阅读过程的。在这个构建式的阅读模式的理论框架下,笔者将从以下四个方面回顾文献。

1. 阅读策略的研究

Lee-Thompson(2008)调查了8个美国中级学习者在理解记叙文和议论文时所采取的策略,发现了12种以词语和课文为出发点的微观策略,也将其称为自下而上的策略,即学习者用这些策略理解小的阅读单位:汉字、词语、短语。同时她也发现了15种自上而下的策略,这些策略又叫做以读者为基础的宏观的高级的阅读策略,包括整合信息、试图从文章整体方面或大于句子的单位着手来理解信息、设立假说、监控阅读等。在这27种策略中,22种可以归为认知策略,5种为元认知策略。此研究证实了学习者是同时使用几种策略的。Du(2000,引自Lee-Thompson,2008)研究了12个美国汉语学习者(6个中级,6个高级)在阅读一篇台湾报纸上的说明性短文时所采用的策略。她发现的宏观策略包括诠释课文及从语言结构角度着眼,而微观策略包括翻译和识别字词。她还发现其中8个学习者用微观策略的频率高于使用宏观策略的频率,并把很多时间花在不认识的汉字上;然而这些学习者已经发展了把有意义的词语单位从文章中较快分离出来的技能(即:汉语阅读分界技巧 parsing skill)。Lee-Thompson(2008)的研究中有4个学习者提出认识汉字很难,形似的汉字常会混淆,不但分离词语的技能有待发展,而且汉语的省略主语和宾语的句法特征也造成了理解的困难。另外在词汇、汉字字形、语法及背景知识等方面也存在困难。

Everson and Ke(1997)的研究还发现,高级学习者能够推测由多个汉字组成的词的意思,即这些学生发展了被称作是"汉字网络"的技能,知道单个汉字的意思时,就能够猜测出其组合的意思,虽然这样的组合从前并未学过。相反,中级学习者的汉语阅读分界的能力较低,他们似乎可以认出已经知道的词语,但是推测生词词义的能力有限。在 Everson and Ke(1997)的研究中没有发现这些学习者是否使用了元认知和自我管理学习等方面的策略。

2. 发音与中文阅读

阅读过程中语音和字形信息关于理解文意的作用一直存在不同观点。有的学者认为,语音在汉语阅读中是自动激活的(Perfetti,et al 1992)。Everson and Ke(1997)发现阅读者采用了"声音媒介"(sound mediation)加强对语言韵律的感知,以便更好地理解文意。Lee-Thompson(2008)将此现象称作"发生法",也就是说,阅读时,某些词语的发音会起到提示词义的作用。当然有的学者对此持相反意见,比如 Palvidis(1992)并不认为发音对意义解码有何重要作用。高立群和孟凌(2000)发现学习者对汉字字形的意识强于对其字音的意识,并且这种意识没有随着汉语水平的提高而改变。江新(2004)用实验的方法也发现日韩汉语学生在阅读句子时字形作用大于字音作用。用类似的方法,江新(2005)发现对于中级的欧美学生来说,似乎字音和字义一样重要,她同时推测,初级阶段的欧美学生通达汉语字词的意义主要依赖语音通路,随着汉语阅读水平提高,语音中介的作用逐渐减弱,字形通路的作用逐渐增强,而到达高级阶段或到达熟练读者的水平,可能字形的作用会大于字音的作用。

3. 课堂教学与中文阅读

Ptaszynski(2009)探讨了阅读策略是否受到课堂教学方法

的影响。他对22名初、中、高级学习者进行了研究,发现了五种策略:词语识别(个别词语的翻译)、汉字分析(汉字组成部件或音义组合成分)、词语分析(在单个汉字的基础上对词语意思进行假设,并利用汉字如何构词的知识)、翻译(功能性翻译、直接翻译、重述)、自上而下策略(利用上下文、参考课文其他部分、利用已有知识、了解大概内容、注重课文结构、理解大意、总结、评估、预测和推断)。他还发现,在初、中级学习者中,重视阅读的课堂可能导致学生常用翻译策略,而重视口语的课堂会使其学生较少地用翻译策略,并且较少用翻译策略的学生用汉字分析的频率比较高,即:在低级阶段教授汉字组合有利于学生有效地利用汉字分析的策略去猜测生词。DeFrancis(1968,引自Everson and Ke,1997)的研究揭示了课堂上如何介绍汉字组合,尤其是介绍共用一个或两个汉字的组合,以期发展学生的"汉字网络"及对汉字学习的系统性的了解。Wang(1953,引自Everson and Ke,1997)和Li and Wang(1988,引自Everson and Ke,1997)在学生阅读的课文中按照意群留出空隙,以便于理解课文,但是没有实证研究证明,这在多大程度上可以帮助初学者发展分离意义单位的技巧。

总之,在能够找到的大部分文献中,参与的学生人数均不多,并且中高级学习者居多,所以初学者的阅读过程有待深入探讨,这也是本研究的目标之一。

三、本研究的步骤和结果

1. 问题的提出

本研究的参与者是两组初学中文、母语为欧洲语言者。第一组有 15 名学生,学习了 27 个小时的中文课(课余自学时间未记入),另一组由 7 名学生组成,他们接受研究时完成了 57 小时的课堂学习(课余自学时间未记入)。在自愿参加的基础上,所有参与者均阅读了研究者通过互联网上上传的一篇简短的叙事文章(请见附录 I),他们按要求用英语列出自己在阅读过程中遇到的困难,并用文章中的例子对这些困难进行说明。第二组的 7 名同学后来又阅读了另一篇稍长的叙事体文章(请见附录 II),阅读后,研究者随即与每个同学进行内省访谈,在访谈过程中,他们需要告诉研究者他们在阅读时头脑中的思想过程。本研究旨在探讨以下三个问题:

(1)对外汉语初学者在阅读中遇到哪些困难?(2)初学者采用哪些策略进行阅读?(3)Bernhardt(1991)构建式第二语言阅读模式如何揭示了初学者的阅读过程?

2. 研究结果

研究者进行了细致的数据分析,析出对外汉语初学者的阅读困难和阅读策略,结合具体例子列举如下。

(一) 阅读困难

本研究的 22 名汉语初学者的阅读困难主要体现在以下七个方面。

第一、汉字的识别、记忆和重现 对于汉语初学者来说,汉字尤其是一些看上去形似的汉字区分起来是比较困难的。有的同学说:"我学完了很多汉字后,很容易就忘了。""我觉得记住所有的汉字太不容易了,我有时把它们混在一起,分不清哪个是哪个。"一个同学说:"当我读到'数学老师'的时候,我很容易就理解成这是指某一学科的教授,因为我会很容易地把'学'识别成是一门学科,但是我却会把'数'跟'教'混在一起,然而当他每次读到'教'时,总会想起'教授',因为在学习一篇课文中学到'教授'的时候,这两字一直都是一起出现的。"由此可见,初学者在阅读过程中要识别个别汉字,同时以课本学习为依托,进行联想和猜测。

第二、分解出有意义的单位 跟欧洲语言不同,阅读中文时,词与词之间、字与字之间没有空隙,所以,初学者面临一个重要的挑战就是需要在这些长短不一的字串中寻找有意义的单位,需要知道在哪个字或词的后面稍停,以便理解其字义、词义和句义。有些同学说:"如何把字与字之间有效地分开太难了,因为它们之间毫无缝隙。"还有的同学说:"很不容易把一些字归组。"这说明他们汉语阅读的分界技巧还有待发展。

第三、相同汉字的不同字体之间的显著差异 对于从未学过汉字的学生来说,手写体的汉字和印刷体的汉字之间,以及不同字体的印刷体之间是有很大区别的,这个区别对他们来说大到乍看上去以为是不同的汉字的程度。在课堂上,学生所能接触到的汉字字体通常是教师的手写体,或者是电脑显示的楷体字;但是当学生读到一篇用不同字体显示的文章时,很多汉字对他们来说就变得陌生了,其实这些字已经学过了,只不过学的时候是以不同字体显示的。有的同学说:"在计算机上,汉字看上去真小,很多都好像挤在一起,而且比在书上看到它们时要更方正一些,这对我认出某个汉字造成一定的困难。"还有的同学坦率地说:"不同字体出现的汉字,对我来说读起来很有问题,有时习惯了汉字的手写体,当它们在计算机里出现时,我就不大认识了。"另外,笔画多的汉字对初学者来说有些无从下手。一位同学说:"有时候很难分辨一个字的细节部分,尤其是书上的印刷体的字,比如'餐厅'的'餐'字。"

第四、中文名字难以识别 在初学者可能接触到的阅读中出现的中文名字一般由两个或三个汉字组成,初学者很难把中文名字从句子中分离出来。一些同学这样说:"如果你不知道某个名字,你就是不知道了,你是难以猜出来的。""在阅读时,如果没有意识到哪些字是名字,就会影响对文章的理解,我发现在考试中把名字下面画线对于加快理解很有帮助。"

第五、猜测生词的能力 初学者在读中文时,对已知字词的依赖性很强,虽然他们经常遇到不认识的字词。对生僻的汉字猜起来是比较困难的。一个学生说:"如果在一句话中有一个汉字不知道什么意思,就很难了解整句话的确切含义。"

第六、建立汉字网络 在中文中,一个词是由一个、两个、三个甚至四个汉字组成的。对于单个汉字组成的词,初学者只要知道这个字的意思就能了解这个词义,可是对于两个或多个汉字组成的词,即使这些汉字本身初学者可能并不陌生,他们要猜出来整个词的意思也并不容易。一个学生说:"有些汉字似曾相识,但是当它们跟其他汉字组合起来的时候,究竟是什么意思,还是很不容易明白的。"这种情形说明初学者在建立汉字网络方面还有待发展。

第七、语法困难 在阅读过程中,汉语独特的语法体系有时候也使初学者感到迷惑。当他们不明白一句话的语法时,就很难知道该句的确切意思。当然对于任何语言的初学者来说,这是一个普遍存在的困难。

(二)阅读策略

虽然初学者在阅读汉语篇章时遇到一些困难,但是研究者同时发现他们在阅读过程中采用了各种策略来努力理解。现将这些策略归纳成九个方面。

第一、自下而上的策略多于自上而下的策略 研究发现:大部分初学者把更多的注意力放在字词的识别等微观手段上,而不太注意从大处着眼、综合而宏观地来理解句义和段义。这样，一旦阅读中出现生词时，他们就立刻陷入迷惑状态。虽然也有的初学者利用了从篇章入手寻找理解的突破口，而不拘泥于个别字词，但是这种宏观手法的使用似乎还没有在初学者中形成习惯。

  第二、心理翻译或直接翻译 在阅读过程中，这些初学者常常在头脑中进行直接翻译，把看到的中文翻译成他们熟悉的语言，有的学生翻译成他们的母语，有的学生翻译成英文，有的学生的翻译中母语和英语都有。还有的学生利用谷歌的在线翻译功能进行阅读。一个学生说："通常情况下，我把汉字的位置不断变换一下之后，就可以用英语把大概意思串起来。"

  第三、用非语言学符号标记课文 初学者采用各种方式来帮助自己的中文阅读，除了一些与语言有关的用来识别字、词、短语及语法的手段以外，他们也使用非语言学符号，比如：用画线，写括号，画方框、圆圈、问号等等把不认识或不熟悉的汉字标出来。一个学生说："我自己知道文章的哪一部分我不太明白，当我发现问题中问及那一部分时，画线等方式可以帮助我很快地在文中找到相关的部分。"

  第四、在汉字上面写上拼音或英语解释 与以上第三种方式类似，初学者常常会在汉字附近标记拼音或英文解释来帮助自己回想起汉字的发音或意思，这也许是由于他们受到母语是英语或其他欧洲语言等字母文字的影响。有趣的是，学生们还用拼音来帮助自己把注意力很快地集中在某些词语或汉字上，用标记拼音或英语解释的方式帮助他们将汉字串分割开来，以利于理解文意。一个学生说："把拼音写在汉字上面，我觉得当我再一看去，不再是一长串没有任何标点符号的汉字，这帮助我在阅读时不至于很容易迷失，不知道自己读哪儿了。"例如，当读到"她八岁生日的时候,他们一家人都很高兴"时,有的学生会在"生日"上面写出其拼音,因为这个词汇即使出现在一个长句子中时,很多学生也会比较容易地认出来,写出这一拼音很可能帮助学生回忆起词义,并可以帮助他们猜测和理解"岁"以及句中其他部分的含义。

第五、利用周围的词或上下文　　初学者在阅读中遇到一个生字时,常常会利用这个字周围的字词来先对文意进行假设,然后在读上下文的时候再不断验证自己的理解是否正确。有一个学生在"属"这个字单独出现的时候并不认识它,但是当在文中看到"属羊"的"羊"的时候,他会受到启发猜到"属"的意思,然后他读下去的时候会继续验证自己的猜测是否准确。

第六、在头脑中默读字音　　初学者阅读时,常常在头脑中进行默读,以帮助他们回忆起字词的含义。Lee-Thompson(2008)在她的研究中把这种现象称作"发生法",Everson and Ke(1997)将其称为"声音媒介"。有的初学者把这个策略与在汉字上面写拼音的方法结合在一起,还有的初学者则只在头脑中把字词的读音默念给自己听。

第七、把阅读其他语言的技能转移过来　　汉语初学者都有用其他语言进行阅读的经历,他们会有意无意地把已有的阅读技能转移到中文阅读中来。比如说,他们会对较长的文章或句子进行跳读,忽略生词并找寻关键词。一个学生说:"中文阅读跟英文阅读相似。"可见,学生们认识并利用了各种语言阅读的共性。

第八、利用语法线索　　与以上的策略互相联系,初学者在利用周围的词语帮助他们理解文意时,也会借助已学过的语法结构。比如,当他们读到"文学,大学,学院,学生,学习"时,"学"的意思很有用,同时汉语构词法的规律使"学"与其他汉字结合而构成意思不同的词语。再比如,初学者可能不认识"叫古波,姓杨,德国"等短语中的"古波,杨,德",但是他们一旦知道"叫"可以在其后加一个名字,"姓"之后可以加一个姓氏,在"国"之前一定是一个国家或国籍,他们阅读的准确率就会大大提高了。还有,初学者会利用相似结构来猜测句义。比如,当读到"小力喜欢中国文化,还喜欢哲学。他现在在中国北京语言大学学习中国文学。我女儿开美喜欢历史,还喜欢经济。她现在是英国华威大学经济学院的学生"的时候,"喜欢……,还喜欢……"是同样的结构,"现在在……学习"跟"现在是……的学生"是同义结构。这些类似的句法结构有助于初学者阅读。

第九、元认知 研究发现,这些初学者能够对自己的阅读过程进行反思,总结出自己的优势和问题所在。这表明:即使是初学者也能在阅读中采用元认知的策略,然而,笔者能够读到的文献中显示,高级汉语的学习者常常使用元认知策略(Shen,2005)。另外,初学者也已经认识到了部首在识别汉字及阅读过程中的重要作用。一个学生说:"我觉得学习汉字时,知道了这个汉字的部首非常有帮助。"这表明初学者也在时时监控和反思自己的阅读学习过程。

(三) 用 Bernhardt(1991)构建式阅读模式解释初学者的阅读过程

与从前的研究发现类似,对外汉语初学者在汉字的识别、记忆和重现,猜测生词的能力,建立汉字网络,分解意义单位的技巧及语法方面都感到困难。除此之外,本研究发现:初学者认为中文名字会成为阅读障碍。另外,相同汉字的手写体和印刷体之间及不同字体的印刷体之间的差异很显著,甚至使他们觉得那些是不同的汉字。为了克服阅读中的困难,本研究揭示了初学者采用的九种策略:自下而上策略、心理翻译、用非语言学符号标记文章、在汉字上面写出拼音或英语解释、利用周围的词或上下文、在头脑中默读字音、把阅读其他语言的技能转移过来、利用语法线索、元认知。有趣的是：用非语言学符号和汉语拼音或英语来标记课文帮助了初学者把意义的单位从句子中分离出来。可以说，虽然这些初学者基于汉语本身的分界技巧有待发展，但是他们使用了非语言策略来应对。同时，他们对语音的依赖可能也是初级阶段语言学习的必经之路，他们还不能熟练地识别汉字，只能依靠已有的语音手段，另外，心理翻译也可能导致对语音的依赖（江新，2005）。

本研究还说明 Bernhardt（1991）的构建式阅读模式的六个要素也可以用来解释初学者的阅读过程，但是在词语识别方面，不仅汉字字形起作用，而且这些汉字呈现时的字体风格也应考虑在内，同时，非语言策略也不可忽视。从某种意义说，这也是本研究揭示初学者中文阅读策略对构建式的第二语言阅读模式的补充。

四、结　　论

本研究揭示的汉语初学者的阅读困难和策略对教学和测试实践有一定的启示作用。首先，策略教学应包含在初学者的课堂中，不宜认为初学者的语言知识过少就只集中在语言本身的学习上。课堂中可以有适当的讨论，指导学生如何学习和记忆汉语字词。同时，虽然部首教学可以加固学生汉字组合知识，但是利用语言块来发展学生的汉字网络的环节也必不可少；比如，在教"一家人，汉语系，吃烤鸭，没关系"时，既要教个别汉字，更要强调这些组合的学习和应用。还有，在初学者课堂上带领学生一起写汉字、写短语、组句子的过程也不宜省掉。在初学者的阅读测试中,可以考虑把人名以某种形式标出,用与课本相同的字体呈现阅读文章。本研究也指出:如何发展初学者的汉语阅读的分界技巧将是具有实际意义的。

参考文献

高立群、孟凌,"外国留学生汉语阅读中音、形信息对汉字辨认的影响",《世界汉语教学》,2000年第4期。

江新,"中级阶段欧美学生汉语阅读中字形和字音的作用",《对外汉语阅读研究》,北京大学出版社,2005,北京。

江新,"中级阶段日韩学生汉语阅读中字形和字音的作用",见赵金铭主编《汉语口语和书面语教学》,北京大学出版社,2004,北京。

Bernhardt, E. B., *Reading development in a second language: Theoretical, empirical and classroom perspectives*, Norwood, 1991, NJ: AblexPublishing Corporation.

Cohen, A. D. & Macaro, E. (Eds.). *Language Learner Strategies: Thirty Years of Research and Practice.* Oxford, 2007, Oxford University Press.

Everson, M. E. & Ke, C., "An inquiry into the readingstrategies of intermediate and advanced learners of Chinese as a foreignlanguage", *Journal of Chinese Language Teachers Association*, 1997, pp. 32, 1, 1–20.

Goodman, K. S., "Reading as a psycholinguistic guessing game", *Journal of the Reading Specialist*, 1967, pp. 4, 126–135.

Hinkel, E., *Handbook of Research in Second Language Teaching andLearning*, Routledge, 2010, London.

Kern, R., "The role of mental translation in second languagereading", *Studies in second language acquisition*, 1994, pp. 16, 4, 441–461.

Lee-Thompson, L., "An Investigation of Reading Strategies Appliedby American Learners of Chinese as a Foreign Language", *Foreign LanguageAnnuals*, 2008, pp. 41, 4, 702–721.

Palvidis, M., "Reading strategies of second-language learners of Chinese", *Melbourne Papers in Applied Linguistics*, 1992, pp. 4, 22–56.

Perfetti, C., Zhang, S. & Berent, I., "Reading in English and Chinese: Evidence for a 'Universal' Phonological Principle", In Frost, R. & Katz, L. (Eds.), *Orthography, Phonology, Morphology and Meaning*, 1992, pp. 227–247.

Pritchard, R. H., "The effects of cultural schemata on readingprocessing strategies", *Reading Research Quarterly*, 1990, pp. 25, 4, 273–295.

Ptaszynski, S. O., "Reading in Chinese as a Foreign Language: Astudy of how reading strategies are affected by instructional methods", 2009, CHUN, 24, 89–107.

Shen, H. H., "An investigation of Chinese-character learningstrategies among non-native speakers of Chinese", *System*, (2005, pp. 33, 1, 49–68.

Wang, L./Higgins, L. T., "Mandarin teaching in the UK in 2007: abrief report of teachers' and learners' views", In *Language Learning Journal*, 2008, pp. 36, 1, 91–96.

附录Ⅰ：

田大为是陈娜的好朋友。昨天田大为去陈娜的宿舍找她，她不在。他问："她在哪儿？"陈娜宿舍的朋友说："陈娜现在很忙，你可以去学生餐厅，看她在那儿吗？如果不在，你要去京剧院，你知道陈娜是英国人，她有英国朋友来中国北京看京剧。"田大为知道今天有很有意思的京剧。陈娜和她的英国朋友们一定很高兴。

附录Ⅱ：

我姓古，叫古波，我在加拿大工作，是一个大学的数学老师。我太太叫丁云，是这个大学的汉语系主任。我有一个儿子和一个女儿。儿子叫小力，女儿叫开美。他们都在大学学习。小力喜欢中国文化,还喜欢哲学。他现在在中国北京语言大学学习中国文学。我女儿开美喜欢历史,还喜欢经济。她现在是英国华威大学经济学院的学生。

今天我女儿介绍她的新朋友,他叫宋华。他家有七口人。他有爸爸、妈妈,有三个哥哥、一个妹妹和他。他爸爸、妈妈都在美国。他们很忙。他爸爸今年五十岁,是医生;他妈妈不工作,今年也五十岁。现在他的一个哥哥是英语老师,还有两个哥哥在德国学习电脑专业。他妹妹二〇〇三年二月十九日出生,属羊,她很可爱。她八岁生日的时候,他们一家人都很高兴。

外语教育新模式和探索——美国中文领航项目的目标和实践

The Chinese Language Flagship Program: Exploring New Model of Chinese Language Teaching in American Universities

熊文(Wen Xiong)

美国 The University of Rhode Island

提要 本文简要介绍美国全国领航项目,重点在于中文领航项目。美国的中文领航项目是由美国国家安全教学项目资助的,是为有高度兴趣学习中文、并准备在全球范围工作的高校本科生提供的强化课程。凡是在指定领域(工程、商务、政治学、纺织)内取得学士学位、同时又在关键语言(如汉语)方面积极努力的学生,都可以参加本项目。中文领航项目为学生提供了全面的校内和校外的教学大纲,以保证学生可以完成这些课程。本文对中文领航项目作出分析,并说明领航项目是如何利用全球的专业教学资源来完成教学大纲的。同时,本文认为,领航项目开启了全球化语境下语言教学的新方向。

关键词 美国汉语教学 中文领航项目 专业汉语教学与实习 中国实习 领航项目海外中心 标准化考试评估 个人学习跟踪档案

一、引　言

　　历史上美国的强盛源自于其强大的创新能力,外语教学的历史和现状也反映了这个事实。一直以来,外语教学和研究的革新中,美国处于领军地位。比如,美国联邦政府早在20世纪80年代就把中文列为重要语言之一。近年来,联邦政府又再次把中文同阿拉伯文、日文、韩文等同列为"关键语言"(critical language),作为资助的重点,旨在解决国家需要的战略人才短缺的问题。美国国家语言领航项目(American Language Flagship Program)就是始于2002年由美国国家安全教育资金(National Security Education Initiative)资助的语言项目之一。其中包括了九种语言,有阿拉伯文、中文、印地语乌尔都语、韩语、波斯语、葡萄牙语、俄语、斯瓦希里语和土耳其语;设立了二十六个项目,十个海外中心,三个从小学到大学(K-12)的一贯制语言项目。中文领航项目是其中最大的项目,其次是阿拉伯语和俄语。至2011年秋季为止,领航项目本科招生1000多名学生,中文旗舰学生371名,阿拉伯语旗舰学生315名,俄罗斯领航学生205名,其他语言领航项目目前尚无大量学生。(参见www.languageflagship.org)

　　美国外语领航项目的独特性在于:

　　1. 在美国,大学提供密集和强化的语言和文化教学,包括集体培训和个别辅导;

　　2. 在海外,学生可直接进入国外大学学习专业,接受高级语言和长期文化浸入的训练;

　　3. 通过与国际组织和机构的公共和私人伙伴关系,提供给学生语言浸入式的实习机会;

4. 在达到专业水平的语言能力的同时,获得自己的专业知识和学位。

中文领航项目(Chinese Language Flagship Program)是其中最大的一个全国性项目,项目的宗旨是建立从幼儿园、小学、中学到大学的良性中文教育机制,培养国家需要的高端汉语人才,满足国家未来安全和经济的需要。

现有的中文领航项目包括以下十一所大学:亚利桑那州立大学(Arizona State University)、杨百翰大学(Brigham Young University)、亨特学院(Hunter College)、印第安纳大学(Indiana University)、旧金山州立大学(San Francisco State University Partner Program)、密西西比大学(University of Mississippi)、俄勒冈大学(University of Oregon and Portland Public Schools)、罗德岛大学(University of Rhode Island Partner Program)和西肯德基大学(Western Kentucky University Pilot Program)。学生通过参加这个项目,不仅汉语能达到高级水平(美国外语教学学会 ACTFL 的 superior level 或者美国政府三级 ILR 3),能在他们各自领域的国际化工作中流利使用中文,而且具备跨文化交际的能力,能促进本国与中文世界的政治、经济等的全面交流与合作。

领航项目也与后备军官训练队合作,提供未来在其他国家和语言区域工作的专业人员。2011 批准了三个中文后后备役军官(ROTC)的试点领航项目,设在北佐治亚州立学院和大学(North Georgia State College and University)、佐治亚理工学院(Georgia Tech)和已有中文领航项目的亚利桑那州立大学。这些试点是在原有领航项目的模式上新开发的,目的是利用语言的领航项目的优势加强后备军官训练队入伍前培训,推动语言能力和区域文化知识,储备未来军官人才。

由此看来,毋庸置疑,中文领航项目不仅提升了传统上中文作为外语或者第二语言的目标，而且势必对现有的教学格局和模式产生重大影响。

二、中文领航项目的目标

中文领航项目的目标之一：达到美国外语教学学会制订的最高级水平（ACTFL Superior level），或者 ILR（Interagency Language Roundtable）三级以上标准。在中文教学的历史上，还从来没有一个大学或者项目这样明确地把目标订得如此之高。所以，如何帮助学生达到这个目标远远比只是设定一个高的目标更具挑战性。

我们看一下达到这个目标大概所需要的时间，如下面这张表格所示：

表格 1　外语学习时间长度对比 *

学习时间长度＼外语水平	美国外语教学学会 ACTFL		美国外事学院 FSI	
	中文	法文、西班牙文、意大利文等	中文	法文、西班牙文、意大利文等
超高级 ACTFLSuperior/ ILR 3 级	80-92 周 2400 – 2700 小时（根据学习者不同学能）	24 周 720 小时	大概 2200 个小时的学习，外加一年在目的语国家的经验	570 – 600 小时

＊其他级别的水平因为跟本文讨论关系不大，在此略去。

这是美国外语教学学会和美国国防外交学院根据语言的难度,对以英语为母语的学习者要达到高级水平的一个时间估量(笔者译)。在原表中,语言根据难度被分成四组或四个等级,上述表格中的法文、西班牙文、意大利文等被列在第一组,可以简单地理解为最容易学得的一组;而中文和日文、韩文、阿拉伯文共同列在第四组,是难度最大的一组。由上表可以看出,要达到同样水平,即职业化精通的水平,学习中文和第四组的其他语言要比第一组的平均多花差不多四倍的时间。

显而易见,学习中文需要更持久的动力和更好的学习策略。

试想,如果学习者进入大学后才开始学习中文,即便按照每周有5个小时的时间学习中文,全年30周,两个学期。单就学时而言,学习者也很难在大学毕业的时候能达到这个目标。

全美领航项目的目标锁定在本科阶段完成,并不认同传统教学界的看法,认为学中文的学生只有到了研究生阶段才能达到超高级水平。而事实上,一直以来,外语教学界并没有把外语的熟练水平(Proficiency Level)和大学学位的获得直接挂钩。学位的获得通常是通过学分来证明的,而学分对于外语教学的成效而言,等同于学习时间(Seats Time),不等于熟练水平。所以从这一点上讲,全美领航项目对外语教学界的意义在于:在有限的时间内提供给学生有效的教学,并通过检验学生的外语熟练水平来评估项目的成功与否。

那么,如何达到这样高的目标呢?

三、实现目标的过程

在讨论实现目标之前,有必要讨论一下学生的招募和选拔。

首先可以明确的是,参加领航项目的必须是学业上较强的学生。所以一般来说,各个学校通过两个渠道招收领航项目的学生。一是从高中毕业生中招收已经学过中文的学生,这些学生进入大学后可以从中级开始学习中文;二是从一年级下学期开始在新生中招募有中文学习潜能的学生。进入领航项目的学生要保持学业平均分(GPA)3.3以上。作为保证,中文领航项目全额资助参加者的两次中国之行,一次是为期八周的暑期强化项目,必须在中文领航项目指定的项目中进行;一次是最后一年(Capstone Year)在中国的学习和实习。

从表一可以看出,要实现中文领航项目的目标,首先需要创新的是课程设置。唯有改变传统意义上的教学格局,才能克服这种教学格局带来的学时不足和教学线性化的缺陷。一般来说,由于选修外语课的学生人数比例呈金字塔状,所以高级阶段的课程通常由一些文化课和文学课构成,以满足学生获得外语专业的学分要求。但是,由于领航项目的目标是要培养国际化的专业人才,这就要求在高级阶段的课程设置的内容不仅保留原来的文化和文学内容,还要和学生的专业挂钩,同时带领学生达到汉语高级水平。

在以下的篇幅中,作者分四个部分介绍和讨论中国领航项目的一些措施与做法:

1. 强化和多元的语言课程和文化课程

为了保证五天的正常教学格局,各个中文领航项目都增设了其他的强化训练。在学期中学生除了参加有关中文和中国文化相关的讲座而外,学生不仅配有一对一的个别辅导员,还有小组辅导。

利用寒假和暑假对学生进行集中培训,就某些专项的语言技能进行强化,比如说听力课、口语课、文化能力等;还用中文进行一些跟学生自己专业有关的研究。

为了准备最后一年在南京大学入系听课,在美国大学的高年级阶段一定要求开设中文媒体课和专业汉语课。

虽然在课程设置上横向和纵向增加了丰富度,但是仍然需要不断进行调整,以解决不断出现的问题,因为这种增加重要不仅仅是量的积累,而是质的提升。

很多问题目前还在寻找最好的解决方法,比如说,如何在课程上区分中文领航项目的学生和正常选修中文的学生在目标上的不同,如何安排不同水平的领航项目的学生进入项目的不同阶段,客观考试和定期评估如何干预教学,学生的四项技能如果平衡发展、如何快速调整等等。

2. 为高年级领航项目学生开设的专业汉语课程

中文领航项目的目标之一就是培养全球化的中文人才,而能否用中文讨论学术和专业的主题是全球专业人士和超高级语言能力的决定性特征。因此使用目地语进行严格的学术训练,是语言教育新模式的一个重要方面。

第二语言习得研究十分支持基于专业内容的语言教学(CBI),研究认为,把目地语教学同学术或专业的教学结合起来,可以在自然语境下呈现目地语,从而提高语言学习效果(Curtain & Pesola,1994;Genesee,1994)。

有人认为这也属于语言教学中的专项语言教学部分(Language for Special Purpose),比如商业汉语、中医汉语等。也有人认为基于专业内容的教学(CBI)本质上更接近于专业课而不完全是语言课。

通常开设此类课程也给课程设置和总体设计带来挑战。首先，由于领航项目的学生来自不同的专业，所以从理论上讲，无法给每一个专业的学生开设基于专业内容的中文课。为了综合利用已有资源，中文领航项目的大学通常采用以下一些方法来解决这个问题：一是聘请有关专业的说目地语的（中文）的教授直接用中文开设课程；二是把专业课的内容注入到语言课中，还是由语言教授开课；三是就目前现有的英语课程，配套提供中文材料和功课。

整合资源的另外一个做法是各领航项目合作开发基于内容的课程，分别利用各自大学的学科优势，专门开发一到几门课程，然后课程共享。各院校开发的课程采用相同的课程模版，学生可以自行选择面授或者网上授课的方式获得学分。

目前由俄勒冈大学中文领航项目牵头的，联合旧金山州立大学、罗得岛大学、西肯塔基大学发展的中文学术语言学习模型 CALLM（Chinese Academic Language Learning Modules）就是上述思路的具体实践。其中俄勒冈大学负责总体设计，并开发中文新闻学课程，旧金山州立大学负责开发中医课程，罗德岛大学负责开发科技中文课程，西肯德基大学负责课程的远程技术部分。现在课程开发已经基本完成，并在所属院校进行试用。如果该模型具有广泛的应用价值，那么中文领航项目的其他院校可以进行其他强项课程的开发，最终达到资源共享。

基于内容的中文课程在语言教学框架下，注入相关专业的内容，并设计学习任务，无疑在形式上和内容上都对学生提出了高难度的挑战，因此符合领航项目的目标要求。同时，由于课程由专业课教授和语言课教授共同准备和完成，融合了两个领域专家的知识和资源，可以最大限度地提高学生的知识和语言的获得。

3. 标准化的考试评估和个人学习跟踪档案相结合

中文领航项目的一个重要特征是使用总结性评估(summative assessment)和过程性评估(formative assessment)相结合的方法,全面跟踪学生的中文进步,以保证学生的成绩可以得到有效的测量。

为了考查学生学习的进步,中文领航项目使用如下几种标准化考试测试学生的中文语言能力:如美国外语教学学会的口语考试OPI(Oral Proficiency Interview)、俄亥俄州立大学的网上听力考试CCALT(Computer Chinese Adopted Listening Test)、杨百翰大学的网上阅读考试CATRC(Computer Adaptive Test for Reading Chinese)和中国大陆开发的汉语水平考试HSK(Hanyu Shuiping Kaoshi)。学生个人档案可以使用的有美国领航项目统一的网上学生跟踪系统,还有俄勒冈大学开发的学生语言自测系统(linguafolio self assessment)和俄亥俄州立大学开发的高级阶段语言学习者评估系统ALLPS(Advanced Language Learners Performance System)。

鉴于明确要求学生每个学年达到一定的中文水平。在选拔去中国进行为期一年的学习和实习时,学生由中文领航项目的相关院校和特邀的外界专家组成委员会进行综合评估,以决定该学生是否在语言上和学术上已经具备进入最后一年(Capstone Year)的冲刺。

这些客观考试固然各有所长,也各有所短,考试的效度和信度还有待验证,比如题库偏小、题目难度标准模糊、分值不够稳定等。但是客观常模考试的研发是汉语教学界一直以来需要解决的问题之一,所以领航项目有责任贡献自己的力量。从2011年开始,美国理事会(American Council)全面接手负责所有语言的领航项目的学生的海外学习选拔工作,2012年开发了中文的标准化网上听力和阅读考试,用于选拔中文领航项目的学生去参加最后一年的在中国的学习。中文领航项目在一方面大力提倡、明确要求学习者的语言水平高度的同时,也要考虑培养全球性专业人才还需要哪些同语言学习有关系的准备,比如文化适应能力和文化成熟度,以及对这些能力的考查如何反映到评估系统中。

4. 中文领航项目的海外中心

目前美国国家领航项目在海外设有十个中心,主要承担最后一年(Capstone)的学业冲刺。中文的海外中心设在南京大学,这个中心是美国领航项目的独立机构。南京领航项目中心负责安排全美十家领航项目输送来的学生。

所有达到南京美国中文领航项目中心的学生都必须完成为期六个月的学习和为期六个月的实习。经过选拔,这些学生通常在自己的母校学习后,汉语水平都达到了高级水平(ACTFL Advanced or ILR 2+),在南京的学习要完成向超高级汉语水平的冲刺(ACTFL Superior or ILR 3),并且进入专业课的学习。所以这个学期学生不仅要进一步提高他们的中文水平,选修中国媒体和高级写作课程,还要同时到不同的学院、系科选修和自己专业有关的两门专业课。学期结束后,马上进行为期六个月的实习。这种学习和实习全程为一年。根据语言领航项目主任Sam Eisen的报告(2012),2011年至2012年,南京大学海外中心有44个领航项目学生(秋季入学30名,春季入学14名)参加。2012年秋季,有38名领航项目学生达到ACTFL超高级水平的能力;与2011年秋季学期的30名相比,有一定增加。

海外中心有着极为重要的作用,是领航项目成功与否关键的一环。

四、结语 发现人才和培养人才

　　上文讨论了美国中文领航项目的目标和为实现目标各院校做的一些探索。由于每个院校获得资助的时间不同,所以有的院校时间较长,经验较为丰富。而且,各院校具体情况有所不同,所以在实践过程中也呈现不同的特色。本文主要介绍的是一些共同特征,也基于本人参加罗德岛大学中文领航项目四年来对项目发展的认识,所以讨论难以面面俱到,难免挂一漏万。

　　从上述的讨论中我们可以认识到:要实现中文领航项目的目标并不是一件轻而易举的事,需要很多方面的共同努力。

　　在本文的结语部分,我还将用一点篇幅来讨论发现人才和培养人才具有同等的挑战性和重要性。

　　领航项目需要学能优秀的学生参与,正如上文我们提过,在现有的教学格局下,本科阶段要达到中文领航项目的目标难度比较大,因此,另外一个途径是,招募有中文基础的高中生来参加中文领航项目,至少在他们进入大学的一年级时,已经具备中级汉语水平。所以,为了达到中文领航项目的目标,我们还必须建立 K-16 的体系,来保证能有源源不断的学生愿意参加中文领航项目,向最高的目标挑战。

　　目前语言领航项目的一个重要部分就是参与建设 K-12 的中文项目,以保证已经学过关键语言的高中生进入大学后,进入相关的领航项目,立即参加中级和高级的外语课程。俄勒冈大学中文旗舰项目与波特兰公立学校系统合作的浸入式课程,还有在 2011 年秋季的受到资助的美国杨百翰大学和犹他州系统联合倡议,与全国各地的国家和地方的教育主管部门之间的形成伙伴关系,共同发展中文课程。这些示范项目表明,美国高中生可以在精心设计的课程大纲下快速提高语言能力。

最近出版的《美国教育改革和国家安全报告》(2012)中指出:

"如果所有的美国人长大成人以后,除了英语而外,至少精通一种其他国家的语言;如果关于别的国家的历史和文化知识能编入标准的 K-12 课程大纲中,那么,年轻人就能更好地理解世界的文化,为将来与世界范围的同行进行对话、合作和竞争作好准备。"(笔者译)

美国的教育界认识到学习外语的紧迫性大概始于第二次世界大战以后,这种认识引领了语言教学和研究的很多革新和潮流。目前的全美语言领航项目就是延续了这个传统。如果大学和中小学能够建立良性的沟通机制,而不是缺乏沟通(lack of articulation among K-16,王,2010),那么,全美外语领航项目的推广就会具有更广泛的意义。

参考文献

王觉非,《美国的中文教学状况:机会与挑战》,《汉语国际传播研究》第一辑,商务印书馆,2011 年,北京。

熊文 & Wayne, He, "中文领航项目课程设置初探"(Linking Curriculum and Professional Development: Challenges of Chinese Language Flagship Program). In Chinese Language Globalization and Pedagogy, China Minzu University Press, ISBN 978-5660-00187, p. 129-135, July, 2011.

熊文,"培养全球化的专业人才:机遇和挑战",Journal of Chinese Teaching and Research in the U. S., ISSN: 1930-174X, vol. 1. P. 69-71., May 2011.

http://www.thelanguageflagship.org

http://actflproficiencyguidelines2012.org

Curtain, H. A. & Pesola, C. A. , *Languages and children: Making the match* (2nd ed.) , Longman, 1994, New York.

Eisen, S. , "The Language Flagship – Overview for CLTA" , unpublished report,2012.

Genesee, F. , "Integrating language and content: Lessons from immersion" , *Educational Practice Report* 11: National Center for Research on Cultural Diversity and Second Language Learning, 1994.

"U. S. Education Reform and National Security", Independent Task Force Report No. 68, 2012.

Swender, E. , "ACTFL Proficiency Levels in theWorkWorld" , presentation on CIBER 2012 Conference, March 21, 2012, Chapel Hill, NC.

Wang, Shuhang, "Chinese Language Education in the United States: A historical overview and future directions", In Chen, J. , Wang, C. & Cai, J. (Eds.) , *Teaching and learning Chinese: Multiple perspectives*, Information Age Publishing, 2010, Charlotte,NC.

困境与出路——语言教学中的文化传授

Challenges and Suggestions: Teaching Culture in Language Classes

周少明(Shaoming Zhou)
澳大利亚 The University of Melbourne

提要 研究显示,在语言学习的任何一个层次,第二语言的学习者了解目标语的文化越多,他们语言学习的效果越好。所以,我们面临的问题是:我们在课堂上应该如何在语言教学中体现文化?要回答这个问题,我们首先必须为"文化"下一个定义,以及文化所包含的内容。只有我们了解了文化的定义,我们才有可能决定哪一些目标文化应该在教室里教。我们是应该将整个目标文化都教给我们的学生,还是仅仅讲解其中一部分?

关键词 文化 语言 教学时数 事实语言 关系语言

一、语言教学中的文化传授

文化传授在外语教学中的意义并非新的话题。专家、学者们长期的研究和探讨已经取得了累累硕果,为我们的教学提供了理论性的指导(Jandt,1995;Byram,1991)。不过,由于文化语言之间关系的深刻性和广泛性,我们仍未从根本上找到完全的答案。如何在外语教学的课堂上有效地传授文化知识这一问题,仍以各种方式在不同的教学活动中困扰着我们。

我们所能接触到的语言无一不是文化的产物,文化的载体。脱离文化学习语言,缺乏对文化所承载的文化内涵的理解,学习者运用语言的能力将受到极大的限制。因为承载相似意义的不同语言自身并不是造成交流双方产生误解的根源;语言中所包含的文化因素,往往使学习者们感到困惑。一句"你多大了?"不同文化背景的人会有不同的反应。学生在学习中文的过程中,如果只关注所学语言的语言学因素而忽视了语言所承载的文化内涵,他们将无法真正地掌握和运用中文。

文化与语言的内在联系不仅仅是中文的特色,在任何其他语言中也都能体现出来。Byram 和 Esarte-Sarries 在研究外语,特别是法语的教学过程中发现,许多学习法语的中学生对法国人和法国人的生活了解得非常有限。当问到有关法国食品、典型的法国人、法国人的工作和宗教信仰等问题时,尽管他们已经在课堂上讨论过相关的题目,有的学生还去法国学习过,他们对这些问题的理解仍不完全。似乎他们的课堂并没有为他们提供一些必要的知识,以使他们能够对法国人的日常生活有些基本的了解(Byram & Esarte-Sarries,1991:53)。Byram 在他的研究中提出了一个非常典型的例子:一些学习法语的学生抱怨当他们去一家咖啡馆请求使用一下那儿的厕所时,主人对他们十分不客气,而且要求他们马上离开。这让他们十分不解,因为在他们的教科书中专门介绍了法国的咖啡馆里通常都有厕所可供使用,而且法国人对外国人特别友好。不过,他们并没有了解到,在法国，十六岁以下的青少年，在没有成年人的陪伴下是不能独自进入咖啡馆的。他们的到来，已经违反了法律。难怪咖啡馆的主人不高兴。

可以看出，在这一事件中出现的误解并不是因为学生们没有学过如何用法语提出请求，而是他们缺少身临其境所必需的文化背景知识。没有对语言的文化理解，就不能有效地运用所学的语言，不论学习语言的本来目的是什么。在外语教学中，学习词汇、句法和语法与学习文化有着同等重要的地位。

值得一提的是，我们在此强调的，不是每个人在学习一门外语时均须将全部的精力放在学习语言的文化内涵上。不同的学生有不同的学习目的。有的为了旅游，有的为了将来的工作，有的为了了解异域文化，还有的为了将来的学术研究等等。不过，无论他们学习的目的是什么，他们都无法将语言和文化分离开来。如果他们想有效地运用所学外语，特别是有效地和那些在母语环境中成长的人交流，理解语言中的文化元素就会成为必不可少的一部分。因为没有任何一种语言是能够和文化分离的，也没有任何一种语言与人的生活无关。所有的语言都是在人的社会生活中使用的，包含了与社会生活相关的全部文化元素。所以，学习文化是学习语言非常重要的一部分。脱离文化学习语言是不会有实效的。

由于中澳文化的差异，在澳大利亚学习中文的学生会产生对于语言当中文化元素的误解。引起这些误解的原因会很多，如学生的语言程度，教师的教学方法等等。不过，从以往的研究中我们可以得知，缺少对中国文化的理解，是学生无法把握和理解促使语言发生并蕴含在语言中的文化信息的一个重要的原因（Brembeck，1973）。

二、有限的教学时间和复杂的教学内容

从以上的例证中我们可以假设,对于各种程度的外语教学来说,学生对所学语言包含的文化内涵了解得越多,他们的学习效果就会越好。对于我们来说,问题不是应该不应该在教学中传授文化,而是教什么,如何教。要回答这个问题,我们首先要解决的问题是对文化概念及其适用范围的理解。只有对这些方面有了一个准确的把握,我们才能够决定教什么,怎么教,包括是否在课堂上向学生全面地或部分地介绍与所学语言相关的文化。

以往的研究告诉我们,文化是我们人类生活中的一个极为广泛、复杂的社会现象。它可以对我们人类的全部历史进行解说,并与我们生活中的方方面面都有着不可分割的联系(Qian Mu,1963:4-5;Lowie,1973;Small,1905)。用 Jandt 的话来说:"文化是社会化的人类语言和思想体系的总和"(Jandt,1995:7)。从文化的深度和广度来看,任何人都不可能用一个词汇或一句话对文化作一个简单的概括。这也是为什么我们所能见到的"文化"定义多是描述性的。众多学者只是对生活中的哪些方面应该属于"文化"的范畴进行了解说,而不是为我们描述文化的实质(Tylor,1970:1;Bates and Plog,1990:7)。虽然这些学者生活在不同的国度,不同的时代和不同的文化背景,他们为文化定义的方法却是惊人的相似。根据他们对文化的理解,我们有理由认为,文化是人类生活的有机整体,是人类在历史的长河中在特定的时间和特定的社会环境中发明和创造的总和。所以,文化时时都可以在人类的行为举止中得到体现。

"文化"的如此特性告诉我们,文化的学习与传授必须包括

最广阔、最全面的社会知识结构、社会价值体系和社会行为准则。这不仅仅意味着外语教师应该具备足够的文化知识和行之有效的教学手段,他们还应该拥有足够的教学时间来帮助学生提高理解语言中文化因素的能力。没有足够的时间,他们就无法实现在语言教学中传授文化的教学任务。不幸的是,从以下统计数字中可以看出,我们恰恰是没有足够的教学时间来帮助我们的学生理解语言中的文化元素。

  Moore 的调查显示,在美国,中文被列为难度四级的语言,即对于美国学生来说,他们得花四倍于学习其他欧洲语言的时间来学习中文(Morre,1992)。Garnaut 在他的调查报告中强调:"学习东亚地区的政治,文化和语言要比学习欧洲语言难得多,需要花费更多的时间"(Gaunaut,1989)。

  同时,Smith 的调查报告显示,在澳大利亚的维多利亚州,外语教学一周的课时最少在三个小时。中文与其他语种一样,遵循着同样的原则。虽然我们不知道多少个教学时数才能保证良好的教学质量,但每周三四个小时是无论如何达不到那样的目标的。如果中文教学要达到欧洲语种在同样的教学时间里所能达到的教学效果,就必须花费更多的时间。在澳大利亚,许多中文教师都持有这样的看法。正如 Smith 在他的报告中指出的那样;"总的来说,教师都觉得,要使第二语言的学生达到能够面对变动中的复杂语句结构的程度,现有的中文教学时数是不够的。更何况教师在课堂上担负着教授语言和传授文化的双重任务"(Smith,1993:672)。我们可以设想,美国的中文教师在中文教学的过程中一定承受着巨大的压力。Moore 曾提到过,"对于高中的中文教师来说,在课堂上传授文化所面临的最大挑战就是极为有限的教学时间。"(Moore,1992:101)

  中文教师的如此困境在澳大利亚维多利亚州表现得极为明

显。根据 Smith 的调查报告,维州中学教授外语的课时一般是每周 130 分钟(七年级)到 240 分钟(十二年级)。维州同样是一个以英语为第一语言的社会,根据美国的经验,我们可以推测,现有的课时是不足以在教授语言的同时传授文化的。

澳大利亚外交部在 1989 年 5 月讨论 Gaunaut 的报告时,普遍的意见是,在澳大利亚的课程设计方面要强调亚洲语种的重要性,特别是日文、中文和印尼文。公众对亚洲语言的需求要远远高于对各欧洲语种的需求。不过这样的需求并没有得到满足。澳大利亚各校近年来虽加强了中文课的设置,但与公众的需求相比,还相去甚远。特别是在教学时间方面。这样的情况至今也没有多大的改善。在澳大利亚的众多大学中,大多数中文课的时数设置在每周四小时。从我个人的教学经验来看,这些时数是远远不够的,我们的教学效果和学生的学习进度都会受到影响。因为除了讲授一些基本的词汇、关键句法、语法及一些必要的练习之外,对语言中的文化因素进行必要和恰当的交代几乎是不可能的。

不过,我们课堂上面临的困难还不仅仅是时间的缺乏,文化意义的广泛性、深远性和复杂性也为我们时间有限的语言教学带来相当的困难。如果说文化和语言是不可分割的,没有对语言的文化理解,就无法有效地运用语言,那么我们所要回答的问题就是如何利用有限的时间尽可能地让学生了解语言中的文化元素。

事实上,课堂上教什么,从一定意义上来说还和学生的学习目的有着直接的联系。学生到中文课堂上来,他们的目的不尽相同:有为将来旅游作准备的;有为去中国留学打基础的;有为去中国工作努力的;自然也少不了对中国文化感兴趣的。在我们各自的课堂上,学生们究竟是出于一般的兴趣,还是有特别的需要？我们如何才能满足他们的需要呢？我们必须对这些问题有一个清醒地认识,才能真正地回答教什么,如何教的问题。事实上,试图满足所有学生的特殊需要,实际上是不可能的。我们能够做到的是在这些不同的需求中找到共性,才能让我们的教学变得更实际和有效,才能让所有的学生受益。

从一些澳大利亚流行的教科书来看,无论学生学习中文的目的是什么,我们的教学目标都应该放在努力让学生掌握语言,培养他们熟练运用所学语言与他人进行交流的能力。正如教科书《龙舌》在其开篇中所提到的:"此书的全部意义就是告诉大家中国人在他们的国家是如何进行交流的,并帮助我们的学生掌握基本的中文交流技巧。"(Mackerras,1993:1)无论我们同意不同意这样的说法,有一点是清楚的,那就是,语言首先是人与人交流的工具。我们教师的基本任务就是让学生,特别是那些初学者能过充分理解和掌握他们所学语言的交际功能。

三、解决困惑的途径

当然,帮助学生掌握语言交际功能的方式方法很多,如建立有效的词汇库,掌握实用的句型,熟悉常见的语法等等。不过,从我们前面讨论的问题中可以看出,如果缺少对所学语言的文化理解,无论你的学习目的是什么,都不可能有效地、准确地运用所学语言。语言教学必须与相应的文化传授结合在一起。但我们面临的现实是时间少,任务重。中文教师在有限的教学时间是无法全面完成上述任务的,也就是说,要想在课堂上全面、细致地介绍与所学语言相关的文化因素,是完全不可能的。或许我们应该现实一些,多考虑我们在现有的教学时间里能够做些什么,而不是对自己的课堂和学生抱有一些根本无法实现的期望。

或许我们能从一些先前的研究中得到启示。

在对社会教育问题和如何理解我们的社会问题作了一系列调查研究之后,Brislin(1975:64)希望我们在未来的研究过程中考虑这样一个问题:"如果我们无法知道一个社会的全部,我们是否可以着重研究一些对于理解这个社会来说是至关重要的方面,或说与其他方面相比,比较重要的方面?"

Brislin 考虑问题的方式和角度清楚而简洁,对我们如何摆脱中文教学所面临的由有限的教学时间所带来的困境具有启发意义。在无法全面、深入地教授一种语言所包含的全部文化内涵的情况下,我们应该考虑集中精力将教学活动引向与我们的教学内容更具关联的方面来。由此,文化传授不但成为可能,而且还可以将经过选择的文化的方方面面传授得更加深入和系统。

根据 Brislin 的理论,在语言课堂上传授的文化元素应该具有如下两个特性:首先,它们应该是那些直接影响我们课堂教学效果的、至关紧要的方面。如果没有对它们的认知和理解,学生就无法真正地理解语言的社会和文化内涵,更谈不上有效地掌握和利用了。其次,从跨文化交流的角度来说,如果我们欲达到在特定的社会、文化语境下恰当地使用我们所学语言的目的,我们所选择的相关的文化元素在帮助我们达到此目的的过程中,应该比其他文化元素起到更重要、更直接的作用。当然,要完成这种选择并不是一件轻而易举的事。语言和文化连接的深度和广度,为我们的选择带来了相当的难度。对此,Brislin 建议如下:

课堂上的文化传授应当集中在文化的独特性上。因为正是一些独特的行为准则、文化传统和人类生活经验造就了不同的社会形态。而这些独特的元素对我们试图理解一个社会结构至关重要。用 Brislin 自己的话来说就是,它们最有意义、最直接地表现了与我们的文化与社会传统的不同。这些独特的社会文化元素应该成为我们教学的主要内容。

如果 Bridges 的理论成立的话,我们可以设想,就语言教学过程中的文化传授而言,我们应该将重点放在中国文化的独特性上,正是这些独特性直接影响着中文学习者们的跨文化交流的能力。如果我们说:"北京是中华人民共和国的首都。"相信不会有学生会对句子的语义产生误解,因为它表现的只是一个众所周知的事实,而不是中国文化的特性。它的语义也不会随着时间、地点或社会、文化背景的改变而发生变化。就语言的文化传授来说,我们并不需要花费过多的时间。但当我们讲授"生是你的人,死是你的鬼"时,就不会如此简单了。因为这种句子并不是语言元素的简单连接,而是与中国文化的独特性直接联系在一起的,与其他一些文化形态是格格不入的。如果我们不能掌握其中的文化内涵,就不能恰如其分地理解这个句子,更不用说合理、有效地使用它了。或许这样的句子才是我们应该花费时间和精力的。如果这样的假设是合逻辑的,我们就可以说,在澳大利亚,语言教学中的文化传授应从这样的问题开始:对澳大利亚的学生来说,中国文化的哪些方面是独特的?它们与澳大利亚的文化有什么不同?也就是说,我们在课堂上应该集中讲解中澳文化的不同方面,而不应该面面俱到。

为了方便起见,我想借用两个关键词来突出我们教学中的重点:"事实语言"和"关系语言"。借助这两个语词的帮助,在语言教学的过程中,我们更容易解决在教学内容上的取舍问题。

所谓的"事实语言",即语言当中所蕴含的知识大多与一般的事实有关,无须过多地讲解,其语义也不容易在教授者和学习者之间引起混淆和误解的语言。我们上面例举的"北京是中华人民共和国的首都"就应该属于这个范畴。至于"关系语言"则是指那些蕴含着某种文化独特的方面,如果没有适当的讲解,其语义在教授者和学习者之间极易引起混淆和误解的语言。"生是你的人,死是你的鬼"就是一个实例。再比如,我们应该将"颜色"归入"关系语言"的范畴,因为"颜色"在中国和澳大利亚有着不同的社会、文化属性。如果没有对颜色进行恰当的文化、社会解读,不理解特定颜色在不同文化当中的特定意义,就无法在特定的社会、文化情境中,如婚庆、葬礼上,恰如其分地表达使用者的真实语义。当我们试图通过学习语言来了解其他的人群和社会的时候,"关系语言"就应该是我们讲授的重点。

当然,对这两个语词的应用应该采取慎重的态度,因为它们在特定的情况下是可以互相转换的。例如简单的一句"谢谢"在不同的语境下可以有不用的文化内涵。如果是回报对方的帮助,"谢谢"便可归结为"事实语言";如果是回应对方的赞扬,"谢谢"便有可能成为"关系语言"。不过,所有的语言都是在特定的情景下使用的,对于教授者来说,区分两者不会是一件太困难的事情。

四、结 论

语言的文化意义,要求我们必须在有限的教学时间内将语言教学和文化传授有机地结合在一起。对语言的"事实"与"关系"特性的把握,是解决我们所面临的挑战的一个方法,因为它能够帮助学习者在有限的时间内更好地学习和了解语言和语言当中的文化内涵,从而能更准确地使用所学语言。正如 Dickson (1992:171) 指出的那样:

"当我们需要对文化的某些独特方面进行深入理解的时候……我相信,如果学生自身对您的教学感到满意,很可能说明您已经在有限的时间内,尽可能地给学生提供了一种深入认识和理解其他文化的广阔视角。"

当然,就文化研究自身来讲,"共性"和"个性"具有同等重要的地位,缺一不可。区分"事实语言"和"关系语言"是否多此一举? 就此而言,我希望大家理解,上述讨论是建立在我们面临的一个困境基础上的,即我们无法在有限的时间里完成双重任务。比较而言,我们应该给予"关系语言"更多的时间和精力。尽管它无法从根本上解决语言教学中文化传授所面临的种种挑战,但至少可以成为我们在困境中寻求解脱的一个有效的突破口。

参考文献

Bates, D. & Plog, F., *Cultural Anthropology*, 3rd ed., McGraw-Hill, Inc., 1990, New York.

Brembech, C. S., *Culture Challenges to Education: The Influence of Cultural Factors in School Learning*, D. C. Heath and Company, 1973, Lexington, Mass.

Brislin, R. W., *Cross-cultural Perspectives on Learning*, John Wiley and Sons, 1975, New York.

Buttjes D., & Byram, M., (edited), *Mediating languages and Cultures: Towards an Intercultural Theory of Foreign Langauge Education*, Multilingual Matters Ltd., 1991, Clevedon, England.

Byram, M., Esarte-Sarries, V., & Taylor, S., *A Cultural Studies and Language Learning: A Rearch Report*, Multilingual Matters Ltd., 1991, Clevedon, England.

Dickson, G., Linking With Lote, AISV, 1992, Melbourne.

Garnaut, R. , *Australia and The Northeast Asian Ascendancy*, AGPS, 1989, Canberra.

Jandt, F. E. , *Intercultural Communication*, Sage Publications, 1995, Thousand Oaks, California.

Lowie, R. H. , *The History of Ethnological Theory*, Holt, Rinehart and Winston, 1973, New York.

Mackerras. C. , *Dragon's Tongue*, Vol. 1-2, ABC Education Press, 1993, Sydney.

Moore. S. J. , *Introducing Chinese Into High Schools: The Dodge Initiative*, The National Forieign Language Centre, Johns Hopkins University, 1992, Maryland.

钱穆 Qian MU, *On Culture Studies*, Zhong Zheng Publisher, 1974, Taibei.

Small, A. W. , *General Sociology*, Chicago University Press, 1905, Chicago.

Smith, D. , Unlocking Australia's Language Potential: Volume 2 - Chinese, National Languages and Literacy Institute of Australia Limited, 1993, Canberra.

Tylor, E. B. , *Primitive Culture: Researches into the Development of Mythology, Philosophy, Religion, Art and Custom*, John Murray, 1970, London.

从国际汉语的角度审视澳大利亚高校的翻译课程[①]

Chinese as an International Language and the Teaching of Chinese Translation at Australian Universities

洪历建(Lijian Hong)
澳大利亚 Monash University

提要 国际上许多研究二语教学的学者,如新加坡南洋理工大学的吴英成教授曾经提到,二语教学除重视"听、说、读、写"几项基本功能外,还应该注重"译"。国际汉语教学不同于以汉语为母语的汉语教学,它的教学对象是将汉语作为外语/第二语言的学生。随着国际化的急剧发展,世界需要更多的能够掌握两种以上语言的人。作为全世界使用人口最多的汉语,也随着中国经济的发展而成为许多人的第二语言。如何有效地利用双语学生两种文化、两种语言的优势,这是一个值得重视的问题。其中,翻译教学的重要性不容忽视。本文在介绍澳大利亚高校翻译课程的基础上,重点探讨双语教学中翻译课程的重要性。

---

① 本文的写作得到澳大利亚蒙纳士大学文科院的资助。

关键词 国际汉语 澳大利亚高校翻译课程 本科翻译课程 双语教学 双语人特点

一、概 要

"国际汉语"的概念是一种"大汉语"概念,它包括了中国大陆、台湾、香港、澳门地区的汉语和存在于世界各国的"海外汉语"。海外汉语从本质上来说,是在非汉语的语言、文化、社会条件下使用的汉语,它所表达、体现的文化并非都是中国文化,或者"大中国"地区的文化,而是非汉语人,或以汉语为第二语言/外语的人以汉语来表达非中国文化、表达母语为非汉语的人的思想、观念及想法。海外汉语其实就是汉语与非汉语接触、中国文化与外国文化交流的产物,绝大多数海外汉语都是所在国华裔少数民族的家庭和社区语言,其所有权属于所在国,是所在国文化资源的一部分。

处于多数民族语言、文化和社会包围下的海外汉语,要能用汉语表达居住国的社会、文化、思想、概念,就不能不重视汉语与所在国语言之间的转换。海外汉语教学有一项重要的教学任务目前还未引起重视,那就是学生的翻译技能训练课程。对于单语学生来讲,掌握语言的四大技能:"听"、"说"、"读"、"写"是基本的要求。而对于具有双语或多语能力的学生,在语言的四大技能之外,还必须增加一门技能,那就是"译"。海外汉语既然是以非汉语为主要语言的国家和地区中的汉语,那么,具有海外汉语能力的人,绝大多数都是一些双语甚至多语人。既然如此,海外汉语的教学目标就应该涉及到翻译能力的培训。而目前海外汉语的教学,往往沿袭针对以汉语为母语的单语学生的教学方法和标准。有意识地培养学生的"译"的能力,还没有受到像其他四种语言技能一样的重视,教学大纲也没有将"译"单独作为一项教学和测试标准。

在澳大利亚高校,汉语的教学涉及两类学生:一类是非华裔背景的学生,另一类是具有不同汉语水平的华裔学生。后者主要包括来自中国大陆、港澳台地区、东南亚国家华裔学生和澳大利亚本地华裔学生。无论是哪一类学生,在英语环境下学习汉语,都不能不涉及到两种语言之间的转换问题。然而,澳大利亚高校的翻译课程,过去一直是培养专业口笔译人员的研究生级别的课程。随着教育的日益国际化,语言教学,尤其是汉语教学越来越受到重视。与此同时,大量具有不同语言和文化背景的海外学生的涌入,以及他们在留学期间维持和发展母语的要求,也增加了翻译教学在教学层次、教学方法和教学对象方面的复杂性。传统的翻译课程面临一场新的挑战。如何在维护传统翻译课程的基础上扩大翻译课程的教学范围,如何改进双语学生的语言教学,如何为未来的国际劳动力市场提供具有基本双语技能的其他专业人员(如会计师、银行家、跨国公司经理、工程技术人员等等),是澳大利亚高校语言教学亟待解决的重要问题。本文试图以澳大利亚高校,尤其是 Monash 大学中文系本科汉英翻译主修课的建立为例,讨论澳大利亚高校本科翻译教学问题。

二、澳大利亚高校翻译课程简介

根据澳大利亚联邦教育、就业及劳资关系部(Education, Employment and Workplace Relations)的统计,截至 2011 年,澳大利亚共有 126 所大专院校(或称 Higher Education Providers),其中称为大学(University)的有 44 所,其余 82 所为专科院校或成人继续教育学院(Colleges and Institutes)。

在现有的44所大学中,有17所设有翻译课程。其中7所设有翻译研究生课程(Postgraduate Course),一所设有本科生翻译主修课程(Major)。其余16所高校为本科生设有各种类型的翻译课程。这些为本科生设立的翻译课程绝大多数都是高校语言教学课程中的选修课程(Electives)。

除了这17所大学外,还有两所专科院校设有翻译课程。一所是专门培养澳大利亚原住民翻译人才的学校(Institute for Aboriginal Development)。另一所是私立专科院校(Australian Institute of Translation and Interpretation)。笔者对这两所学校不作介绍。本文所涉及的数据和信息主要来自澳大利亚联邦教育部提供的资料。①

1. 七所设有研究生课程的澳大利亚高校

根据截止2010年年底的调查,澳大利亚有七所高校提供翻译研究生学位。包括:

(1) 澳大利亚国立大学(The Australian National University)。这是澳大利亚高校中排名第一的大学。它提供硕士和副硕士学位(Graduate Diploma)的翻译研究课程;②

(2) Macquarie 大学(Macquarie University)是澳大利亚最早提供翻译硕士学位的高校,也是目前在翻译研究生教学方面比较成功的高校。它提供一年制和两年制的翻译硕士课程,包括:高级翻译、会议口译、口笔译、口笔译教学法、口笔译与国际关系、口笔译与实用语言学;此外还有副硕士学位的课程,包括:

---

① https://app.heims.deewr.gov.au/CourseFinder/CourseSearchResults.aspx?courseName=translation&searchOption=findany&TER=0, accessed on 28022012.

② http://chl.anu.edu.au/grad/mtrans.php, accessed on 28022012.

澳式手语与英语翻译、口笔译、口笔译教育法。①

（3）悉尼大学（The University of Sydney）提供翻译硕士和副硕士的课程，教学内容除了亚洲语言和阿拉伯语言的翻译外，还包括双语研究、双文化比较研究（Bicultural Comparison）跨文化交际、英语结构、世界英语、双文化研究等与翻译相关的文化课程。②

（4）新南威尔士大学（University of New South Wales）提供两门翻译硕士课程，包括英汉、英法、英日、英韩、英俄、英德等语言的翻译理论、口笔译实践课程。③

（5）Monash大学（Monash University）的口笔译翻译硕士课程是澳大利亚高校中起步较晚的翻译研究生课程。它的翻译硕士课程包括：口笔译研究、笔译研究；同时提供副硕士学位的翻译研究课程。该校和法国里昂的Jean Moulin大学合作，共同教授英法/法英翻译课程。学生在两年学习期间一年在本国，另一年在合作院校国家，毕业后可获得到两个学校的硕士学位。④

（6）墨尔本皇家理工学院（RMIT University）是20世纪80年代澳大利亚实行教育出口后升级成为一家综合性大学的。它在社会科学硕士的名义下提供三种不同类型的口笔译研究教学，包括：一年半学制的硕士学位、一年学制的副硕士学位和六

---

① http://www.ling.mq.edu.au/postgraduate/coursework/tip_front.htm.htm, accessed on 28022012.

② http://sydney.edu.au/courses/Master-of-Translation-Studies, accessed on 28022012.

③ http://intlstudies.arts.unsw.edu.au/areas-of-study/interpreting-and-translation-136.html, accessed on 28022012

④ http://arts.monash.edu.au/translation-interpreting/pgrad/, accessed on 28022012.

个月的研究生证书(Graduate Certificate)。①

（7）昆士兰大学(University of Queensland)位于澳大利亚东北部,它提供英汉、英日两种语言的翻译文科硕士、翻译文科副硕士和翻译文科研究生证书课程。②

（8）西悉尼大学(University of Western Sydney)是一所比较小的澳大利亚高校,位于悉尼西部郊区。它的研究生翻译课程提供硕士学位的文科翻译研究、口笔译,以及副硕士学位的口译、笔译课程。同时提供口笔译研究生证书课程。③

根据目前的调查,上述所有高校的课程型研究生科目都同澳大利亚国家口笔译认证机构(NAATI)的认证挂钩。学生毕业后同时获得相应的口笔译专业证书,有资格担任专业口笔译翻译。这是上述高校翻译研究生课程最吸引人的地方。因为对很多希望将来移民澳大利亚的海外学生来讲,有了澳大利亚口笔译认证就可以提高移民申请的积分。如果考虑到澳大利亚总人口只有2200万左右,英汉翻译需求的市场并不是太大,将翻译课程与移民挂钩的做法,在招生方面自然很容易受到政府移民政策改变的影响。

2. 设有本科翻译课程的澳大利亚高校

根据截止2010年年底各高校网站的介绍,上述七所提供翻译研究生课程的高校除了Macquarie大学目前未见提供本科生

---

① http://www.rmit.edu.au/programs/mc167, accessed on 28022012.
② http://www.uq.edu.au/study/studyarea.html? area = arts, accessed on 28022012.
③ http://www.uws.edu.au/future-students/postgraduate/postgraduate/postgraduate_courses/language,_interpreting_and_translation_courses/translation_interpreting, accessed on 28022012.

的翻译课程外，其余六所均提供不同程度的本科生级别的翻译课程，其中 Monash 大学还提供本科汉英翻译主修课程。除了这六所大学提供本科翻译课程之外，另外还有十所澳大利亚高校提供本科翻译课程。这十六所设有本科翻译教学的大学包括：

（1）澳大利亚国立大学（Australian National University）
（2）Monash 大学（Monash University）
（3）墨尔本皇家理工大学（RMIT University）
（4）昆士兰大学（University of Queensland）
（5）新南威尔士大学（University of New South Wales）
（6）西悉尼大学（University of Western Sydney）
（7）Curtin 工程大学（Curtin University of Technology）
（8）Griffith 大学（Griffith University）
（9）James Cook 大学（James Cook University）
（10）La Trobe 大学（La Trobe University）
（11）Murdoch 大学（Murdoch University）
（12）阿德雷德大学（University of Adelaide）
（13）堪培拉大学（University of Canberra）
（14）墨尔本大学（University of Melbourne）
（15）Newcastle 大学（University of Newcastle）
（16）新英格兰大学（University of New England）

以上各校的本科翻译课程，基本上都隶属于该校的语言教学单位，属于该校语言教学课程的一部分。

三、传统翻译研究与教学

尽管人类的翻译活动贯穿人类历史，而且文字的翻译早在公元前就开始，但西方对翻译理论的重视，却是近几十年的事。

Mona Baker 认为,从 20 世纪七八十年代开始,世界贸易、旅游的急剧发展大大扩展了翻译需求市场,也促使翻译开始从实践活动向理论探讨发展。借助文学、语言学、心理学、认知理论、文化学研究和交际学研究的理论框架,翻译研究开始从比较文学和比较语言学中脱离出来,建构起了自己的理论框架,成为一门独立的学科(M. Baker,1998:277-279)。

翻译教学也是如此。人类开展翻译教学的活动历史悠久,但早期的翻译教学主要针对某些专业文献,尤其是宗教文献的学习。当时的翻译学习往往是外语学习的一部分,翻译培训基本上也是以师傅带徒弟的方式进行(M. Baker,1998:281)。19 世纪以来西方在全球的扩张、西方殖民主义对非西方国家的入侵、非西方国家对西方入侵的反应,使专业翻译人才的培训受到重视,同时国家也开始介入系统的翻译培训。西方学者认为,最典型的是 1669 年法国为培训本国学生学习土耳其语、阿拉伯语和波斯语而建立的翻译教学机构,之后在此基础上成立了康斯但丁堡学校(Constantinople School)。此外还有哈珀斯堡王朝成立的东方学院(J. Delisle & J. Woodsworth,1995:270-1)。1832 年埃及成立的翻译学校和 1862 年清政府开设的同文馆则可以被看成是东方的典型(M. Baker,1998:281)。

国际交往的发展是翻译发展的根本动力。可惜国际交往并不都是以和平方式进行。两次世界大战推动西方一些高校建立了相对独立的口译职业培训机构。二战结束时,盟军为战争需要,在德国的周边国家建立了一些英德口译职业培训机构。从 20 世纪七八十年代起,西方高校的改革使大学专业教育和职业教育的界限被打破,过去一直被看成是职业教育的口笔译翻译课程开始被纳入高校课程,提供翻译学位的高校数量也急剧增加(M. Baker,1998:285)。近年来,教育全球化和商业化的发展,政府教育经费的削减,迫使大学注重市场的需求。西方学者认为,西方各国高校翻译课程急剧发展的根本原因,是市场全球化所导致的翻译人才需求的激增,而非翻译研究自身的发展的结果(M. Baker,1998:281-283)。

西方国家的高校教学和职业培训是两种不同性质的教育体系,前者重视培养学生的研究能力,后者重点在于学生的技能培训。传统上作为职业培训的翻译课程一旦进入以研究为主的高校教学体系,就不能不受到以研究为主的高校学术氛围的挑战,就不能不开始重视理论研究和教学法的发展,以免被高校的学术研究圈边缘化。传统的以经验为教学核心的翻译不能不面对理论化的压力。有学者认为,这就是翻译研究中的"文化转向"(Cultural turn)的原因(S. Bassnett,1998:123-4,M. Baker,1998:284)。

翻译教学的"理论化"和"文化转向"也带来一些新的问题:高校的翻译课程的目的到底是什么?是培养理论研究人员,还是高级口笔译翻译?还是二者兼顾?高校的翻译教学、语言教学和文化教学之间是什么关系?外语学习中的翻译问题是属于语言教学、比较文学教学,还是翻译教学的范围?对于关心国际汉语发展的学者来讲,翻译教学在国际汉语教学中起到什么作用?它和语言教学是什么关系?国际汉语的翻译教学应该是一种什么层次的翻译教学?它和传统的翻译教学有什么区别?这些问题涉及到高校翻译专业课程和语言教学中翻译课程之间的关系。两者在研究方向、教学方法,还是测试方式、测试标准方面都有不少差别。

四、澳大利亚高校翻译课程特点

澳大利亚高校的翻译课程大致可分为翻译研究生课程和本

科翻译课程。发展比较早的是研究生的翻译课程。在上述提供研究生翻译课程的澳大利亚各高校中,研究生翻译课程设置相对比较完整,语种较多。研究生翻译课程虽然离不开语言训练,但几乎所有的研究生课程都力图摆脱语言教学的形象,坚持认为自己虽然和语言学习有联系,但却是一门独立的学科。在研究生课程中,博士研究生主要是为未来的翻译学研究和高校教学培养人才、发展理论研究。硕士级的研究生课程则各校有自己的侧重点。有些注重翻译研究的教学,有些属于翻译专业的职业培训。就目前澳大利亚高校中的硕士研究生课程来说,其教学对象是已经具有较高的双语能力,希望将来在翻译界找到一份专业翻译职务的学生。当然,由于澳大利亚政府将移民评分标准同翻译资格认证挂钩,也有不少学生是冲着移民目的去选修硕士翻译课程的。一般来讲,翻译博士和硕士两种研究生培养的具体目标不同,但基本上都是那些希望将来成为专业口、笔译人士,高校翻译课教师或翻译学研究人员的学生。

但本科翻译课程的目的却和翻译研究生课程不同。就最早建立本科汉英翻译主修课程的 Monash 大学的发展情况来看,在有些高校,尤其是建立翻译研究生课程历史比较短的学校中,最近几年发展比较快的是本科生的翻译课程。Monash 大学本课和研究生的翻译课程几乎同时起步。从 2005 年开始建立到 2011 年,翻译研究生课程的全年注册学生人数不超过 150 人,而本科汉英翻译课程的全年注册总人数已经超过 1000 人。与研究生翻译课程相比,本科生的翻译课程具有几个特点:

(一)本科翻译课程基本上属于本校外语/第二语言教学课程的一部分。如 Monash 大学的本科汉英翻译主修课程,就是该校中文系国际汉语教学体系的一部分;

(二)尽管参加本科翻译课程的学生,将来不是没有可能报考翻译研究生,但本科翻译课程毕竟不是以培养专业翻译人才为主要目的。它主要是适应澳大利亚高校国际化以后,针对双语学生大量增加而设立的语言教学课程。其主要目的还是在非母语环境下提高学生的英汉双语能力;

(三)据调查,目前澳大利亚还没有一所高校本科翻译课程同澳大利亚翻译专业机构(National Accreditation Authorities for Translators and Interpreters Ltd)的认证挂钩。也就是说,学生完成本科翻译课程后,并不能像许多高校研究生翻译课程一样,自动获得 NATTI 的专业翻译资格认可。所以,选修本科翻译课程,不一定能获得移民加分;

(四)由于目前澳大利亚各高校的海外学生以来自中国大陆的学生为主,汉语成为澳大利亚高校比较重视的语言课程,因此,目前各校开设的本科翻译课程绝大多数为汉英翻译。但各校的情况不同,有些本科翻译课程是为非中文背景的学生开设的,属于初、中级汉语教学的一部分;那些专为中英文程度比较高的学生开设的高级水平的翻译课程,则成为高级汉语教学的一部分。前者的学生基本上都是非汉语背景的学生,而后者的学生往往是具有较高汉语水平的海外华裔学生和中国留学生。就 Monash 大学的本科汉英翻译主修课程来说,除了基本的汉英翻译基础课程外,其他的是为提高华裔学生(含中国留学生)在澳学习、生活,以及未来专业领域内的双语表达能力而设计的口笔译课程。

五、澳大利亚高校本科翻译课程设置

如上所述,澳大利亚高校本科翻译课程发展较快。就 Monash 大学来说,五年前中文系只有一门汉英翻译选修课,注册学生不到50人。至2011年年底,学生注册人数已超过1000人,由八个教学单位组成的一个翻译主修课程(Major in Chinese Translation),包括:汉英翻译、汉英专业翻译、汉英商务翻译和基础口译课程。

Monash大学的本科汉英翻译专业从一开始就遭到一些守旧人士的反对。要不要在本科一级开设翻译课程?应该把这些课程看成是本科语言教学的一部分,还是看成是翻译课程的一部分?应该采用"翻译"(Translation)、"口译"(Interpreting)这些名称为本科翻译课程命名,还是应该采用诸如"双语交际"(Bilingual Communication)、"跨文化交际"(Cross-cultural Communication)这些意义不明确的名称?尤其重要的是,当教育日益全球化、学生来源日益国际化的今天,应不应该发展和扩大本科生翻译课程?本科生翻译课程的本质是什么?本科生和研究生的翻译课程有什么区别?本科翻译课程的设置会不会影响翻译研究生的市场?这些问题在本科汉英翻译主修课程创立之时就颇有争议,也跟目前普遍困扰澳大利亚高校本科翻译课程未来的发展方向、高校本科和研究生翻译课程之间的关系、两种不同翻译教学课程的教学理念、课程设置、教学和测试标准等问题有关。

前面谈到,西方高校研究生翻译课程的设立和发展其实也不过是近一二十年的事。高校翻译研究生课程的性质、地位和教学一直存在一些争议。从事翻译课程的教师一直在努力争取他们在高校中的地位,一直在强调自己的学术性、研究性,努力改变过去给人留下的那种单纯的语言技能训练的印象。正是由于这个原因,高校研究生翻译课程的教师对注重双语技能训练的高校本科翻译课程的建立和发展,往往持怀疑和反对的态度。同时,一些招生人数不多的高校研究生翻译课程的教师,对本科翻译课程的发展忧心忡忡,担心本科翻译课程的发展,有可能导致翻译研究生生源的减少。举例来说,在 Monash 大学,有些教师认为本科的翻译教学不是真正意义上的翻译教学,而是语言/外语学习的一部分,应该归为双语(Bilingual)教学或跨文化交际(Cross-cultural Communication)教学,因此,不应该使用"翻译"、"口译"这样的名称,而应该使用诸如"双语交际技能"(Bilingual Communication Skills)这样的术语,以免误导学生和未来的雇主。

很显然,反对意见基本上是从比较传统的、以培养国内劳动力市场所需要的专业翻译人士为目的来考虑问题。他们对"翻译"和"翻译教学"的理解也过于狭窄。这些看法忽视了近十几年全球化、教育国际化给高校带来的巨大变化,忽视了教育国际化所引起的学生成分的重大变化,忽视了教育国际化对高校语言教学的新的要求,也忽视了教育国际化给就业市场带来的变化。

这些分歧显示,目前澳大利亚高校对本科翻译的性质、发展方向存在歧义,本科翻译课程与研究生翻译课程之间存在着一定的利益冲突。某些翻译研究生课程希望通过排斥本科翻译课程,阻止本科翻译教学与国家专业翻译认证机构的资格认证挂钩,来阻止高校本科翻译课程的发展。然而,这几年澳大利亚本科翻译课程学生注册人数的急剧增加有力地说明,尽管本科翻译课程和 NAATI 的资格认证没有挂钩,仍然有很多学生选修本科翻译课程。国际学生选修本科翻译课,与其说是为了移民或是为了取得专业翻译资格,不如说是为了更好地适应未来的国际劳动力市场对双语能力的要求。相反,将高校翻译课程与移民资格挂钩是一种机会主义的做法。因为一旦移民政策改变,翻译资格认证和移民资格脱钩,以获取翻译资格来吸引学生的课程马上就会面临招生减少的危险。这几年澳大利亚移民政策反复多变,导致不少与国家专业翻译认证机构挂钩的翻译研究生课程在招生方面出现困难。另一方面,高校翻译教学主要应该从教学和科研的需求来考虑课程设置、考试方式、测试标准等等。而 NAATI 虽为国家委托的资格审定机构,但它毕竟是以赢利为目的的商业性机构,面对的是澳大利亚口笔译专业人士。这同高校的教学目的、培养目标是不一样的。

六、澳大利亚高校教育国际化对学生语言能力的影响

要理解澳大利亚高校本科生翻译课程发展迅速的原因,明确高校翻译教学未来发展的方向,了解今天澳大利亚高校翻译课程的本质性变化,我们需要简单回顾一下,几十年教育全球化给国际教育市场带来什么样的变化,而这些变化对澳大利亚高校带来什么样的影响。

就语言教学来说,影响澳大利亚高校教学的,莫过于两点:一、20 世纪 70 年代以来澳大利亚移民政策的修改;二、20 世纪 80 年代以来澳大利亚的教育出口政策。这两项政策对澳大利亚高校的学生成份造成了重大影响,从而也影响了澳大利亚高校的语言教学。

首先是移民政策的修改。20 世纪 70 年代中期,澳大利亚放弃执行了几十年的"白澳政策",其直接后果就是使传统的以说英语为主的澳大利亚的人口构成发生变化。

根据澳大利亚联邦统计局的统计,近年来,澳大利亚人口增长有一半以上来自移民人数的增加。以 2009-2010 年为例,当年全澳人口增加 337,100 人,其中 57% 来自移民,剩下的 43% 来自本国新生人口。而在这 43% 的人口中,还有相当一批人的

父母是移民或移民后代①。联邦统计局的统计显示,截止2010年6月30日,全澳2000多万人中,有600多万人出生海外,占总人口的27%。统计还显示,欧美出生的人依然占了海外出生人口的多数,但从本世纪开始,这个数据呈下降趋势,从2000年占所有海外出生人口的13.2%,降到2010年的11.9%。而亚洲出生人口比例从2000年的5.5%上升到2010年的9%。从2000年到2010年这十年间,传统的英国和其他欧洲国家的移民人数呈不断下降趋势,而以中国为首的亚洲移民人数则呈上升趋势。其中中国出生的人口比例增长最快,来自中国的移民也是所有移民人口中增加最快的,仅次于英国和新西兰,为第三大移民来源国,同时也是最大的非英语国家移民来源国②。

此外,根据澳大利亚人口统计(2006年),在澳大利亚出生的人口中,在家里说英语之外的语言的人占全国总人口的28.8%,而在家中说英语之外语言的人中,说意大利语、希腊语、广东话、阿拉伯语和汉语普通话的人口分别是31.7万、25.2万、24.5万、24.4万和22.1万。如果将所有讲汉语(包括汉语方言)的人口合计,那么,讲汉语的人口总数达到46.6万人,汉语成为除英语之外最大的社区语言③。

---

① Australian Bureau of Statistics:"MIGRATION AND POPULATION GROWTH", http://www.abs.gov.au/ausstats/abs@.nsf/Products/9E2CFA101CA9BBAECA2578B00011961E? opendocument. Accessed on 25032012

② Australia Bureau of Statistics: Migration Australia 2009-2010—Australia's diverse population), http://www.abs.gov.au/ausstats/abs @.nsf/Products/0D5A016809789E35CA2578B0001195B1? opendocument. Access on 15032012

③ Australia Bureau of Statistics:CHARACTERISTICS OF THE POPULATION: language, http://www.abs.gov.au/ausstats/abs@.nsf/Latestproducts/1301.0Feature%20Article7012009%E2%80%9310? opendocument&tabname=Summary&prodno=1301.0&issue=2009%9610&num=&view=. Accessed on 25032012

上述统计数字没有反映出非移民家庭的语言使用情况,也没有统计在家中说英语的人是否同时也具有说其他语言的能力。尽管如此,这些统计数字证明,20世纪移民政策的改变,使澳大利亚这个移民国家中非英语人口的比例不断增加。而这些移民的后代从20世纪后期开始进入澳大利亚高校,由此导致高校注册学生中拥有澳大利亚国籍并具备双语或多语能力的移民后代人数增加。

其次,从20世纪80年代开始,澳大利亚联邦政府推行教育出口政策,将澳大利亚教育机构开放给海外留学生。此举吸引了大批海外学生,尤其是亚太地区的学生,进入澳大利亚的各级教育机构学习。据澳大利亚教育部的国际教育司(Australia Education International)的统计,2000年澳大利亚海外留学生的总数为188,277。到2010年,海外留学生的总数达619,119。十年增长三倍多。其中值得一提的是中国留学生。中国自从2000年国家放宽出国留学政策后,大批中国学生涌入澳大利亚。从2000年起,中国学生一直是澳大利亚最大的海外学生群体。总人数从2000年的14,948增加到2010年的167,767,十年增长了10倍多。同期,中国在澳留学生人数从占澳大利亚海外留学生总人数的7.9%增长至27.1%。截止2011年,中国留学生的总数已达159,691,占全澳海外留学生总数的28.6%[①]。

大批海外学生留学澳大利亚,对澳大利亚语言人口的改变起到相当大的作用。根据澳大利亚国家统计局的统计,2008–

---

① Australian Education International:https://aei.gov.au/research/International-Student-Data/Pages/default.aspx. Accessed on 15032012。Austrade:http://www.austrade.gov.au/Export/Export-Markets/Industries/Education/International-Student-Data. Access on 15032012

2009年间,海外留学生人数已经占了全国人口增长数的27%,占当年度澳大利亚移民总人口的41%。从2004年到2009年,在所有海外学生人数中,来自中国和印度的学生占了50%以上①。

我们知道,来自这些地区的学生在进入澳大利亚高校之前,都需要经过一定级别的英语考试,所以,当他们进入澳大利亚教育系统学习时,至少从理论上说,他们已经是具有不同程度的双语或多语能力的学生。

第三,亚洲经济的持续高速发展,使澳大利亚越来越重视融入亚洲。从20世纪八九十年代以来,澳大利亚联邦政府一直强调推行亚洲语言的教学。尽管过去几十年由于政党轮换,这项政策在具体执行方面几经上下,但中文、日文、韩文和印尼文一直是四种政府鼓励和支持的亚洲语言,高校亚洲语言专业注册的英语背景学生的人数也在稳步上升。笔者在《澳大利亚国家语言政策及其对澳大利亚高校汉语教学的影响》一文中有详细介绍,此处无需赘言(洪历建,2011:61-83)。

我们试以自称为澳大利亚最国际化的大学Monash大学为例,分析其注册学生中单语(英语)与双语/多语学生情况。根据学校统计,全校2011年共有注册学生6.3万多人。澳大利亚出生的3.1万多人,其余为海外出生。全校注册学生中,在家里说英语的有3.2万多人,说其他语言的有3万多人。即使在澳大利亚出生的学生中,也有一批学生的父母是第一代或第二代

---

① Australian Bureau of Statistics, "International students, net overseas migration and Australia's population growth", http://www.abs.gov.au/ausstats/abs@.nsf/Products/C9CDE88BD67D5DCFCA2578B0001195DE? opendocument. Accessed on 15032012

移民,这些学生因此具有不同程度的双语、甚至多语能力。其次,同全国调查语言使用的情况一样,即使在那些家中说英文的学生中,也不一定就是只会说英语的单语人。举例来说,相当一批来自新加坡、香港、马来西亚、印度尼西亚的海外学生,他们在家里可能和父母、兄弟姐妹说英语,而和祖父母辈和其他华人背景的学生却能用汉语交流;或者同学之间用英语交流,而跟自己的父母却用汉语交流,尽管他们的汉语流利程度各不相同。第三,即使传统上在家中只会说英语的单语学生中,也有一些学生曾经在中学学过外语、或在大学就读期间学过其他语言。据Monash大学语言、文化与语言学系的统计,2012年一学期注册外语学习的学生人数达四千多人。这些学生都是双语或未来的双语人。如果把上述几个因素都考虑进去,那么Monash大学全校具有双语或多语能力的学生的人数应该大大超过只会说英语单语的学生人数①。

　　Monash大学的这种情况并不是孤立的。海外留学生人数的增加,澳大利亚各高校对海外学生的依赖,导致各高校学生中具有双语甚至多语能力的学生人数普遍有不同程度的增加。

　　很显然,从20世纪八九十年代起,澳大利亚高校的教育国际化导致国际学生人数比例持续上升,移民政策的改变导致高校学生中移民后代人数不断增加,亚太地区经济的高速发展导致澳大利亚学生学习亚洲语言的兴趣提高,这三个因素使澳大利亚高校学生成份和学生语言能力发生重大变化,在校学生中具有双语或多语能力的人数已经或正在超过只会讲英语的单语学生。

---

① http://www.opq.monash.edu.au/us/pivot-table/index.html. Accessed on 15032012

从学生的就业前景来看,教育的国际化不仅使学生来源全球化,而且学生未来的就业市场也越来越国际化。例如,一个来自中国的学生在澳大利亚读完本科后,到英国读研究生,在美国找到一份工作,并取得美国国籍;或者,一个以色列的学生在英国读完本科,再到澳大利亚读完研究生,取得澳大利亚国籍,然后去美国工作等等。类似的情况将会越来越多。

就澳大利亚的情况来看,全球化使澳大利亚经济、贸易同全球市场日益紧密地联系起来。全球化既扩大了澳大利亚的商品和服务市场,同时也扩大了澳大利亚的劳动力就业市场。就业市场的国际化,使澳大利亚高校的毕业生——无论是本国学生还是海外留学生,都面临更加广阔的国际就业市场的需求。而国际就业市场与传统的国内劳动力市场相比,其中一个最大的区别,就在于对学生语言能力的要求不同。传统的就业市场主要在国内,因此对就业劳动力在双语/多语能力方面的要求相对较低。除了从事专业翻译,一般毕业生只需要具备一定的本国语言能力就行了。而国际就业市场不仅仅需要学生的专业知识、技能,同时需要学生具备特定就业市场的语言能力和跨文化交流能力。对于海外留学生来讲,他们在留学期间不仅需要学习、提高所在国的语言能力,同时需要维持和提高母语能力,以便将来毕业回国后,能在本国就业市场上参与竞争,不会因为自己的母语能力不及国内毕业生而处于不利地位。对于任何一所自称为国际化的高校来讲,为海外留学生提供母语课程是它的义务和责任。而这种非母语环境下的母语学习,就不能不涉及两种语言/文化之间的转换问题。

显然,由于全球化的推动,由于学生来源和就业市场的变化,双语/多语能力已经不仅仅是从事专业翻译人员才需要具备的语言技能,它应该是一切受过高等教育的人所必须具有的基本技能之一。教育国际化时代的高校学生未必会成为未来的专业翻译人员或翻译研究人员，也不一定对翻译学理论感兴趣。他们有可能成为未来的政治家、律师、银行经理、跨国公司主管、IT专业人士、医生、护士等等。但双语/多语能力，处理不同语言之间、不同文化之间的符号转换的能力，基本的翻译能力，将成为他们在校学习期间日常生活和学习必备的能力，同时又可以增强他们在未来的国际就业市场上的竞争力和就业能力。Monash大学的实际情况也证实了这一点。选修本科翻译课程的学生的主修专业基本都上是经济、贸易、理工、医学、法律等，翻译课程只是他们众多课程中的一、两门选修课程而已。

的确，当世界上越来越多的人成为双语/多语人时，双语/多语也就成了一种普遍现象，而单语人反而是一种特殊的现象。当高校的双语学生成为一种普遍现象时，高校的语言教学就成为国际化高校教学的重要内容。澳大利亚高校学生成份与学生未来就业市场的这些变化，不能不推动高校的语言教学发生变化。语言教学应该越来越受到重视。高校需要从过去培养单一语言能力、主要满足国内就业市场的需求，转而培养双语/多语学生，以满足国际市场的需求。我们可以说，在教育全球化的时代，一所国际化的大学首先应该是一个具有多语教学能力的大学。

虽然双语人已经成为澳大利亚高校的普遍现象，但是，无论是澳大利亚本地学生，还是来自世界各国的国际学生，他们的双语能力却参差不齐。就海外汉语的情况来看，在澳大利亚高校注册的具有华人背景的学生中，有的在澳大利亚出生或学龄前就来到澳大利亚，有的是华澳跨国婚姻家庭的子女；有的从中、小学起就到澳大利亚留学，也有的是高中毕业以后留学澳大利亚，或是本科或研究生阶段考入澳大利亚高校的学生；还有来自其他国家尤其是东南亚一带国家的华人学生。由于各个国家的国情不同,学生学习汉语的条件也很不相同。比如,新加坡学生的汉语学习条件可能就优于印尼华人的学习条件。就本地非华人家庭的学生来说,情况也非常复杂。有的从小随父母去过中国大陆、中国香港、中国台湾,上过当地的中、小学。有的从小在澳大利亚的中、小学里学习过汉语。而澳大利亚教育体系比较复杂,不同体系的教学质量、课程设置非常不同。一些条件比较好的中学在中国建立有基地,每年学校都会安排学汉语的学生到中国短期游学,实地学习汉语;有的则没有这样的条件。有些学生在中学不仅学习汉语,甚至参加了高考的汉语考试;有些则是在上大学后才开始学习汉语。

除此之外,学生还会因家庭、教育、年龄等因素而出现汉语和英语各种技能(听、说、读、写)不平衡发展的情况。一般来讲,父母重视孩子语言学习的,孩子会在中、小学里学习至少一门外语。就具有华人背景的家庭来说,父母双方在家里讲汉语、孩子坚持到中文学校学习的学生,汉语的能力就比较强一些;而父母在家里以讲英语为主,学生在中、小学期间又不太重视汉语学习的,英语能力就会比较强一些。此外,学生的双语能力在不同场合表现也不太一样。比如,他们在家庭、社区、朋友、同事之间、邻里街坊、教会、学校等不同的场合,会使用与该场合语境相一致的语言,因而也会发展出与特定语境相一致的语言能力。而与该语境不一致的语言在这方面的表现能力就比较差;有些学生口头表达能力比较强一些,而读写能力比较差;有些学生汉语的生活用语的词汇比较丰富,而英语的学术用语、工作用语比较强一些;另一些学生则正好相反。

值得一提的是,来自其他国家的华人留学生,尤其是年龄比较大的留学生,和本地非华裔家庭背景的学生的双语能力相比,可能会处于一种不平衡状态。一般来讲，这些学生的母语能力大大超过第二语言能力。而第二语言的使用范围一般是在学校。而在这类学生中，由于他们留学期间的学习语言是英语，几乎所有的课程都必须用英语完成，而非华裔学生学习汉语的时间非常有限，平均每周仅有三到五小时，下课之后的汉语环境比较缺乏。相比之下，海外留学生第二语言（英语）能力的发展条件，要比非华裔学生的第二语言（汉语）发展条件好。

但是，语言学习的外部条件，仅仅是影响语言学习效果的因素之一。学习动机、语言学习能力、学习策略等各方面情况的不同，也会导致学生语言学习的效果的差异。那些善于与第二语言的人交朋友、经常与讲第二语言的人一起活动的学生，他们的第二语言能力的发展，往往要强于那些把交际范围局限在说自己母语圈子里的学生。根据笔者的观察和对有关学生的访谈证实，Monash 大学在历届"世界大学生汉语桥中文比赛"中获奖的澳大利亚学生，他们身边都有一批说汉语的朋友；有的甚至在网上建立了自己的中文博客，直接与中国的同龄人用汉语沟通、交流。而许多中国学生出国之后，整天只跟说中国话的同学交往，几年下来，他们的英语沟通能力依然很差。

七、"听"、"说"、"读"、"写"、"译"——双语与翻译

显然，教育国际化给高校的语言教学提供了新的学习需求、新的教学目标。传统的翻译专业研究生课程和教学理念并不完全能适应、满足这种需求。这就需要我们针对双语学生的语言、思维特点，在教学理念、课程设计、测试方式、考核标准等各方面，作出一些新的探索。实际上，从 20 世纪以来，西方翻译学界

和语言学界对双语人和双语人教育的研究，可以为我们提供一些理论框架。

Grosjean 认为，双语人是一类特殊的人。他们的思维方式、语言特点都有其独特的一面。简单地用单语人的标准来衡量双语人的语言能力，不仅不公平，而且不准确。他说，我们既然不能用短跑运动员的标准来衡量一个十项全能运动员，也就不能把单语人与双语人进行比较。(Grosjean,1985:467-477)。

Liddicoat 在讨论第二语言的学习时也认为，双语学生和母语学生相比，在交流上有不同的需求，所以在发展他们的交流能力上，应该区别于母语学生。如果以母语学生的标准来要求双语学生是不恰当的(Liddicoat,2003:10)。Liddicoat 还认为，双语学生的语言教学的重点在于发展其跨文化交流的能力，使学生能够在学习过程中加深理解自己的母语和文化。这种学习是要在母语和母语文化、第二语言及与之相应的文化之间建立起一种对话关系，以探讨两种文化的共同之处，使源自不同文化的各种看法能够互相认可、协调与接受。它使学生处于一种不断地改造自我，反思自己的文化和他人语言和文化的过程中，最终发展出一种在不断反思自我的过程中学习语言和文化的能力(Liddicoat,2003:1)。

Liddicoat 的观点与美国学者 Claire Kramsch 相近。Kramsch 不仅认为语言就是文化，学习语言就是学习一种文化(Kramsch,1998:3-4)，她更强调语言学习的目的不是简单按照母语人的标准进行学习，而是应该鼓励学生通过语言学习，在不同文化的交流过程中创造出介于第一语言/文化和第二语言/文化之间的一种新文化，这种新文化被她称之为"第三种文化"，或者说"第三立场"(the third place)(Kramsch,1993:9,233-236)。

那么，具体来讲，双语人到底在什么地方与单语人不同呢？

Baker在他的《双语与双语教育》一书中提到,双语人对一个简单的事物或概念,往往有两个或更多的词汇来表达。Baker认为,双语儿童对词义往往反应灵敏,他们的思维方式比较自由、灵活、丰富。和单语人相比较,双语人更注重语言的内容而非形式,他们总是相信语言具有随意性,事物的名称和事物本身是可以分开的。而且,由于双语人为了避免两种语言相互干预,往往注重对语词的分析,通过对语词的分析而加强自己对语词的理解。对两种不同语言的体验,两套语言互为参照,扩大了双语人的想象力,使双语人在灵活使用语言方面比单语人强(贝克,2008:150-152)。

　　Cummins是研究加拿大双语教育的专家。他把双语人的语言能力比喻成浮在水面的两座冰山。但在水下,冰山是连在一起的。Cummins认为,双语人的两种语言是相互作用的,两种语言是通过一个"共同潜在能力中心"来控制语言的使用的。双语人无论使用哪种语言,控制双语人的听、说、读、写的,都是一个统一的思维中心。Cummins认为,一个人信息加工能力和学习能力的提高,既可以通过一种语言实现,也可以通过两种语言实现。无论是通过一种还是两种语言,都会有助于人的整个认知系统的发展。但前提是学生的语言能力必须得到充分发展,才有可能满足学生追求知识的需求,否则认知系统就不会充分发挥作用,从而影响学生对信息的吸收。(Baker,171-72)

　　美国学者Vivian Cook认为,掌握了两种以上语言的人脑子里可能有一个控制所有语言实用的"超级语言系统"(Language Super-system)而不是数个相互孤立的语言系统。我们需要了解的是具有多语能力的人是如何处理不同语言之间的关系的?如何在不同语言之间进行转化?如何在使用一种语言时"关闭"另外一套语言系统?(Vivian Cook, *Effects of the Second Lan-*

guage on the First, 2009, p. 3) Cook 还认为,对于双语人来说,他们不仅在对第二语言的理解上与使用这种语言的单语人不同,在他们的第一语言方面,因为受第二语言的影响,他们的理解也与只说这种语言的人不同(Vivian Cook, *Effects of the Second Language on the First*, pp. 3–5)。Cook 认为,第二语言的学习既可以加强第一语言的能力,如表达能力、造句能力、词汇等方面;又可以给第一语言造成负面影响,如第一语言能力退化,这一点在移民身上表现得特别明显(Cook, pp. 11–12)。

Paivio 和 Desrochers 从心理学的角度解释了双语人的"双重代码系统"模式。根据 Paivio 和 Desrochers 的看法,双语人可能存在两个分离的语词系统,分别负责双语人的两种语言。同时,双语人还有一个独立于两种语言系统的"非语词的形象系统"。这三个系统既独立,又相互联系。在两种独立的语言系统之间,非词语的形象系统起着协调、相互联系的作用,并通过在两个语言系统之间进行翻译而将两个语言系统有机地联系起来(Baker, 147)。

由此可见,双语人是一种独立的人,而不是两个单语人相加。他们有一套相对独立的、非语言的想象系统,作为两种语言的共有概念系统而运作。而双语人在信息输入和输出时,都会将两套语言系统作为相互的参照系和互补信息。共同的思维框架会在两套语言系统中通过搜寻、翻译来理解一种语言或表达一种语言。到目前为止,双语或多语人是否在头脑里有一个"思维中心"、或"超级语言控制体系"、或"非语词的形象系统",还仅仅是一些假设,但完全是有可能的。当一个双语人在看到一个盘子或钥匙时,他有可能将盘子或钥匙的形象与这个盘子或钥匙具体所处的语言环境结合起来,同相应语境中的具体词汇联系起来,并用适合此时此地的语言表达出来,而单语人只有适应一种语言环境的表达方式。

值得我们进一步思考的问题是,如果一个双语人要在特定的语言场合表达如情感、心情、想法等一些抽象的概念时,尤其是这种抽象的东西很难在两种语言中找到完全对应的表达方式时,双语人又是如何处理问题的?双语人在和其他双语人、在和单语人交流时,语言和思维方式有什么不同?具有两种欧洲语言双语能力的人,同一个具有中英文(或欧亚语言)双语能力的人又有什么不同?

我们知道,虽然双语者具有一种本能,可以在两种语言间进行翻译,但是双语能力并不等于翻译能力。如果不对双语者进行一定的训练,双语能力不一定会发展成翻译能力(M. O. A. H. Albir,2002:377)。所以,外语知识虽然是翻译的基本要求,这并不能保证懂外语的人翻译出来的东西就一定会被读者、听者所接受(S. Šeböková,2012)。这种问题在一个双语人同一个单语人交流时,会显得特别突出。所以,如果我们仅仅满足能流利地使用第二语言,而不能在两种语言中成功地进行转换,那么,我们仅仅是一个会说两种语言的单语人,我们仍然会出现沟通的问题。双语人的真正的优势,并不仅仅在于会说两种语言,而在于有两套语言和知识系统,并能利用自己的两套双语知识系统,在两种文化中以恰当的方式进行沟通。这就需要双语人不仅仅通晓两种语言,同时必须善于在两种语言中进行语言与文化的转换。

我们试举几个例子来说明这种情况。

一、老师,请你在这儿下车,我去那边 park 车。

二、澳大利亚每年夏天都有几场 bushfire。

三、这个周末我们要举行一个 party。

四、所有的教材都会发在 MUSO/MOODLE 上。

五、这张照片只要 PS 一下就行了。

六、你到网上 Google 一下就知道了。

七、这位是 Monash 大学主管外事的副校长 Stephanie Fahey 教授。

在第一个例句里，西方科技的发达促使了西方语言中科技词汇的发达。英语里有关汽车和汽车技术的词汇显然比中国丰富。当一个学习汉语的澳大利亚学生需要 park 他的车时，他可能会想，我是要用"停车"，还是别的什么？可是"停车"在英文里是 stop a car，而我需要的是 park a car，因为我不能随便 stop a car。可是在汉语里，涉及到现代科技的词汇不是很发达，因此没有可以区分 stop a car 和 park a car 的不同词汇。这里就需要借用同一个汉语词汇"停车"来表达 park a car 和 stop a car 这两种不同的意思。

在第二个例句里，bushfire 是澳大利亚特有的现象。它不是"森林大火"、"山火"或者"野火"。它可以发生在山区，也可能发生在平原；可以是荒山野地，也可以是城市近郊。一个不了解澳大利亚情况的中国留学生可能不会在意它们之间的差别，可是一个澳大利亚学生知道其中的差别，在挑选中文名词时，他就会比较犹豫。和这个问题类似的，还有 party 这个词。它和汉语里的"聚会"意思并不完全相同，其内涵远远超过中文的"聚会"，而且极具西方文化的特点。一个对词汇比较敏感的学生，往往会在如何使用另外一种语言翻译自己的母语时，因为两种语言的差异而内心纠结。学生如果了解翻译的基本技巧，就会根据不同的语境灵活使用不同的汉语词汇来表达英语的意思。

第四、五、六三个句子更是说明，由于西方科技发达，导致英语中许多技术词汇无法完满地用中文表达。直接在中文句子中夹杂英语专用词汇，确实可以比较简洁、准确地表达说话者的意思。如果听者也是汉英双语者的话,这应该不是一个问题。可是,当一个双语者用这样汉英混杂的方式向一个汉语单语人表达自己的意思时,对方可能是一头雾水。用夹杂着汉语的英语跟一个英语单语者说话时,也会出现同样的情况。这里也需要翻译技巧的介入。

这种情况同样也适应第七句。为了准确表达说话者的意思,有时不翻译、直接使用英文原文,可能更能达到信息准确的目的。因为有些英文翻成中文后再翻译成英文,就可能不是原文了。比如,Monash 大学可以有多种翻译方式,如"模那什"、"蒙纳士"、"蒙纳殊"。可是将上述任何一个中文翻译再翻回英文时,除非译者知道 Monash 大学,否则他完全有可能翻译成其他校名。副校长的名字的中文翻译也存在同样的问题。可是如果以这种方式和一个只懂中文的单语者交流时,显然是无法达到交流顺畅的目的。当中外交流越来越广泛、越来越深入的时代,如何解决语言交流中的翻译问题,显然是处于中外交流第一线的双语人不能不考虑的问题。

在 Baker 的《双语与双语教育概论》一书中归纳了 13 种双语儿童语码转换的情况。其中第三点提到:"两种语言的词或短语可能不是完全相符的,双语人可以转用一种语言来表达另外一种语言文化中找不到的对等词的概念。"(Baker, p. 102)上述的几个例句,可以证实这种情况的存在。显然,即使我们承认双语者脑子里有一个超语言系统,它可以让双语者在两种语言和文化系统中灵活地使用不同的知识体系来处理双语者面临的交流问题,在现实世界中,双语者面对的并不仅仅是另外一个双语者,他们也要同自己掌握的两种语言中的任何一种语言的单语者打交道。这时,双语人能否做自己的翻译,将自己头脑中一套语言文化系统中的知识转换成恰当的另外一种语言的文化符号,这是双语人在同单语人打交道时保证沟通顺畅的重要技能。

所以,当我们在讨论一个人的双语能力时,不仅仅要采用单语人语言学习的标准,根据"听"、"说"、"读"、"写"四种技能来衡量一个双语人掌握的某种语言的能力,也应该针对双语人语言思维特点,了解双语人在两种语言系统之间进行"译"的能力。双语人在单个语言方面并不一定比单语人更强,但是双语人掌握的额外的语言以及与这种语言相关的文化知识,将使双语人在面对问题时有更多的选择性;在与他人交往时,有更为灵活的沟通方式。但这一切的先决条件是双语人有能力在两套语言和文化系统中选择有利的信息供自己使用。更重要的是,上述例句说明,任何一种语言都存在自身的缺陷。中文是如此,英文是如此,任何语言都是如此。找寻适当翻译词句的过程,也是双语学生认识外语和母语语言缺陷的过程,找寻解决语言缺陷办法的过程,创造性地建立自己的"第三立场"(The Third Place)的过程。唯有如此,语言才可以与时俱进,才能够继续发展。

八、结　　语

经济全球化无疑是带动高校专业翻译课程的主要动力。而教育的国际化,则构成本科非专业翻译课程的急剧发展。从两个不同的专业发展来看,前者的目标是培养未来的专业口笔译人才,而后者是培养未来的银行家、国际贸易的经理、跨国公司的 IT 技术人员、国际合作科研项目的研究人员等等;前者要求学生具备高水平的双语能力,而后者要求学生具备一定的第二语言能力。本科翻译课程可以借助语言的比较和翻译帮助双语学生提高第二语言能力;前者是教学目的,后者是教学手段;前者在于提高翻译技能本身,它虽然涉及语言,但不是以语言教学为目的,而后者却是希望通过翻译提高学生的双语语言水平;前者需要通过翻译让他人理解外语和外国文化,而后者是需要通过翻译使自己了解第二语言及其相关的文化;前者是一种翻译精英的培训课程(研究生课程),后者是基本上是一种大众培训课程(本科课程)。

显然,两者在各方面的种种不同,使传统的高校翻译课程不能满足目前教育国际化所导致的日益增加的双语学生的需求。我们有必要重新认识澳大利亚高校的翻译教学的本质,根据学生来源、就业市场的变化,发展出新的、多元的、多层次的高校翻译教学理念和课程设置。

澳大利亚高校的本科翻译教学还处于起步阶段,还有许多理论和实际的教学问题需要解决。但传统已经被打破,新的方向已经确定。

参考文献

Colin Baker, *Foundations of Bilingual Education and Bilingualism*, 中文翻译来自翁燕珩译科林·贝克《双语与双语教育概论》,2008,中央民族大学出版社。

洪历建主编,《全球语境下的汉语教学》,学林出版社,2011,上海。

Baker, M., (ed.), *Routledge Encyclopaedia of Translation Studies*, 1998, Routledge, London.

Bassnett, S., "The Translation Turn in Cultural Studies", in Bassnett, S. & Lefevere, A., *Constructing Cultures*: *Essays on Literary Translation*, Multilingual Matters Ltd., 1998, Shanghai.

Caminade, M. & Pyne, A., Les formations en traduction et interpretation. *Essal de recensement mondial*, special issues of Tradurie, 1995, Paris, Societe Francaise desTraducturs.

Clyne, M. , *Australia's Language Potential*, 2005, University of New South Wales Press, Sydney.

Cook, V. , *Effect of the Second Language on the First*, Multilingual Matters Ltd, , 2003, Shanghai.

Delisle, J. , & Woodsworth, J. , (eds.), *Translators through History*, 1995, John Benjamins, Amsterdam.

Grosjean, F. , "The Bilingual as a competent but specific speaker-hearer", *Journal of Multilingual and Multicultural Development*, 1985, 6 (6).

Kramsch, C. , *Context and Culture in Language Teaching*, 1993, Oxford University Press, Shanghai.

Kramsch, C. , *Language and Culture*, 1998, Oxford University Press, UK.

Lambert, W. E. , "Culture and language as factors in learning and education", in F. E. Aboud and R. D. Meade (eds.), *Cultural Factors in Learning and Education*, Bellingham, Washington, 5th Western Washington Symposium on Learning, 1974.

Liddicoat, A. , et al. , *Report on Intercultural Language Learning*, 2003, Commonwealth of Australia, Canberra.

Mariana Orozco et Amparo Hurtado Albir, "Measuring Translation Competence Acquisition", in *Translators' Journal*, vol. 47, n° 3, 2002.

Šeböková. S. , *Comparing Translation Competence*, http://is.muni.cz/th/146168/ff_m/? jazyk=en;info, accessed on 20062012.

澳大利亚华语教师与文化教育差异
Australian Chinese Language Teachers: an Analysis from Pedagogical and Cultural Perspectives

高保强(Baoqiang Gao)
澳大利亚 La Trobe University

提要 澳大利亚有近四十所高校开设涉及中国研究和语言文化的课程,中、小学开设华语课程的学校更为普遍。但合格华语教师的培养和在职进修,特别是教师对文化差异的理解和认识存在的欠缺,还未能引起足够的重视。这一问题的存在成为澳大利亚汉语教学发展的一大障碍。本文依据跨文化交流理论和笔者本人的高校教学经验,对很多从事华语教学的老师面临的跨文化交流问题进行探讨。本文试图对"师生相互期望,学习态度和方式"等几方面进行分析比较。讨论的方面涉及教学方式、师生角色和相互交往、课堂管理等。本文并不认为出现的问题仅仅是任职教师的"英语语言问题",同时本文强调,并不是每一位某种语言的母语者都可以成为这门语言的老师。本文希望通过对此问题的探讨,更好地理解在澳进行华语教学的过程,协助老师们更有成效地进行华语教学。

关键词 澳大利亚华语教学 教师 中小学教师培训 教学与学生文化差异

一、澳大利亚华语教师

1. 澳大利亚华语教学(高校)

如果说,在过去半个多世纪前,澳大利亚的外语学习被认为是"上流社会追求别致高雅,为了消遣、探索、增加生活情趣"的一项活动的话,那么,现在学习外语,则同经济、商贸、就业等国家利益直接相关。在教学上,在过去几十年里,也经历了从单纯学习掌握词汇、背诵语法规则,到功能性实用性为主要教学方式和目的的转变。

就澳大利亚的华语教学而言,从高校角度来看,二战之后到20世纪50年代,澳大利亚最开始是沿袭英国传统,从研究作为东方学一部分的"神秘"中国开始,开设了华语学习课程。当时引入英美编辑的入门华语教材,使用韦氏音标和繁体字,但发展方向主要是介绍、学习、研究中国古典文学作品及诗歌等。学生人数十分有限。

早期澳大利亚高校华语教学的理念同西方国家研究东方及中国的指导思想一脉相承。主要作法就是通过经典文学作品的学习来了解中国历史社会文化及语言。以此衍生出的华语学习也以学习古典作品和文学名著的片段为教学的主要内容。具有初步华语知识的本地学生在此阶段以阅读书面作品、掌握语法句型为主要任务。

澳中20世纪70年代建交后,特别是20世纪八九十年代,随着澳中两国在经济贸易旅游和教育等领域的交往以及由此产生的需求,高校的华语教学也随之发展迅速,教学内容上从偏重"阳春白雪"的文学作品逐渐转向实用性华语。大学开始开设商贸华语、旅游华语、华语口语、教材内容已经从小说诗歌等转向参观旅游、商务交流用语,大量引入商业华语、财贸金融、进出口谈判等方面的词汇。语法句型分析在很多情况下(特别是初级阶段)已让位于实用性的实践训练。

进入21世纪,世界主要国家对外语学习都更加重视。澳大利亚作为推崇多元文化的国家,也在积极提倡推动外语学习,并制定了明确的国家语言政策。在英语国家中,澳大利亚于1987年率先发表了《国家语言政策》(Lo Bianco,1987),这份文件被称为"澳大利亚多元文化和多语种政策的哲学基础"(Scarino,1998)(L. Hong,2009:3-4)。

1994年5月澳洲联邦政府同各州共同批准签署了由澳大利亚政府理事会(Council of Australian Governments)亚洲语言文化工作组的报告"亚洲语言与澳大利亚的经济未来"(Asian Languages and Australia's Economic Future),开始实施强化学习亚洲语言的十年计划(National Asian Languages and studies in Australian Schools Strategy),把中文、日文、韩文和印尼文列为重点,支持澳大利亚各级学校开设这些亚洲语言课程,并希望能有25%的中小学生学习亚洲语言。

后来,由于此计划被当时执政的自由党国家党联盟停止,工党政府执政后于2008年10月再次提出实行新的"亚洲语言计划",投资6240万澳元,资助鼓励各级学校加强、扩大和提高有关亚洲语言(主要是中文、日文、韩文和印尼文)的学习和研究,争取在2020年前使澳大利亚掌握亚洲语言的人口由现在的6%提高到12%。各州教育部也相应制定有关实施计划(例如:维州Deakin大学LOTE课程奖学金)。

据笔者根据不同资料统计,从20世纪50年代澳大利亚高校(ANU)开设中国研究和华语学习后,60年代中期开设华语的三所大学中,一共仅有100名本科学生、14名研究生。据悉尼大学RIAP(亚太研究院)1996年的报告,澳大利亚31所大学至20世纪90年代均已开设与中国有关的语言文化课程(高保强,Vol.l73,2003:p.12)。

而目前,澳大利亚39所高等院校(含高等专业院校,如澳大利亚国防学院、舞蹈学院等)中,已有31所大学开设中国研究课程以及作为学位课程一部分的华语课程。任课教师近200人。仅以本人任教的维多利亚州为例,目前有5所大学开设中国语言文化学位或证书课程,在读学生2008年已接近2000人。从事华语语言教学教师(全职和半职)近五十人。此外,在高职院校和成人教育机构以及华人社区学校内还有大量学生在学习华语。

进入21世纪,中国已同美日两国一样成为澳大利亚的主要贸易伙伴。2007年和2009年,中国分别取代美国和日本,成为澳大利亚第一大贸易伙伴。澳大利亚高校对中国的研究以及华语教学发展更为稳定,学生人数继续增加。

从教学方面来讲,学习的方式也从过去的教室、图书馆、书本、黑板发展为游学、跨国学习、网上视频。从过去到唐人街参观中药铺、到中餐馆吃杂碎、糖醋里脊,到直接参加in-country study,到北京、上海的寄宿家庭去接触中国民众,实地体验语言环境,观察了解中国人的日常生活。可以说,华语学习的体验与过去完全不同了。

事实上,随着社会语言学和跨文化交流学理论的发展,澳大利亚,特别是高校华语教学延续了过去的发展传统,华语教学也随外语教学整体的变化而出现改变。在教学中强调学习真实生活中有广泛应用意义的活的语言,注重语言情境,更重视培养学习者的交往能力,师生间在教学过程中的互动也有了加强和改变,不再仅仅是学生被动跟读词汇,机械模仿句型了。

2. 教师:在新环境中的教学思维方式变化

由于澳大利亚高校华语教学所开课程一般来讲受各校的华语教学传统和任教老师个人研究领域的影响,没有统一的教学大纲,选用的教材也是各自为政。因此任课的教师本身的教学能力和水平对所开设的课程的教学质量有决定性的影响。

大学在选聘华语教学师资时,一般首先考虑的是候选教师的出版物,其次是相关领域的教学经验。究竟候选教师的华语水平和文化知识如何,主要是从申请者的学历和工作经历去推断,潜台词似乎就是:既然你的母语是华语,你"自然"应该会教。但也有大学在招收新教师时要求试讲。如澳大利亚国立大学2005年在招收华语教师时,对进入最后名单的几位候选人专门要求就特定的华语教学题目进行试讲二十分钟(试讲"的、地、得"的用法)。

澳大利亚的情况同有些国家和地区不同,在主要城市招募各级华语教师并不困难。20世纪90年代初期受州教育部委托,墨尔本大学、Monash大学和LaTrobe大学还专门开设过华语教师师资专训班。但很多中小学校反映,招收华语教师时,报名的人很多,但适合工作、符合要求的有限。因此,发展澳大利亚各个层次的华语教学,一个现实和迫切的问题,就是拥有双语语言能力和文化意识、能够在澳大利亚教学环境中真正发挥作用的师资。一般来讲,华语教师的能力、水平主要表现在三个方面:双语水平,对两种文化的认识和了解,以及教学和管理技巧。

2007年英国国家语言中心的报告在谈及在英国任教的中国大陆背景的教师时,曾指出他们存在着对西方教育不够了解的问题:"从中国来的老师被认为'很可爱',但是存在的问题是他们很不熟悉英国教育训练目标设定等体系。他们很可能对学生有不同的不切实际的期望。有人对中国教师管理学生的能力表示担心,特别是管理整个班级或者有学生不守纪律时。"(摘自 CILT Research Report,p. 12)

事实上,国内学者对此问题也有认识和分析。暨南大学华侨华人研究所马宁在其所著"澳大利亚华文教育现状分析"一文中谈了澳大利亚华语师资问题。他虽然没有明确地从文化教育差异的角度来谈,但也提到了教学效果问题。他指出:"当前世界范围内的华文教育最现实最紧迫的问题是师资问题。澳大利亚也是如此。澳大利亚的中文学校都是业余学校,没有稳定的资金来源,因而不能以薪金吸引师资。许多学校在教师的挑选上一再降低标准,以致影响了教学质量。各华文补习班教师大多是热心于弘扬中华文化,义务教授华语。大多数学校的领导和教师不是专业出身,缺乏心理学、教育学等方面的培训,也不注意对教学方法的研究。很多学校的教师是家庭妇女或者留学生,前者虽然稳定,但学历水平参差不齐,或者虽然水平高但流动性大,而且不能保证全心全意投入工作。且来自亚太地区的教师上课大多以教师为中心,使习惯澳大利亚学校生活的学生难以接受,导致很多学生厌倦到中文学校上课。因而如何培养大量的合格教师,也是澳大利亚华文教育面临的一大问题。"(马宁,"澳大利亚华文教育现状分析",2008)

他在这里谈到的"来自亚太地区的教师""以教师为中心""学生难以接受",恰恰反映了教育思想中传统文化的影响问题。从根本上讲,这实际上还是文化因素在教育领域的产生作用的问题。东西方由于不同文化传统的影响,在教育理念,教师、学生的角色与作用,特别是在师生的相互期望上存在着明显差异。

因此,当我们面对众多"热心发扬中华文化"、母语为华语的人士积极热情地投入到华语教学中时,当我们认识到高水平的教师的重要性时,我们需要明确认识并强调,一个教师不仅仅是会说华语,还必须具备文化素养,了解语言的文化内涵和语境。语言在这里不仅仅是"目的语言"即所教授的语言:华语,也包括所在教学环境的工作语言或学习者的第一语言。

我们所谓的文化内涵和华语的文化语境,指的是什么呢?在海外教授华语的教师应该对涉及的文化有什么样的了解呢?我们如何在培养选用教师的初期阶段就能对这些问题有所认识呢?

3. 了解学习者的学习动机

在澳大利亚,除了国家政策提倡而外,人们为什么要学华语呢?学校为什么开设华语课呢?学习者是不是因为热爱中华文化、向往中国而学习华语呢?是不是像一些媒体上所报道宣传的那样,全球出现"华语热",澳大利亚也已把华语作为第一外语来学习呢?

2006-2007年我们在LaTrobe大学选学华语的大学一年级学生中和参加大学开放日咨询学习华语的学生中进行了解,发现多数学生选择华语课是:

* 出于就业考虑
* 出于家长、家庭影响
* 出于兴趣
* 追求新异,猎奇
* 出于旅游旅行目的
* (中学)出于无奈(学校开此课,无更多选择)
* (大学)出于拿学分的考虑

作为教授华语的教师看到有人愿意学习华语和中国文化，自然感到高兴。但同时我们应该清醒地认识到，中华文化和中国国家形象在华人背景的教师心目中和在学生心目中很可能是不一样的。认为华语的学习者一定也理解中国文化风俗习惯，一定接受、包容中国式的行为举止、思维方式；见到学华语说华语者就如见了亲人；一厢情愿地认为会说华语的政客一定对中国友好，是"自己人"之类的想法其实是一种误导。从大的方面说，这将会对国家关系政策形成误判，从教学来讲，则对促进华语教学发展有害。

海外的华语老师应该做的，是积极关注教学过程中表现出来的教育理念和文化差异问题，认真观察和思考问题产生的原因，特别是需要检讨和反思自己从自身文化思维定势看问题的方式。

迄今为止，这个问题还未引起足够的重视。很多老师认为自己在教学中遇到的问题仅仅是语言问题。

二、文化间交流——从价值观的角度探讨

1. 文化交往仅靠语言知识是不够的

近年来，越来越多的研究关注语言交往中的文化因素问题。人们已经认识到"成功地进行交流沟通仅仅靠语言能力是不够的，语言本身也是一种编码、一种形式，得在一定的文化框架语境中被运用和发生作用"。(E. Ronowicz,1995：p.1-2)

一般来讲，没有澳大利亚高校相关学位的人是不太可能进入澳大利亚各级学校成为全职教师的。尽管如此，有些移民虽然在澳大利亚经过学习，毕业后从事教学工作，而他们在同学生

接触时,在交往和教学等方式上仍表现得不尽人意。对于这种情况,我们必须从文化差异的角度去分析和理解。Hofstede 在跨文化交流领域所作的分析,对正确、全面地理解这一问题应该有所启发。通过借鉴他的研究成果,我们可以对不同文化背景的教师以及学生行为的深层价值观有更好的认识。

2. G. Hofstede 的跨文化研究

1980 年,荷兰学者 G. Hofstede 在四十多个国家对商业文化领域的交往表现进行了文化差异研究,他从文化差异的四个方面去分析、衡量和展现不同文化背景、不同国家人的态度及行为。这四个方面是:个人主义与集体主义;权力距离(权威行使与表现);对不确定性的规避以及男性主义/女性主义展示等。

这四个方面对分析、解释文化差异有重大意义。但就本文来讲,我们主要关注其中的两方面:权力距离以及个人主义与集体主义。所谓权力距离,所关注的是个体对权威的态度。而在个人主义和集体主义这个方面,所关注的是一个个体如何感受个人独立或与他人的相互依赖,以及个人在选择独立或依赖集体时,是否得到鼓励。

Hofstede 的研究还可以帮助我们观察和理解不同文化背景的人的行事方式中潜存的文化因素。根据 Hofstede 的研究,在面对和处理解决人类社会共有的基本问题时,每个国家/民族/地区的人民的思想、看法、感受、行动及做法都有很大区别;而这同他们的文化传统背景有直接关系。他的研究还证明:一个人总会习惯性地根据自己的经验、所受的教育和传统影响,以自己成长环境中所形成的价值观和思维定势去思考、感受、判断和采取行动。即使到了一个完全不同国度的社会文化环境中,他们已形成的观念和思考方式仍将继续发挥作用,影响他们的行为。

3. 中国文化情境中交往的特点

澳中两国有着完全不同的历史、文化传统和社会体系。借鉴 Hofstede 的分析，可以看出中国的文化特点十分强调集体主义、服从、尊重权威。即使中华人民共和国建立之后，这些信念仍继续得到推崇、发扬、延续，只不过是以不同的话语形式来表达了。在这样的社会和教育的环境下培养的教师和学生，毫无疑问会受到这些文化的影响。比较典型的表现可以概括为：

* 尊敬长辈，年龄越大越代表资格、资历，并受到尊敬；
* 家长、老师和上级是必须服从的；
* 下级期待被告知应当做什么；
* 个人主义不被欣赏推崇，它是一种禁忌，在政治上不正确；
* 维护关系比完成任务更重要。

正如 Gao Ge and Ting-Toomey 所讲，在中国文化社会环境中，交往、交流沟通的最基本目的和作用就是："维护已存的人际关系，强化各自的角色和社会位置差异"（Gao Ge and Ting-Toomey, 1998: p. 6）。Lewis 在其《文化冲突》一书中也曾这样概括中国的价值观和儒教的基本信条："孝道"、"谦虚"：

* 遵守奉行一种并非人人平等的人际关系；
* 一个人与他人交往时言谈举止必须遵循"以礼待人"的原则，照顾每一个人的"面子"；
* 每个人不是一个个体，而是一个群体的成员；而家庭形式则是社会上一切团体组织结构系统的模本。（R. Lewis, 1997: p. 276）

这样的规范影响到学校，最直接的作用就是产生并非平等的师生关系。教师"闻道"在先，为长、为尊；学生在学校里行事的第一原则就是尊师和服从,学生必须完全接受教师的教育指导,而不是质询、存疑、挑战教师。这是学生、家长、教师乃至全社会的共识。

中国的学校就是存在于这样的文化环境氛围中。悠久的传统社会信念和行事原则对中国的教育指导思想和教师培养以及具体教学实践始终都有着直接和巨大的影响。

四、从教育学的角度分析

不同国家民族有各自独特的文化和传统,各国家对教育的重视也通过不同的理念和教育实践来显现。澳中两国的教育哲学指导思想有着根本的差异,由此产生了各自对教育及其功能的不同理解和态度,对教育教学过程,对教师和学生各自的角色和任务,也有着不同的解释和认识。

1. 对教育和学习的不同认识与态度

我们对事情的态度会影响我们对事物的感知。就是说,它可能会妨碍、阻止或支持、推进我们去赞赏、接受或拒绝、摒弃某些事物。要充分认识、理解学习态度方面的文化差异,我们还有必要去进一步探讨师生关系和他们对彼此角色的认知和期望值。

中国对学习过程的认识和态度同西方传统教育思想的相同之处在于:学习是掌握一门知识;这门知识是由任教的老师提供的。一个学生在此过程中被要求接受、理解、吸收这些知识,并在将来需要时把学到的知识展现出来。

中国人认为,学习过程基本上是一个"吃苦"的过程。"苦苦苦,不苦如何通今古"是一种共识。学习从未同"安逸"、"轻松"、"容易"、"有趣"等相关联。作为学生,就应该在学习过程中,经受锻炼磨练,刻苦学习。中国悠久的历史上有很多这一类的典故、习语:如,"囊萤映雪"、"头悬梁、锥刺股"、"铁杵磨成针"等故事;"冬练三九,夏练三伏"等说法,人们都耳熟能详,世代传颂,在中国文化长河语境中,时刻提醒教育人们"梅花香自苦寒来"、"学海无涯苦作舟"。

但在西方社会,特别是在19世纪末期和20世纪初期,美国杜威以实用主义哲学为进步教育运动(Progressive Education)的指导思想之后,西方的教育思想发生了根本性的变化。开始强调在教学中以学生为中心,以学生的兴趣作为出发点,培养发展好奇心,鼓励学生探索发现,自然发展,享受学习过程的乐趣(Dewey,1897p.77 – 80)。杜威本人甚至在1919年亲自到中国做过多次有关教育的演讲,但他的教育思想和理念在中国强大悠久的文化传统面前,在中国社会经济具体条件下,并未产生预期的作用。

如上所述,中国传统思想认为,学习者应通过学习掌握接受知识的过程,在精神、智识和身体方面都经受磨练,这一过程的核心之处就在于,学生要严格按照老师的教导,去记忆、掌握一门知识。因此演绎法比归纳法更受推崇。

这种认识和理念以及相应的教学方式毫无疑问地加强了教师的权威地位。在这一过程中,老师是引导和帮助学生的;既然老师已经掌握了一门知识,并受过如何向学生传授知识的专门训练,那么学生就必须尊敬服从老师。从中国文化传统来讲,学生对老师的遵从、顺从和无条件服从是始终受到提倡和鼓励推崇的。

"从传统上讲,中国在教学过程中,很少强调或鼓励自主创新,质疑挑战以及批判性思维。一般认为,对这几个方面的推崇和培养是西方教育的重要目的"(Jean Brick,1996:p.154)。

如果来自不同文化背景、受不同教育培训培养的教师在新的文化环境中开始教学时,没有对这种文化差异在教育上的影响有深刻认识,则很容易在教学实践中遭遇不同文化背景的学生的挑战。因此,不同教育文化背景培养的教师在新环境中工作时,备课除了"备教材、备教法、备学生"之外,有必要了教学环境中的文化要素及其对教育、教学以及教育对象的有形甚至无形的影响。

2. 西方教育思想

东西方教育家和学者都认为,教育在人类传递知识和发展中的作用极其重要。但西方还强调教育的另一个作用:这就是培养人们的思考技能,人们应当去分析、分辨、判断和质疑(P. J. Hills,1982:p.137)。

对"学习"的定义,Page 和 Thomas 是这样表述的:"学习过程中并不一定要事事正确,事事经过深思熟虑,事事都是公开明确的。认识到这一点十分重要。"Page 和 Thomas 认为:

"学习者有必要积极参与到他们自己的学习过程中去;学习过程的实现必须贯穿主动性和创造性;学习应该同学习者是相关的;学习应该是有意义的;只要可能,学习应该同已有的知识和理解相连;学习过程应该是可以反思的;学习必须是有逻辑性地有序地进行;在交往技巧技能方面,学习应该是富有足够挑战性的"(G. Page and J. Thomas,1979:p.203)。

将以上见解贯彻于实际当中,就必须在教学过程中鼓励培养学习者分析和思考的能力。长远来说,这样可以使学习者养成批判性思维,在走入社会后保持批判的眼光,质疑各种面对的问题。相比之下,在中国传统学校教育思想中,培养批判性思维并没有受到重视,在学校里乃至在更大的社会环境中,对教师权威或各级权威的挑战不会得到鼓励。

3. 教师角色作用,教学方式以及师生关系

从中国传统教育思想上来说,社会和民众都把教师视为教育过程中的领导者和权威者,控制着全部学习过程。一些传统观念包括:

* 既然老师是"先生"先知,是知识的源泉,学生必须在上课时安静认真倾听老师讲课;

* 对老师的讲解或见解有不同意见或异议是对老师不尊敬的表现;

* 记住大量信息比如何进行创造性学习、掌握批判性思维更重要;

* 课本知识的掌握和书面作业比讨论争辩、口头作业更重要。

澳大利亚的教育思想和教学理念以及教师的课堂教学实践,同上面提及的中国教育理念和教学实践有明显的差异。以下列出一个简表,其中描述的不同教学方式及特点可以在很多文化教育环境和教学体系中看到。但是,在不同的文化教育环境中,所推崇的教学方法也不同。教育原则与学习方式、手段的实践和采用同文化情境密切相关,传统的文化价值观对教学有着决定性的作用和影响。

类型 A	类型 B
课堂教学方式方法	
师生均参与讨论、角色扮演、辩论;做调查、做课题、处理和解决问题;模仿模拟练习;即席发挥;双人或小组活动;鼓励协作互动	教师讲,学生专心安静听;教师板书,学生抄写;以课本为依据;强调记忆、背诵、吸收、接受知识

(续表)

类型 A	类型 B
教师角色作用	
作为团队成员、合作者、组织者、协调促进支持者、向导、领路者	作为领导权威、起支配作用的导师、上级领导、指导者、上级/老板
学生角色作用	
积极主动,去发现、参与;去贡献知识和信息;鼓励参与投入;提倡表达、交往沟通和争辩	被动学习接受知识;一切由教师指导指挥;提倡听话服从,接受吸收知识,尊敬师长;主动性和挑战不受到鼓励

由于各自的历史传统和经济政治环境和条件的制约,澳中两国对于教育的性质、形式与实践,特别是受此指导和影响的教学过程、教学方式等,都有着不同的理解。由此,也影响了学生学习的策略手段、师生对各自的任务、责任及作用的认识以及师生间的相互期望值。这也是为什么很多在澳学习的大陆学生并不知道如何去享受课堂上的学术自由和活跃气氛;在受邀发表意见、看法、讲明自己的见解时,不知如何应对。他们更习惯于"接受",按教师的安排循规蹈矩,按部就班地吸收知识;而不是去展现自己的主动性,去积极思考,提出有个人特点的见解,即席讲出自己经过主动思考形成的看法。他们经过在中国文化教育环境中多年的培养管理和培训,已潜移默化地习惯于传统的中国教育方式,按照中国教育环境中的期望和他们对师生上下级关系的理解在澳大利亚的教育环境中行事。他们"在这样一个比较平等的教育环境中,似乎感到无所适从;感到很难暂时不受自己已有信念的支配影响,一方面去参与比较轻松的学习活

动,另一方面表达自己批判性的见解"(G. Hu,2002:p.100)。

而在本地的很多移民背景的老师(以及家长),尤其是来自中国的老师和家长也很不适应、认可澳大利亚教师的课堂活动和教学方式。有些华人家长会向学校校长反映,认为澳大利亚学校不教东西,课堂上课本用得少,课后作业少;学生上学是在玩耍,没有系统地进行学习。

同时,这些老师在任教时,受原有的文化传统和教育培训形成的思维定势影响,在本地的教学环境中,按照自己认为正确的方法和自己习惯的方式进行教学,结果导致老师对学生的要求和本地学生的期望之间发生矛盾。

四、个案示例:国际华语教师的培养与澳大利亚维多利亚州华语教师资格测试

国际华语教学的迅速发展,使该领域的教材教师教法都面临新的挑战。特别是世界范围对合格国际汉语师资的需求和要求,使有关教育(认证)机构和师范院校都积极投入资源,对有关课程、培训内容和师资标准等方面的问题进行研究。

1. 大陆中国

中国大陆于2006年底推出"汉语作为外语教学能力认定办法",取代了1990年制定的"对外汉语教师审定办法"。与之相关的《对外汉语教师资格证书》同时失效,由《汉语作为外语教学能力证书》取代。

2006年的"认定办法"中第四条规定:"《能力证书》申请者应……须具有大专(含)以上学历和必要的普通话水平。其中的中国公民应具有相当于大学英语四级以上或全国外语水平考

试(WSK)合格水平。"第六条规定:"申请《能力证书》须通过现代汉语、中国文化常识、汉语作为外语教学理论等课程考试"。但并无外语测试。

再来看中国国家汉办组织研制的、并于2007年由中国外研社出版的《国际汉语教师标准》。该标准的目的是"旨在建立一套完善、科学、规范的教师标准体系,为国际汉语教师的培养、培训、能力评价和资格认证提供依据"。该标准参考国际上第二语言教学研究成果,对国际汉语教师应具备的汉语及外语知识与技能进行了描述,分为五个模块:

* 语言知识与技能(含外语)
* 中外文化与跨文化交际
* 第二语言习得理论与学习策略
* 教学方法(含评估测试)
* 综合素质

2. 澳大利亚

2010年9月澳大利亚教育和教学领导研究所(AITSL)发布了一份文件,建议从2011年起,只有英语和数学成绩均进入前30%的毕业生可申请从事教师工作。目前澳大利亚各州都有自己的教师资格认定标准。2011年4月,澳大利亚全国各州教育厅长会议讨论了此文件,目的就是为了推出全国教师资格认证体系。

受州教育部和大学注册部门的委派,笔者曾参与州教育部门对在职教师华语教师中已经申请华语教学资格的教师的华语知识和教学能力的测试。测试组(Chinese Proficiency Panel)由四人组成。含高校华语专业科系代表、中小学华语教师代表、教育部华语顾问以及教育部教师资格认证部门的代表共同组成。

前三人参与测试的设计和执行,后一人只在最后讨论阶段参与评价和决定。

如有任教的教师在工作中受到投诉,被认为无法胜任华语教学工作,而本人对此持异议的,教育部就会委托测试组对其进行华语教学能力测试。但实际上,测试组主要的工作是评定、测试要求教授华语的在职教师的华语水平。

举例来讲,澳大利亚维多利亚州中小学中一些有本地华人、港台地区或东南亚地区华人背景的老师,当澳大利亚学校陆续开设华语课时,他们因其华人背景而承担了华语教学的任务。1986年后,维州教育部要求在各级学校教授汉语拼音、使用简体字。但这些华人教师在拼音教学和简体汉字使用中会出现问题。教学班中有大陆背景的学生和他们的家长,则会因为教师发音问题、汉字使用习惯等问题,对他们进行投诉。

我们为此设计了测试内容,主要针对语音问题,请被试者朗读数组拼音词汇、朗读拼音课文。例如,在被试者出现偏差较多的 z c s 和 zhi chi shi 的发音上为被试者找到问题之所在,提出建议。同时,我们还通过文化、历史、文学知识等考题,检测被试者基本的中国文化知识水平。测试组的主要任务和目的是设计测试,通过测试发现问题,与被试者合作,积极找到解决问题的途径。

近年来,随着教师新生力量的增加,特别是大陆背景的华人不断加入华语教师队伍,维州各级学校中对华语教学的投诉越来越少,任教教师的华语水平普遍得到认可。

从20世纪90年代开始,澳大利亚从联邦到各级州政府均强调、鼓励学生学习亚洲语言。笔者任教的大学在1991年至1993年受教育部委托,连续三年开设教师证书课程,专项培养华语教师。有越来越多的、具有华人文化背景、华语能力较强的、对教学感兴趣的年轻人开始加入华语教学工作。

3. 澳大利亚维多利亚州华语教师资格测试

从 2000 年起,笔者任教的大学开始承担华语测试。维多利亚州教育部和维州几所大学要求,所有申请教师证书课程的学生,凡选择"华语教学"方向的,必须提供证明,证明其华语水平在"大学三年级水平之上"。本校和其他几所大学受教育部委托,开始为这些学生进行华语水平测试(Chinese Proficiency Test)。

这项考试的主要目的,不同于上文所述的教育部的测试。教育部测试的目的,主要是找出问题。而现在华语水平测试的目的则是"评定被试者是否具备任教的水平",其华语能力是否在"大学三年级水平之上"。

在设计考试题时,考虑到文化因素的重要性,华语水平测试范围,除涵盖语音、词汇、句法、文字表达等方面外,还包括了社会、历史、文化、文学等方面的知识。特别需要提到的是,我们根据在澳大利亚汉语教学的实际情况,在测试中列入一些与澳中关系等有关的问题,检验被试者是否掌握了解在澳大利亚这一特定环境中从事汉语教学所应具有的一些知识。

五、结　论

本文从跨文化交流理论、从教育学的角度集中探讨华人背景的华语教师在澳大利亚华语教学中遇到的问题。其中最值得重视的一个问题是来自中国大陆的很多老师所习惯的中国教育思想和教学实践同澳大利亚教育理念和教育环境有不吻合、甚至冲突的地方。受传统中国文化的影响,部分华人老师习惯于传统的思维定势,不仅自己,同时要求学生尊重权威、服从领导、整齐一致、谦让、自我约束等。而他们教学的环境则强调和推崇个性、标新立异、强调自我。因此,来自不同文化背景的华语教师在澳大利亚的教育环境中教学时,需要培养从不同角度观察和判断问题的意识,了解教学对象的文化价值观,注重跨文化意识的培养,有针对性地了解、认识中西方在师生角色、学习过程、目的等概念上的差异。华人背景的华语老师必须意识到:同学习对象的有效沟通,"不仅仅是发音、语法、语言的正确使用等,还必须懂得何时何地如何使用语言,了解语言使用的情境。"(E. Ronowicz1995;p.2-3)

当然,我们还需要做进一步的量化研究:积累、分析、总结华人背景教师同非华人背景学生在学习过程中出现的跨文化交流问题,了解教育对象的文化背景和本地的教育理念。但有一点我们必须明确:并非每一个华语母语讲得字正腔圆的人都可以做国际华语教师,而每一个做国际华语教师的人则必须在充分掌握汉语语言之外,对中国和所在国的社会文化历史传统等方面的知识有充分的了解。

参考文献

关世杰,《跨文化交流学——提高涉外交流能力的学问》,北京大学出版社,1999,北京。

贾玉新,《跨文化交际学》,上海外语教育出版社,1998,上海。

林大津,《跨文化交际研究》,福建人民出版社,1996,福州。

马宁,"澳大利亚华文教育现状分析",2008,http://blog.sina.com.cn/s/blog_4835e3000100pfu8.html OR

http://duiwaihanyu.diandian.com/post/2011-03-01/4639435

Brick,J., China, A Handbook in Intercultural Communication, Macquarie University, 1991.

Dewey, J. ,"My Pedagogical Creed", *School Journal*. 54. pp. 77 – 80. 1897.

G. Barnard, Cross-cultural Communication, Cassell, 1995.

Gao, G. & Ting-Toomey, S. , *Communicating Effectively with the Chinese*, Sage Publications, 1998.

Hnkel, E. , *Culture in Second Language Teaching and Learning*, Cambridge University Press, 1999.

Hofstede, G. , *Culture's Consequences*, Sage Publications, 1980.

Hu, G. , "Potential Cultural Resistance to Pedagogical Imports", in *Language, Culture and Curriculum*, p. 93—105, Vol. 15 No. 2, 2002.

Lewis, R. , *When Cultures Collide*, Nicholas Brealey Publishing, 1997.

Singer, M. , *Intercultural Communication*, Prentice-Hall, 1987.

Zhan, K. , *The Strategies of Politeness in the Chinese Language*, Institute of East Asian Studies, UCB, 1992.

澳大利亚大学生学习汉语的动机调查
A Study on Australian University Students' Motivation of Learning Chinese

许玉增(Yuzeng Xu)
澳大利亚 La Trobe University
刘国强(Guoqiang Liu)
澳大利亚 Deakin University

提要 新生上课时,我们总是爱问他们为什么想学汉语?我们之所以要问这个问题是因为我们自觉不自觉地把把学生学习的动机和他们学习的成效联系起来。研究表明,积极的学习动机是产生学习目标语和目标语文化的端正态度,从而推动语言学习。在语言学习中,动机总是和成功密切相关的,总是会影响学生学习语言的成效和速度。为了了解我们的学生,改进我们的教学,我们对高校学生学习汉语的动机进行了一次调查。调查显示,有些学生具有融入型动机(integrative motivation),有些具有工具型动机(instrumental motivation),还有一些学生两种动机兼而有之。换句话说,这些学生学习汉语是想了解中国、中国人和中国文化,或者想去中国工作,想找一份工作而这份工作又要求他们具备汉语技能。在语言学习中,动机促进成功,成功又加强动机。我们需要改进教学效果,让学生体会到成功的滋味,欣赏全球化语境下的汉语学习的成功经历。

关键词 语言学习动机 融入型动机 工具型动机 语言态度 国际汉语 汉语本地化

引 言

教汉语的老师常常在上第一节课的时候问学生:"你为什么学习汉语?"笔者亦不例外。问这样的问题,原因是我们常常不知不觉地把学习动机与学习成功与否相联系起来,并且把它看成学好语言的首要因素。

第二语言习得中的学习动机跟学习成功率的确有很大的关系,这在过去的三十年中已由大量的研究结果证实,比如 Gardner(1985,2001)、Gardner, Masgoret, Tennant & Michic(2004)、Engin(2009)。当然,第二语言习得成功与否,并非局限于这个单一因素。语言学习者的其他个人因素和相关的社会因素都影响着第二语言的学习进展速度。在个人方面,我们知道学习者的语言天赋(Stansfield, 1989)、学习方式(Griffiths, 2008)、年龄(Singleton & Lengyel, 1995)、认知能力(VanPatten & Benati, 2010)等都影响着第二语言的习得。外部的影响因素则有语言学习者所接触到的语言(Krashen, 1994; Liu, 2000; Tarone & Liu, 1995; Swain, 1995; Tarone, Bigelow & Hansen, Kit, 2009)、社会结构(Ellis, 2008)、语言习得场景(Gass & Selinker, 2008)、社会认同(Ellis, 2008)等等。

笔者在澳大利亚大学中教授汉语本科课程。由于认识到学习动机在语言学习中的重要性,也由于我们为了改进教学以达到更好的效果而希望更好地了解自己的学生,因此我们想知道:学生为什么来大学学习汉语?学习汉语课程毕业以后又要做什么？针对这两个学习动机问题，我们在过去三年中对在大学注册学习汉语的45名澳大利亚本地学生做了一项调查。本文将简述与这项调查相关的第二语言学习动机和国际汉语教学特质，为报告调查结果提供一个理论架构。然后，我们将描述这项调查，包括调查背景、提出的问题和结果分析。最后我们将对调查结果及其对教学的意义展开讨论。

一、语言学习动机与国际汉语教学

第二语言学习中，个人之间差别很大。有的学生学得快而好；有的学生则学得慢而差。研究者提出，除了语言学习天赋以外，动机是影响学习结果的最重要的因素之一（Gardner,1982）。第二语言学习的动机可归纳为三个不同方面：一是学生有动力要花精力去学一门语言；二是学生有动力要去达到语言学习上的某个目标；三是有动力的学生会享受学习语言给自己带来的乐趣（Gardner,2001）。所以说，动机就是指想学语言，想要达到口语沟通或书写阅读的某个技能程度，并且把学语言看成是一件乐事。语言学习者如果能看到自己的进步，他们的动机就会得到进一步的增强。

语言学习动机又可分为融入型动机和工具型动机等类别。融入型动机是指语言学习者有意认同目的语人群，而且他们学习语言是为了融入目的语人群（Crookes & Schmidt,1991）。这种动机可推动语言学习的积极性，并有助于语言学习者较为准确地看清所处的学习环境，认清自己的学习任务。工具型动机则是指语言学习者想通过学习第二语言来得到一种技能，以便获得社会上或经济上的回报（Hudson,2000），比如有人想通过学习一种语言来转变自己的处境和状况，利用第二语言的技能来提高自己的社会地位,获得别人的敬重;或是使自己更容易找到工作或找到更好的工作,获得更高的薪酬以改善自己的生活。

语言学习动机与语言学习态度之间有着密切的关系。语言学习态度则包括对目的语的态度和对目的语人群及其文化的态度(Dörnyei,2003)。研究者发现,正面的积极动机有助于更快、更好地学习语言,而对语言学习的正面态度也会促进积极的学习动机,这在 Bernaus, Masgoret 和 Reyes(2004)和 Bartram(2007)等调查项目中都得到了证实。此外,研究者还认识到语言学习动机与态度在语言课程设计和课堂教学中常常受到忽视,并为此提出了培养积极的语言学习态度和促进正面的语言学习动机的一些具体方法,包括帮助语言学习者熟悉和认同目的语文化,制订语言学习目标,使得语言课堂生动有趣,使得语言学习过程贴近语言学习者的个人体验,创造愉快和轻松的语言学习环境等等(Dörnyei,2001)。

根据澳大利亚汉语教学的国际环境、教学对象、汉语教学的文化背景及汉语在澳大利亚多元文化发展中的地位,洪历建提出了"国际汉语"概念,并阐述了汉语的完整统一和语言表达形式的多样性。他强调,汉语学习和使用不应割裂其语言实际运用的地域,更不能以阻绝或改变语言使用者原有的文化和思想为目的,而应深入理解语言学习的实质,即语言学习者可以发展并创造性地运用语言技能描述自己所处的环境、阐述自己的思想和观点,以达到互相交流沟通的目的。这样的语言学习并非致力于摆脱语言学习者本身的地域、民族和文化特性,甚至改变其信仰和立场。只有这样,语言的实际社会交际功能才能得到保证,语言使用者的文化才能得到保护(洪历建,2011)。

这样的国际汉语概念主要强调的是,我们既要保持汉语语言母体的完整性,又不排斥汉语表达、使用的多样性。只有这样,学习者才能在自己的本土实际运用所学到的汉语。通常,采用一般的学术概念,我们会将在澳大利亚所说的的汉语称为"第二语言"或者"外语";在地区多民族融合过程中,这种"第二语言"必然形成自身的特点,这自然与在中国的、作为"第一语言"的汉语有区别。汉语全球化所带来的变化,使得使用汉语不可能只是对中国一地的了解和交流,还应包括对本土居住的华人及其他汉语使用者的了解和交流。那么,洪历建所提出的"国际汉语"的概念,似乎包括着更深层的思考。"国际汉语"概念的提出,代表着澳大利亚汉语教师关注并投入汉语教学研究的成果和积极性,是澳大利亚高校汉语界不断发展进步的表现。但在目前,我们还需进一步深入讨论"国际汉语"的实质到底是什么。在理论上,洪历建阐释清楚,立意明确。但在实际教学中,国际汉语的概念并未得到实施,一是缺少资金进行大规模的调查,以取得实证经验数据;二是缺乏进一步的探讨以达成共识;三是缺少相应的资源,诸如教材、教学纲领以及实施者的热情。造成这些不足的原因,并非因为汉语教师的资质和能力,而是因为局限于大学和国家的重视和支持程度,以及作为汉语教学研究主力的高校汉语教师承担着繁重的日常教学任务和科研压力。

就澳大利亚本身的地域而言,我们处于一个多民族的国家,其多元文化政策和国家语言政策,确实包容各民族的语言、文化、宗教信仰、民族传统和生活习惯。主流社会以英裔澳大利亚人为主,通用语言是英语。因其历史发展的原因,主流社会的语言和文化占据统治地位。因此,融入此主流社会的其他民族,无论在现实生活中还是在语言表达上必然以主流社会的方式进行。就语言发展来说,随着移民的大量增加,促进并繁荣了不同语言的新的表达习惯,澳大利亚英语也正在不断吸纳新的语言元素。而具体到汉语的表现,又与移民和到访澳大利亚的汉语背景人数相关。据统计,全澳大利亚现有中国出生的居民318,969人;墨尔本90,898人;在墨尔本的五个区里,祖籍为中国的居民占该区居民的比率从22.4%到26.7%不等(Masanauskas, 2012);而在悉尼的Hurstiville区,中国移民已经达到36%,中国移民已经占整个澳大利亚人口的6%(Richardson, 2012)。此外,澳大利亚还有相当数量的汉语背景留学生。这一方面带来了澳大利亚社会的经济、文化繁荣,一方面亦提供了使用汉语的巨大市场。然而,我们目前学到的汉语语言,常常无法表达某些社会交际的词语。例如,英语的"party",我们苦于找不到合适的汉语对应词;而"饮茶"则变成广东或港式午餐的代用词。中国大陆改革开放以来,汉语吸收了大量外来词语,如:麦当劳、肯德基、GDP、CBD之类已经为中国人所熟悉,此外,还有大量无法用汉语表达的词语。那么,如何处理汉语教学中的这类"尴尬",需要在汉语教学界中探讨。但重要的是,因为澳大利亚特定的语言环境而产生不同的汉语表达方式是否可以被容忍、被接受?在汉语教学中怎样处理这些表达方式?对这些问题目前还缺少讨论。虽然澳大利亚已经有数十万中国移民,汉语教学也已经逐渐形成规模,但目前尚不存在系统的、完整的澳大利亚汉语。将来会怎么样?澳大利亚汉语教师是否宽容、抑或必须保持"正统"?这只能在澳大利亚汉语发展实践中作出回答。

二、动机调查项目背景

笔者在澳大利亚超过25年教龄,亲自经历了汉语教学发展的过程。20世纪80年代中期之前,全澳大利亚只有为数甚少的汉语学习班,既不具规模,亦几乎没有专职、具汉语专业资质的汉语老师和适合本地、具科学性的系统性的汉语教材。1985年至1989年，笔者曾任教于大学语言中心。当时一年招收两期，每期20人左右，均为已参加工作的成年人。笔者曾对参加学习的学员问过同样的问题："你为什么学习汉语？"得到的回答可分为三类：(1)对中国和中国文化感兴趣；(2)想去中国旅游；(3)有认识的朋友是中国人。当时出于职业本能，我们曾希望通过调查发表调查报告，可惜因学习和工作压力未能完成。回忆当时的情景，参加汉语学习的学生们上课时表现活跃、热情奔放，学习积极性非常高，他们常常因为会说几句汉语而兴高采烈。无论在课上，还是在中国餐馆就餐，他们都因为有机会用汉语说几句话而兴奋。很可惜，当时社会上说汉语普通话的人比例很小，学员在课堂上学习之后，几乎没有任何机会使用汉语。

　　随着大量中国留学生来澳，继之定居、工作、亲属团聚，20世纪90年代中期华裔人口迅速增长。因应社会需求，大批汉语学习班、社团中文学校产生。多数澳大利亚大学亦开始设立本科汉语课程。那时，笔者所在大学主修和选修中文课的澳大利亚本地学生非常少，一、二年级平均二三十人，三年级十人左右，就调查所涉及的大学而言，本地学生数字加上从东南亚及香港地区来留学而选修汉语的学生一年总共一百二三十人。虽然大学扶持汉语专业，但主修汉语的学生少之又少。特别是本地学生认为汉语很难学，加之当时中国经济还处于起飞阶段，中国在澳大利亚的影响仍居日本之后，学中文的学生明显少于学日语的学生人数，更少于西班牙语、意大利语、希腊语和法语。我们理解，中国的国力及其对澳大利亚的影响力，与学生选择学习汉语的动机有着密切的关系。而东南亚地区的华裔学生选修汉语，除上述原因之外，更重要的是基于寻根、受家庭教育影响而保持中国文化传统的认识。

2000年之后可算作汉语热的兴起阶段。澳大利亚大部分大学相继开设了汉语课并将汉语列为大学主修课程。部分大学还开设了中国文化、中国文明、中国介绍、汉英翻译及与中国政治、中国研究相关的课程。毋庸置疑,随着中国国力增强及对外影响力的上升,希望了解中国的澳大利亚人越来越多。特别是近几年,中国对澳大利亚资源的大规模进口、中国和澳大利亚之间双边贸易以及教育、文化、旅游及购置产业等市场的不断扩大,可以说,大到矿山,小到日常用品,中国对澳大利亚产生了前所未有的巨大影响。与此同时,定居澳大利亚的中国移民大量增加,单是2011-2012财政年度,成为澳大利亚永久居民的中国移民就达到25,509人(Australian Bureau of Statistics,2012)。澳大利亚国家统计局2011年的统计资料显示,汉语已经超过意大利语而成为澳大利亚继英语之后使用人数最多的语言(Karvelas,2012)。这样巨大的变化,无论在政治层面还是在社会层面,对中国、对中国文化的了解和解读已经成为澳大利亚必不可少的必修课。中国与澳大利亚、中国人与澳大利亚人之间逐渐形成全方位的交流和融合,一场澳大利亚全民进一步认识中国的"运动",在辩论和转变中不停地发展着。对于年轻人来说,最重要的是关系将来的就业思考,越来越多的年轻人看到了因此产生的就业机会,无论是去中国还是在澳大利亚,与说汉语有关的就业机会越来越多,汉语越来越重要。

这些年因为学习汉语而成功就业的例子越来越多。据我们所知,这几年的毕业生中,有的就业于州政府,有的在大学研究机构,有的经营或就业于翻译、咨询、教育、旅游、媒体、银行、金融、房地产、医疗、法律等行业,其中大多数职业与说汉语相关,有的还担任着重要职务。还有相当一些毕业生居住在中国,就业于教育、外交、驻华企业,从事于澳中之间在经济、贸易、金融、商业、法律及语言文化交流等方面的事业。前国家总理陆克文因为会说普通话,引起一些民众的赞扬和追捧。前澳大利亚自由党政府移民部长 Amanda Vanstone 甚至聘用私人教师做汉语辅导,在 2007 年中国春节时通过北京中央电视台用汉语向中国人民祝贺节日。由此,我们可以说汉语越来越热。

然而,随着中国移民大量增加和中国游客大量涌入,个别人行为不良亦产生不少负面影响。特别是中国公司及个人购买矿山、高档房屋地产、农场等,引起澳大利亚社会部分人的恐惧和不安。不过,这会减弱还是会促进本地学生学习汉语的热情,尚无任何调查研究。

三、调查问题与结果分析

我们此次调查主要是要了解学生的"学习动机"。正如本文开始提到的,每学期第一节课,我们总是问学生:"你为什么学习汉语?"基于在汉语教学发展中需要规划并设计课程以适应学生实际需求这样的目的,我们从 2010 年至 2012 年连续三年对澳大利亚背景的学生进行了"学习动机"调查。我们认为,虽然三年时间在迅速变化的时代跨度"较大",但从阶段性来说,调查结果应该差异不大。

调查以问答记录形式进行。为了不增加学生的思想负担或被学生认为属于"个人隐私"而不愿配合,调查前均征得被调查学生的同意,而且调查内容"被作为隐私"(虽然笔者并不认为调查内容属于严格意义上的"隐私"范围)。被调查的学生共 45 人,男 18 人,女 27 人,均为笔者教授的在读大学二年级和三年级汉语班学生。因为澳大利亚本地学生的班级人数较少,且混杂外国留学生(韩国、日本、挪威等来澳留学选修汉语课的学生),因此调查确定选择澳大利亚本地出生的学生为对象。这些学生只在进入新年级的第一学期被调查一次(而不是不同学期的相同学生),所有问题的回答全部有效。

我们设计的调查问题简单明了:
(1) 你主修什么(课程)?
(2) 你为什么学习汉语?
(3) 你学汉语已经学了多久?
(4) 你打算毕业以后做什么?
(5) 你认为学汉语是否有必要?
(6) 你是否去过中国?
(7) 通过学汉语,你是否更了解了中国、中国文化?
(8) 你有没有跟在澳大利亚的中国人(包括在校中国留学生)说过汉语?

有关以上八个问题的回答纪录,见文后附表。

现仅就调查结果归纳、分析如下。

第一个问题的调查旨在了解学生在校主修课程与学习汉语的关系,进而了解汉语课程在大学中的地位。

45名学生的回答归纳如下:

法律、语言学、汉语、亚洲研究、政治学	各4人	共20人
媒体	3人	共3人
人文学、社会学、经济、管理(包括酒店管理)、化学/生化	各2人	共10人
金融、贸易、会计、考古、卫生、国际关系、电脑工程、教育、心理学、商务、市场学(市场营销)、营养学	各1人	共12人

调查项目所在大学中,语言学、汉语、亚洲研究、政治、媒体、考古、国际关系、人文学、社会学隶属人文和社会学学院;经济、管理(包括酒店管理)、金融、外贸、会计、商务、市场学(市场营销)隶属法律和管理学院;教育隶属教育学院;心理学、卫生、营养学隶属公共卫生学院;电脑工程隶属电讯工程学院;化学/生化隶属理工学院。

不难看出,学习汉语的学生大多数来自人文和社会学学院(26人)。他们学习汉语,一方面便于在本学院获得学分,一方面与所主修专业有某种关联。而来自法律和管理学院的学生(13人),主要构成是学习法律的学生(4人),其次是学经济和管理的学生(各2人)及学习其他课程(金融、贸易、会计、商务、市场营销)的学生(各1人)。其中,4名主修法律的学生都去过中国上海参加为期4周的法律学习(Introduction to Chinese Law)。而来自其他学院的学生总共只有6人,这或许与某些学院限制学生跨学院选课有关。

我们尤其关注主修汉语的学生比例。从上述数字来看,主修汉语的学生只有4人,这无论怎么说都是很小的比例。这样看来,我们不能说选择主修汉语已经成为趋势。

对于第二个问题的回答是:

明确表示想去中国(工作)	17人
了解中国人、爱中国人、喜欢中国或中国文化、喜欢跟中国人交流	14人
写/报道中国	2人
作研究	1人
(去中国)学汉语/喜欢语言	3人

	(续表)
了解别人、教中国人(英语)、当翻译、帮助别人、读教育、公司里有中国人、旅游、管中国人的钱	各1人，共8人

从以上统计可以清楚地看到，全部被调查的学生都是因为要使用汉语而学习。45人中17人明确表示"想去中国"，如果加上表示要去中国学习、去了解、研究中国、报道中国的学生，那么，我们可以说，这些学生的想法非常明确。热爱中国文化、要去中国工作、要去了解中国、跟中国人交流，这些几乎一致的愿望，促成了这些学生从不同的专业汇集到一起坚持不懈地学习汉语。这些学生的学习目的很明确，即要使用汉语技能从事将来的职业。这与20世纪80年代甚至90年代学习汉语的学生不同，那时大部分学生学习汉语是因为要了解中国和中国文化，希望去中国工作或在职业中使用汉语的人数非常少。

提出第三个问题是为了调查清楚学生的汉语水平，以便有针对性地、恰当地安排教学内容和要求。45名学生中，有17人曾在中学时学习汉语，28人在进入大学以后才开始学习汉语。维多利亚州教育部采取鼓励措施，给中学生高考的外语成绩加分，希望以这种办法鼓励学生学习一门外语。汉语也不例外，因为高考成绩加分，中学生中有相当多的学生选择学习汉语。但就目前来看，与其他语言比较，在维多利亚州中学学习汉语的学生人数仍少于法语、意大利语、日本语。其中一个原因是大量中国移民的子女在中学选学汉语，有意无意中升高了对学生汉语水平的期望值，造成部分英语为母语的本地学生产生了"望尘莫及"的心理压力，因而选修其他语言。但我们的此项调查显示，在中学曾经学习过汉语的学生，在进入大学后仍然选择学习汉语的本地生，在整个选修汉语的课程的人数中仍然占据相当大的比例(37.8%)，而且他们的学习目的(见附表)更说明了他们希望去中国工作、了解中国文化、研究中国的愿望。

进入大学之后才开始学习汉语的人数，在被调查的45人中占大多数(62.2%)。这说明，大学汉语教学仍有广大的市场。当前大学生学习汉语常常跟他们所主修的专业课程紧密相连，这是因为他们考虑到，学习汉语对将来就业有益或有必要，对进一步了解中国和与中国人交流有帮助。

第四个问题旨在调查这些学生毕业以后的打算：

当律师	4人
读研究生	6人
当老师(去中国教英语)	5人
当老师或作翻译	1人
当老师(去中国教英语或做生意)	1人
当记者/做媒体	2人
去中国学汉语	1人
可能去中国(可能找到工作)	5人
去中国或澳大利亚的公司工作	2人
研究中国	1人
在澳大利亚找工作	9人
此外，外交、银行、会计、考古、工程师、做慈善、当经理、帮助中国人	各1人，共8人

在回答以上问题时，有些学生附加上"可能"，如"可能去中国"，"可能去公司"。我们认为这并不奇怪，因为距离他们大学

毕业还有一年甚至更长时间。但学生的意向特别值得注意：虽然看上去各种各样，但不难发现相当大比例的学生表示要去中国工作，而去中国做英语老师恐怕跟目前中国的需求有关，这也是澳大利亚学生快速进入中国的简便途径。从另一方面来看，这些学生有如此强烈的愿望，正说明他们对中国就业市场的向往。从学生们表达的未来就业意向，我们清楚地看到，他们的理想是从事与中国、中国人有关的事业。从这方面说，汉语已经被认为是就业所需要的技能，可见汉语在澳大利亚年轻学生中已经产生很大影响。

  第五个问题是要调查汉语在学生心目中的分量。几乎全部被调查的学生都表示学习汉语"有必要"，"一定必要"，"很重要"，"越来越重要"。45人中只有1人回答"可能需要"，不排除该学生是因不能确定未来工作是否会接触中国人或其他汉语使用者而作出的回答。学习汉语有用、有必要，已经成为在校汉语学生的一致共识。这使教授汉语的老师感到鼓舞，感到所从事职业的价值。

  第六个问题是调查学生是否在中国学过汉语，目的是想弄清楚去中国的经历对学生选择学习汉语是否有促进作用。调查显示：

曾去中国学习汉语或法律	12人
曾有在中国教英语的经历	2人
曾旅游去过中国内地或香港	5人
没去过中国	26人

  以上统计说明，多数学生没去过中国（26人），根据所调查

的人数比例计算,至少57%的学生没有去中国的经历。虽然去过中国并在中国学汉语和法律的学生占一定比例(31%),但他们在中国的时间相对来说都非常短(4周或8周),只有2人曾经去中国半年教授英语,算是在中国时间最长的。那么,这大多数没去过中国的学生为什么选学汉语?我们认为,随着中国影响的扩大,随着中国移民的大量增加,在澳大利亚社会中,越来越多的澳大利亚本地人已经逐渐认识到使用汉语的重要性。我们不能想象,如果学习汉语没有用,这些学生会选择这门课。26人回答"学习汉语有必要",这进一步说明了学习汉语在他们未来人生中的分量。

至于去过中国的经历是否对学生学习汉语产生促进作用,这些调查资料尚不能直接、明确地回答。我们在调查中没有设计好这个问题,因此无法作进一步的分析。但从我们以上的调查中发现,凡是去过中国的学生,均表示要"去中国工作"或从事与使用中文相关的职业。在私下谈话中,他们津津乐道于在中国经历,充满了兴奋、愉悦,这让我们感觉到,去中国的经历对他们产生了巨大影响。

第七个问题是"通过学习你是否更了解了中国、中国文化"。绝大多数学生回答是"一点儿",只有4人回答"很多",2人回答"可能",1人回答"不知道"。可见多数人并不确定通过学习汉语就能更多地了解中国和中国文化。当然,对于"一点儿"、"一些"、"很多"到底怎么界定,各人理解不同,回答也会不同。但根据我们的经验,只是基于汉语课本的学习,恐怕不能了解多少中国和中国文化。学生对中国和中国文化的了解,多源于去中国的经历、源于社会上的宣传、报道和活动、源于跟在澳中国人的交往或者跟所修中国研究相关的课程。教师也是传播中国文化的主体,但现行的教材和课堂教授内容并不存在多少传播文化的空间。因此,开设中国文化课和与中国研究相关的课程,应该是进一步鼓励澳大利亚学生了解中国、了解中国文化的途径。

第八个问题涉及学生在澳大利亚当地是否使用过汉语,以了解汉语使用市场和学生的实践情况:

回答使用"一点儿"	19人
回答"有时候"	13人
回答"偶尔"	6人
回答"一些"	4人
回答"常常"	2人
回答"很多"	1人

这些回答说明,所有被调查的学生都在某种程度上使用汉语。也就是说,在澳大利亚社会上、在大学中已经存在使用汉语的市场,这肯定会促进汉语学习者的兴趣。这也说明,澳大利亚已经不同于过去,学习汉语不再是"纸上谈兵",学生们已经有更多机会用汉语交流、交际。

四、调查结果讨论

以上调查给我们提供了在澳大利亚某所大学的情况。我们认为,虽然调查涉及8个方面,但如果以调查学生学习汉语的动机为重点,那么,第一个问题和第二个问题最值得关注。

从调查资料我们可以看到,选择学习汉语的学生来自不同的专业,但多数学生来自人文和社会学学院及法律和管理学院。

而且，除个别学生选择主修汉语之外，绝大多数学生只把汉语作为选修课。从这点上来看，学习汉语尚不具备普遍性，更不能称之为大学生的主选趋势。不过，具有说服力的是，几乎所有学习汉语的学生，都有"喜欢中国"、"了解中国"、"要去中国"的情感和愿望，显示出融入型的汉语学习动机。其中相当大比例的学生都已经持续学习汉语数年，虽然就我们所知，无论在中学还是大学，汉语教学每周只有4小时课程，在学生学习总量中所占比例甚小，但他们能坚持学习，则说明这些学生的强烈意愿。特别是占最大比例的学生从未去过中国，但他们却选修汉语，我们可以解读为，"学习汉语有用"、"了解中国、了解中国文化"或者"去中国"的想法已经影响到澳大利亚的年轻大学生。这也说明汉语在大学中存在巨大的发展市场，这对我们汉语教师希望不断扩大汉语教学领域的愿望是很大的鼓舞。当然，我们不否认每年注册学习汉语的一年级学生通常数量较多，但二、三年级注册数字明显下降。我们了解到，造成注册减少的原因基本上与汉语教师和汉语教学无关。我们认为，造成学生减少的主要原因是学生其他学科的学习压力及与主修课程学习时间冲突；也不排除有的人因为个人或其他原因必须暂时中断汉语学习。除此之外，因汉语难学而学习进展不明显也可能导致学生丧失学习动机，不过，目前我们缺少这方面的调查，希望将来能通过调查分析得出答案。

在被调查的学生中，凡是去过中国的学生，基本都表示毕业以后"要去中国"或从事与说汉语相关的职业，显示出融入型和工具型动机的结合。这说明在大学学习期间有机会去中国会鼓励学生进一步了解中国、研究中国、报道中国，这对未来进一步加强澳中之间的关系非常重要。从全球战略上讲，这对未来澳中两国互利合作、两国人民和平相处至关重要，也对澳大利亚华裔民族与主流社会的交流、融合至关重要。因此，进一步拓展汉语教学市场，发展汉语语言和文化教育，鼓励学生见识中国、了解中国文化十分必要。

几乎全部被调查的学生都认为，学习汉语"有用"、"有必要"、"很重要"。我们认为，这不仅是因为他们感受到中国日益强大的影响力已经深入澳大利亚社会生活的各个方面、认为有更多机会在中国或澳大利亚从事与使用汉语相关的职业；更重要的是，他们感受到在澳大利亚华裔民族和其他民族之间的融合过程中，汉语已经成为互相沟通的工具。我们应当做更多、更深入的调查研究，以利于提高我们的教学效果。对于"国际汉语"，我们应该有更明确的解读，以不断发展我们的汉语教育事业。

在回答第八个问题时，全部学生都表示曾经或多或少"跟澳大利亚的中国人（包括中国留学生）说过汉语"。这说明在澳大利亚，中国移民、中国社团和华裔民族已经形成了使用汉语的环境，这为学习汉语的澳大利亚学生提供了使用汉语的机会，回顾20世纪80年代和90年代的情况，汉语的使用量在澳大利亚已是今非昔比。

五、结　　语

本文目的是研究澳大利亚大学汉语学生的语言学习动机，即，学生为什么来大学学习汉语、学习汉语课程毕业以后又要做什么。我们在过去三年中对在大学注册学习汉语的45名澳大利亚本地学生的做了以上调查，调查结果显示出澳大利亚大学生要了解中国、要去中国工作，要在未来工作中使用汉语的强烈愿望。这一方面反映了近年来中国和中国文化对澳大利亚的影响,另一方面反映了由于澳大利亚华裔民族人口大量增加,在澳大利亚已经形成了使用汉语的市场。特别是,被调查的学生们几乎一致表示,希望在澳大利亚或者去中国从事跟说汉语相关的工作。由此我们不难判断,澳大利亚大学生学习汉语主要有融入型的动机,说明他们认同汉语和中国文化;其次又有融入型与工具型的结合型动机,既认同汉语,又为了使用汉语技能来发展自己的职业生涯。

我们认为,动机与成功有着密切的关系:动机推动成功,成功也增强动机。在我们的教学中,我们需要增强教学效果,让学生不断地感受到取得进步带来的喜悦,体会到汉语学习的乐趣。同时,我们应当尽量使用贴近学生个人生活和反映本地特性的教材和教学内容,让他们学以致用,立竿见影地感受到学习语言的实用性。特别是在全球化的大环境中,我们应尽力帮助学生结识包括中国留学生在内的华人朋友,以帮助他们提高中文水平,了解中国文化。

我们做这项调查,实质是要了解自己的学生,以便改进汉语教学。在这个意义上说,这项调查只是一个起点,它让我们对自己的学生有了初步的了解。我们还觉得有必要开展进一步的研究,找出一些有效的方法来保持并增强学生的语言学习动机。

参考文献

洪历建主编,《全球语境下的汉语教学》前言,学林出版社,2011年,1–15页,上海。

Australian Bureau of Statistics, 2012, *Migration*, *Australia*, 2010–11. http://www.abs.gov.au/ausstats/abs@.nsf/Products/07C4285C66219C10CA257A5A00120A94?opendocument.

Bernaus, M., Masgoret, A. & Reyes, E., "Motivation and Attitudes

Towards Learning Languages in Multicultural Classrooms", *The International Journal of Multiculturalism*. Vol. 1, No. 2, 2004, pp. 75-89.

Bartram, B., "Attitudes to language learning: a comparative study of peer group influences". *The Language Learning Journal*, Vol. 33, Issue 1, 2007, pp. 47-52.

Dörnyei, Z., *Teaching and Researching Motivation*, Longman, 2001, London.

Dörnyei, Z., *Attitudes, Orientations, and Motivations in Language Learning: Advances in Theory, Research, and Applications*, John Wiley & Sons, 2003, Hoboken, New Jersey.

Ellis, R., *The Study of Second Language Acquisition*, Oxford University Press, 2008.

Engin, A. O., "Second language learning success and motivation", *Social Behavior and Personality: an international journal*, 2009, vol 37, No 8, pp. 1035-1041(7).

Gardner, R. C., "Language attitudes and language learning", in Boudhard, E. R. & Giles, H., *Attitudes towards language variation*. Edward Arnold, 1982.

Gardner, R. C., *Social psychology and second language learning: The role of attitudes and motivation*, Edward Arnold, 1985, Baltimore, MD.

Gardner, R. C., *Language Learning Motivation: the Student, the Teacher, and the Researcher*, Texas Papers in Foreign Language Education, 2001, pp. 6, 1-18.

Gardner, R. C., Masgoret, A. M., Tennant, J., & Michic, L., "Integrative motivation: changes during a year-long intermediate-level language course", *Language Learning*, 2004, 54 (1), 1-34.

Gass, S. & Selinker, L., *Second Language Acquisition: An Introductory Course*, Routledge, 2008, New York, NY.

Griffiths, C. (ed), *Lessons from Good Language Learners*, Cambridge:

Cambridge University Press, 2008.

Hudson, G. , *Essential Introductory Linguistics*, Blackwell Publishers, 2000.

Karvelas, P. , "Mandarin overtakes Italian in homes, 2011 Census shows", *The Australian*, 21 June 2012. http://www.theaustralian.com.au/national-affairs/mandarin-overtakes-italian-in-homes-2011-census-shows/story-fn59niix-1226404108725.

Krashen, S. , "The input hypothesis and its rivals", in Ellis, N. *Implicit and Explicit Learning of Languages*, Academic Press, 1994, London.

Liu, G. , *Interaction and Second language Acquisition*, Beijing Language and Culture University Press, 2000, Beijing.

Masanauskas, J. , "Chinese Australians are sick of being labeled foreigners because of the way they look", *Herald Sun*, 9 August, 2012.

Richardson, D. , "Changing face of suburbs", 20 August, 2012, 5:46 pm Today Tonight. *Yahoo7.com/todaytonight* ""; August 20.

Singleton, D. & Lengyel, Z. , *The Age Factor in Second Language Acquisition*, Multilingual Matters, 1995, Clevedon.

Stansfield, C. W. , "Language Aptitude Reconsidered", *ERIC Digest*. ERIC Clearinghouse on Languages and Linguistics, 1989, Washington DC.

Swain, M. , "Three functions of output in second language learning", in Cook, G. , *Principle & Practice in Applied Linguistics: Studies in Honour of H. G. Widdowson*, Oxford University Press, 1995, Oxford.

Tarone, E. , Bigelow, M. , & Hansen, K. *Literacy and Second Language Oracy*. Oxford University Press, 2009, Oxford.

VanPatten, B. & Benati, A. G. , *Key Terms in Second Language Acquisition*, Continuum, 2010, London.

Tarone, E. & Liu, G. , "Situational context, interlanguage variation and second language acquisition theory", in Cook, G. & Seidlhofer, G. (eds.), *Principles and Practice in the Study of Language and Learning: A Festschrift for*

H. G. Widdowson, Oxford University Press, 1995, London.

Williams, M. & Burden, R. L. ,*Psychology for Language Teachers*, Cambridge University Press, 1997, New York.

附表:调查记录

说明：调查对象45人,是大学二年级和三年级以英语为母语的澳大利亚本地学生。因为注册人数较少而又缺少足够的教师,因此大学要求曾在中学学过VCE中文(澳大利亚维多利亚州中学12年级毕业证书)的2年级学生与进入大学后才开始学中文的3年级学生合班上课。此调查仅涉及本地以英语为母语的学生,不包括其他背景的同班学生。45人基本囊括了全部本地生。

被调查学生	1)你主修什么课程?	2)你为什么学习汉语?	3)你学汉语已经学了多久?	4)你打算毕业以后做什么?	5)你认为学汉语是否有必要?	6)你是否去过中国?	7)通过学汉语,你是否更了解了中国、中国文化?	8)你有没有跟在澳大利亚的中国人(包括在校中国留学生)说过汉语?
1	我主修媒体	我想去中国	中学3年,大学1年	当记者	要跟中国人说话	8个星期	一点儿	偶尔
2	我主修法律	我想去中国	中学3年,大学1年	当律师	要跟中国人说话	8个星期	一点儿	偶尔

(续表)

3	我主修语言学	我想工作,在中国或者澳大利亚	中学3年,大学1年	去中国教英语和在澳大利亚当老师	有必要	8个星期	不知道	一点儿(在中国饭馆)
4	我主修心理学	我想去中国旅行	大学2年	为慈善组织工作	一点儿	没去过	可能	一点儿
5	我主修语言学	我想学汉语	大学2年	没想好,可能去中国学汉语	对学语言学有帮助	没去过	中文很有意思	有时候
6	我主修市场学	我做电话推销,跟中国人谈话	大学2年	我主修金融,可能去银行	可能必要	没去过	可能	一点儿
7	我主修日语和汉语	我喜欢别的语言	中学3年,大学1年	外交官	非常必要	8个星期		有时候
8	我主修人文学	我喜欢了解别的人	大学2年	不知道;可能去中国。	一定	没去过		一点儿
9	我主修经济学	我要了解中国	大学2年	去中国的澳大利亚公司	我需要	没去过		一点儿

（续表）

10	我主修社会学	我喜欢帮助别的人	大学2年	可能去妈妈的公司工作	可能	没去过		有时候
11	我主修亚洲研究	我要去中国或者日本	大学2年	读Honours	有必要	旅行去过香港		有时候
12	我主修营养学	我喜欢中国	大学2年	在墨尔本找工作	可能	我也去过香港旅行		有时候跟妈妈的朋友
13	我主修语言学	我要教中国人英语	中学3年，大学2年	当老师	有必要	去过上海看朋友	了解一些	有时候
14	我主修亚洲学	我要去沈阳看我的女朋友，她是沈阳人	中学1年，大学2年	当英语老师	太重要了	去过沈阳教英文半年。	在中国我了解很多	常常说
15	我主修经济学	我想去中国工作	大学2年	可能去公司	有必要	没去过	一点儿	偶尔
16	我主修法律	我要去上海	中学3年，大学2年	当律师	一定有用	去过上海4个星期学法律	很多	有时候

（续表）

17	我主修政治学	我要了解中国	大学2年	读政治学Honours	有必要	没去过	一些	有一点儿
18	我主修亚洲学	我喜欢看中国	大学2年	读Honours研究生学位	有必要	没去过	一点儿	说一点儿
19	我修完了人文学；我在修政治学	我修完了人文学；我要研究亚洲	大学2年	读Honours	一定	去过上海8个星期学汉语	一些	说一点儿
20	我喜欢哲学；但是我主修法律	我要去看北京	大学2年	先去旅行，再找律师工作	需要	去过上海4个星期学法律	很多	有时候
21	我主修社会学	我喜欢中国文化	大学2年	可能去中国	很有用	没去过	一点儿	偶尔
22	我主修管理学	我家的店（公司）有中国人	中学3年，大学2年	当经理	我需要	没去过	一点儿	有时候
23	我主修金融	我打算去中国	大学2年	可能去澳大利亚的公司或者银行	一定	去过8个星期学汉语	一些	一点儿

(续表)

24	我主修饭店管理	我要跟中国人谈话	大学2年	在澳大利亚工作	一点,以后会很多	没去过	一点儿	有时候
25	我主修贸易	我要去中国看看	大学2年	去中国的公司或者澳大利亚的公司	非常有必要	没去过	一点儿	一点儿
26	我主修生化学 我喜欢语言。	我修生物学;我喜欢语言	中学的时候学过一点了,大学2年	去澳大利亚的公司	一定	没去过	一点儿	一点儿
27	我主修媒体; 我想写中国	我主修媒体; 我想写中国	中学3年,大学2年	我要去澳大利亚的媒体	一定得会中文	没去过	一点儿	有时候
28	我主修语言学	我想读教育学	大学2年	当老师	有必要	没去过	一点儿	一点儿
29	我主修政治;我想了解澳大利亚和中国的关系	我主修政治;我不想当政治家;我想了解澳大利亚和中国	大学2年	研究中国	很重要	去过上海8个星期学汉语	一些	一点儿
30	我修会计	我要管中国人的钱	中学3年,大学2年	在澳大利亚当会计	不必须,但会中文很好	没去过	一点儿	一点儿

(续表)

31	我主修考古学	我要去中国考古	大学2年	研究考古	一定必须	没去过	一点儿	偶尔
32	我主修公共卫生学	我要看中国人	大学2年	帮助中国人	有需要	没去过	一点儿	偶尔
33	我主修政治	我想去中国	大学2年	读Honours研究中国	有必要	没去过	一点儿	一点儿
34	我主修亚洲学	我要跟中国人谈谈（话）	大学2年	可能去中国	有必要	没去过	一些	一点儿
35	我主修媒体	我想写文章（报道）中国	大学2年	去中国看看，以后找工作	一定要	没去过	一点儿	有时候
36	我主修法律	我想去上海或者香港工作	中学3年，大学2年	当律师	差不多，越来越重要	去过上海4个星期法律实习	一些	一些
37	我修电脑工程学	我喜欢中国人	大学2年	当工程师，去中国旅游	我不知道，我想有必要	没去过	一点儿	一点儿
38	我主修教育学	我要教小孩子	中学3年，大学2年	当老师	有必要	没去过	一点儿	一些

（续表）

39	我主修国际关系学	我想了解中国	中学3年，大学2年	读Honours	一定学中文	小的时候去过	一些	一些
40	我主修人文学	我要去中国看看	大学2年	看看中国，可能找到工作	可能需要	中学的时候去过	一点儿	有时候
41	我主修汉语	我认识一个中国人，我们相爱	大学2年	去中国当老师或者做生意	我要会中文，不会中文以后有麻烦	去过半年，在一个中学教英文	很多	常常说
42	我主修汉语；	我要去中国	中学3年，大学2年	去中国或者去澳大利亚的公司	一定必须	去过上海8个星期学汉语	一些	一些
43	我喜欢中国的东西（文化）	我喜欢中国的东西（文化）	中学2年，大学2年	可能去我妈妈的公司；管理家务（行政事务）	有必要	没去过	一点儿	一点儿
44	我主修英语和汉语	我想当翻译	中学3年，大学2年	当老师或者当翻译	非常需要，一定得回中文	去过上海8个星期学汉语	一些	有时候
45	我修化学	我爱中国人	中学3年，大学2年	找澳大亚的公司	我想有必要	没去过	一点儿	一点儿

澳大利亚 Monash 大学中国留学班(上海班)学生需求分析调查报告[①]

An Analysis of Student Learning Demand Survey for Monash Chinese Incountry Program (Shanghai)

张　忻(Xin Zhang)
中国上海外国语大学
洪历建(Lijian Hong)
澳大利亚 Monash University
徐　慧(Hui Xu)
澳大利亚 Monash University

提要　从上个世纪中期开始的教育全球化,使跨国教育成为21世纪国际教育的重要特征,其中语言教学更是一马当先。世界上许多重点大学都开办了各种形式的跨国语言教学课程。

---

① 本文基于2011-2012年Monash大学国际汉语中心对该校中国留学班所做的一次调查。上海外国语大学张忻和Monash大学洪历建、陈志群组织了这次调查。澳大利亚Monash大学国际汉语中心资助了调查。张忻在调查的基础上作了一次学术报告。陈志群记录、整理了录音。本文结合张忻的报告,对该调查的第一次统计结果做出分析。本文由张忻、洪历建、徐慧合作完成。

这种教学模式同上个世纪加拿大的浸入式教学有一定的相同之处，都比较重视学生在目的语国家学习语言。另一方面，中国自20世纪八九十年代以来，也积极在全球招收学生到中国高校学习。国家汉办更是提出，要在未来十多年的时间里，使在华学习的外国留学生人数翻一番。但是，就汉语教学来讲，在目的语国家和在本土学习汉语有什么不同之处？教学计划和教学大纲应该如何制定？测试方法应该基于什么标准？这些都是亟待解决的问题。本文以在中国成功举办了十年的澳大利亚最大的Monash大学中国留学班为例，通过对学生需求的调查，探讨目的语国家汉语教学中的一些值得思考的问题。

关键词 目的语国家汉语学习 短期中国留学班 目的语国家汉语强化班教学 学生需求调查 Monash大学中国留学班

一、前　言

20世纪中期开始的教育国际化，使跨国教育(Transnational Education)逐渐成为国际化时代高校教育的重要组成部分。世界各国的重点高校几乎都设立了与他国高校合作办学的项目。在各种跨国教育的国际合作中，语言教学是最活跃的一类。就国际汉语教学活动而言，组织学生参加中国留学班已成为海外高校汉语教学的重要组成部分。2001年开始的澳大利亚Monash大学中文系国际汉语交流中心与上海外国语大学合作举办的中国留学班(Chinese Incountry Program)是Monash大学中文系汉语教学国际化的一种新的尝试。与澳大利亚其他高校中文系的同类中国留学班的情况不同，Monash大学不是采取将学生送到中国、参加中国高校的对外汉语课程的方式，而是由澳方负责提供与Monash

大学中文系使用的完全一样的教材、教学大纲、教学计划、测试方法和测试标准,由中方严格按照澳方的要求和标准实施教学与组织测试。考试成绩由澳方最后审定,考试及格者将获得 Monash 大学的学分。通俗地讲,这是一种国际汉语教学的"来料加工"模式,即:中方院校按外方院校的标准"加工生产"符合外方标准的学生。这样做的目的,最初是要保证 Monash 大学中国留学班能够严格按照澳大利亚高校的规定实施教学,从而使考试合格的学生有资格获得 Monash 大学中文系的学分。并且,使中国留学班的各年级课程能够与 Monash 大学更高一级的相关汉语课程衔接,有利于学生在完成留学班的课程之后,回到 Monash 本部继续学习汉语,这就保证了学生学习汉语的连贯性。此外,这种模式"采用学生熟悉的教学安排、测试方式和评分标准,大大减轻了学生的心理负担,有利于学生集中精力完成学业"(王、洪、徐,2011,p.170)。迄今为止,"来料加工"这种方式在 Monash 大学和上海外国语大学的汉语教学国际合作是必要的,也是非常成功的。十年来,累计有一千多名澳方学生参加了这一留学班,留学班成为目前澳大利亚高校中规模最大、也最成功的汉语短期留学班。同时,该留学班也成为 Monash 大学中文系汉语教学的重要组成部份。Monash 大学中国留学班的成功得到了澳大利亚教育部高校质量审计局(Australian University Quality Agency)的高度认可。2006 年,审计局认为,Monash 大学中文系国际汉语交流中心的中国留学班"为 Monash 大学在不同的条件下办学提供了一个有用的模式"。①

---

① "Australian University Quality Agency: Report of an Audit of Monash University, 2006" http://opq.monash.edu.au/mqu/audit/audit-report-monash2006.pdf, p.167, accessed on 07 Oct., 2012.

应该指出的是,在肯定中国留学班的成功的同时,我们也必须认识到,从非目的语国家到目的语国家学习汉语,完全不同的社会、文化、语言环境,会使汉语的教和学都出现巨大的差异。首先,与澳方大学的正常学习时间相比,中国留学班是一种短期的强化训练。它要求学生在三周时间里完成澳方大学一个学期的汉语课程,因此,语言学习的积累时间太短,学生感到没有足够的时间来消化所学的知识,完成作业的时间也太少;老师也感到完成教学计划的时间很紧张。其次,Monash大学的汉语教学计划是根据澳大利亚高校汉语教学条件和非目的语国家汉语学习情况来制定的,无论是它的教学内容、教学方法、教学进度、测试方式和考试标准,都不一定适合学生在目的语国家学习汉语的实际情况;第三,在另一方面,学生来到目的语国家后,语言学习资源极为丰富,远远高于非目的语国家,如何充分利用目的语言环境,使学生能够更多地从中获益?这也是一个值得研究的问题。当Monash大学的中国留学班由一个试验型的目的语国家汉语强化班而逐渐成熟,成为一个常规性的短期语言强化班后,如何根据目的语国家语言教学的具体特点、非教条地维护非目的语国家教学规定,根据留学班的具体情况创造性地改进现有教学模式,为学生提供更有利的目的语国家短期汉语教学课程,这是对中澳双方汉语教学的一个挑战。为此,在Monash大学国际汉语中心主任洪历建的主持下,中澳双方根据这十年的教学情况,制定了一系列的调查问卷,希望能从学生的需求、对留学班的评价等方面入手,探讨今后对留学班的教材、教学计划、测试方法等进行改革的可能性,并为改革提供一些可供参考的数据,以便使学生和教师都能更加充分地利用汉语目的语国家的社会、文化及语言环境,同时又能更加合理地与澳大利亚本土的汉语教学相结合。

二、问卷设置、说明和问卷分析

该调查进行了三次。第一次是对学习者需求的调查,调查的目的是为今后的改革提供一些参考数据。主要是在教学改革方向上,应当如何充分利用汉语环境,同时又能更好地同澳大利亚的教学体系衔接起来。第二次调查是在留学班头三周课程结束时进行的,主要是调查学生对教学的满意度。第三次是在六周结束时进行。所有调查都采用问卷形式。为了帮助学生准确地回答问题,问卷采用汉、英两种语言。本文主要根据第一次调查,分析、讨论调查的统计结果。

第一次调查在留学班开学后的第一周进行。我们利用正式的课堂教学结束后的课后小组辅导时间,由小组辅导老师解释问卷中提出的问题,回答学生的疑问,然后由学生匿名回答问题。第二次调查在留学班头三周(相当于澳大利亚本土课堂教学的第一学期)结束前进行。学生回答问题的方式与第一次调查相同。

第一份问卷共有四个问题。第一题有七个选项。其余三题各有六个选项。第一题主要是关于言语技能方面的学习需求调查。第二题是基于课堂环境的关于教学内容(包括语言要素、文化和交际技能)方面的需求调查。第三题是基于中国留学大环境的关于教学途径和学习方法方面的需求调查。第四题是关于考试评估方面的需求调查。(调查问卷附后)

每一个问题下面各有六个数据表。表一是该题1—4级学生回收问卷的总体数据。表二是该题重要性排序前三位的总体统计数据和汉语水平分层级的统计数据,目的是通过学生人数所占百分比,具体直观地了解学生对各选项的重视程度。表三到表六是该题的分层级数据,目的是得出该题各选项的重要性排序。

调查表中的排序是按学生对该问题的各选项重要性排序打分计算后得出的。统计的计算方法是:按需求的重要性,排位第一位的是需求最高的,得7分;排在第七位的需求最低,得1分。这样:第一位得7分;第二位,6分;第三位,5分;第四位,4分;第五位,3分;第六位,2分;第七位得1分。第七个选项是"其他"。在实际调查中,很少有学生选第七项。举例来说,如果学生在填表时把"听"放在第一位的有8人,那么该项得分的总数就是:8×7=56分;把"听"的需求放在第二位的有35人,即:35×6=210分;放在第三位的有6人,该项的总分就是6×5=30分,放在第四位的有14人,该项总分就是:14×4=56分;第五位10人得30分;第六位7人得14分。第七位没有人选,得零分。以此算来,"听"这个选项共得分:56+210+30+56+30+14+0=396。

具体来说,第一次调查的主要目的是想了解学习者的需求。问卷一共提出四个问题,每个问题下面的选项数量是不等的。问卷要求学生用数字表明每个问题的重要性。学生必须根据问题,按选项的重要性,从7到1,排出顺序。如果学生认为这几个选项不能囊括他们所需,还可以填写"其他"栏。如果回收的问卷没有标顺序的话,就只能算是无效问卷。如果没有按要求全部都选的问卷,也只能算是无效问卷。回收上来的问卷里面有80份是有效的。有十几份虽然按要求标出了重要性的顺序,但没有全选,也就只能算是半有效了。目前的统计没有把这些半有效的问卷记入在内。

第一次调查问卷的第一个问题是:"你最希望在中国留学班提高哪方面的汉语能力?"这个问题是希望了解学生在各项

语言技能方面的学习需求。我们在通常的语言四大技能，即："听"、"说"、"读"、"写"之外，特别加上了"译"。这是因为，作为二语学生来说，比较熟练地在两种语言之间进行转换，应该是他们的一项基本技能，也是同母语教学最不相同之处。除了语言技能之外，我们还特别加入了"跨文化交际的技能"的选项，以突出实际交际能力在语言教学中的重要作用。

调查问卷的第二个问题是："你最希望中国留学班的老师在课堂上给你什么样的帮助？"这个问题是对各项教学内容需求的调查，也就是学生对"语言要素"（发音、词汇、语法）、"文化知识"和"交际技能"三大教学内容的需求。如果说第一题是希望了解学生对语言教学的一般需求，那么，本题是希望了解学生对教师教学的需求。我们当然还可以列出很多其他需求，但这将会使问卷变得比较复杂。这里列出来的几项，实际上也跟留学班目前的教材、教学计划、测试标准等有关。因为一般来讲，无论是澳大利亚本土的汉语教学，还是目的语国家的汉语教学，教学内容目前主要还是围绕解决学生的汉语语言能力、中国文化知识理解能力和实际交际能力的问题。

问卷的第三个问题是："你觉得在中国的环境里学习汉语，什么方法更加有效？"在这里，我们列出了：1、集中强化的课堂教学；2、课后小组个别辅导；3、结交中国朋友；4、在课堂和日常生活中尽量多用汉语；5、丰富的课外活动，比如参观游览等；6、其他。第三个问题比较重要，因此需要详细解释一下。

我们知道，和本土汉语学习相比，语言学生到目的语国家留学的最大的长处就是语言和文化学习的环境无处不在、无时不在。只要安排得当，学生应该有多种学习的途径和学习的方式。提出这个问题的目的，是希望从学生那里了解到，留学班应该如何更加充分地利用目的语国家的语言和文化环境，更加充分发挥目的语国家的汉语学习的各种优势。在这个问题里我们列出了几种方式。其中,第一、"集中强化的课堂教学";第二、"课后小组个别辅导",这两项都是比较传统的、正规的课堂教学方式。这里需要说明的是,Monash 大学中国留学班自 2001 年开始和上海外国语大学合作办班以来,一直按照 Monash 大学中文系的集中课堂教学模式。然而,与澳大利亚本土课堂教学模式不同之处在于,因为留学班需要在有限的时间内完成全套教学大纲和教学计划(三周完成本土汉语教学一个学期的课程,六周完成两个学期的课程),所以不能不采用短期强化的教学形式。如上所说,这种教学方式一方面是为了使参加学习班的学生在规定时间里完成规定教学任务,以便有资格获得 Monash 大学的学分;另一方面也是为了使留学班的教学可以和澳大利亚本土的汉语课程实现无缝对接。但这种强化语言教学使学生消化教学内容的时间大大缩短。过去十年的经验表明,无论是老师还是学生,至少在开学初期的一两周都会为赶进度而叫苦连天,尤其是初学者会感到很不适应。但是另一方面,我们也发现,经过初期的担心、焦躁之后,大部分学生很快都会安定下来,而且随着时间的推移,会越来越喜欢留学班。除了留学国外、在完全不同的教学氛围里学习的新鲜感会使学生兴奋而外,从教学上看,由于学生是在目的语国家学习汉语,学生接触的语言资源丰富,远超本土的汉语教学。其次,参加留学班的学生在学习期间,除了汉语课,没有任何其他课程,因此,总的学习负担并不一定就比在澳大利亚本土学习时的负担重;相反,学生在留学班学汉语时,精力集中,进步快,学习效果明显超过在本土学习。除此之外,为了帮助学生在有限的时间内消化教学内容,上海外国语大学特地为 Monash 大学留学班中低年级的学生配备了大批汉语教学辅导员,在规定的课堂教学课时外提供以一两个学生，最多三四个学生为一组的课后辅导。由于人力、财力方面的原因，这在澳大利亚本土教学中基本上是不可能的。这也是为什么留学班的汉语学习虽然高度强化，但实际教学效果并不差，留学班因此而深受学生欢迎的重要原因之一。问卷需要了解的，就是学生对集中强化的课堂教学和课后小组辅导的看法。

问卷列出的第三种学习方式是"结交中国朋友"。对Monash大学中国留学班来说，这个问题同第二个问题有密切关系。因为小组辅导的老师一般都是对外汉语专业的在读研究生，他们除了具备一定的对外汉语教学知识外，还与留学班学生的年龄相仿。在参与Monash大学中国留学班的辅导过程中，不少人与自己的外国学生结成了密切的朋友关系。也有不少Monash大学的学生通过自己的辅导员结识了更多的中国朋友。这些中国朋友对留学班的学生不仅仅给与了学习和生活上的帮助，很多Monash大学的学生在完成学习，回到澳大利亚以后，仍然和自己的中国朋友保持密切的联系。这对他们今后继续学习中文、了解中国文化都有很大的帮助。另一方面，在参加Monash大学中国留学班的学生中，不少是澳大利亚本土和来自东南亚诸国的华裔学生。而且，无论是澳大利亚非华裔背景的学生还是华裔学生，由于他们在Monash大学的主修专业各不相同，在参加留学班之前，他们基本上互不相识。留学班为这些学生提供了一个相互了解的机会。留学班结束回到澳大利亚后，这些同学一般都会继续来往，这样就使非华裔背景的学生更容易融入到当地的华人社区，为他们今后的汉语学习提供了方便。一直以来，Monash大学在国家汉办主办的世界大学生"汉语桥"比赛中成绩优异，其原因之一就是每一个参赛的非华裔学生周围都有一些中国朋友或澳大利亚的华人朋友。其次，我们知道，沟通不仅仅需要语言，同时也是文化和人与人之间的交流。这不仅仅是课堂上的学习，更是实际生活中的学习。学习语言文化的最终目的是为了交际，但人们日常生活中的交际问题，无论是语言上的还是文化上的，很多是课堂上学不来的，需要学生在实际生活中自己去观察、体会和提高。到目的语国家学习这个国家的语言的巨大优势在于，学生不仅仅是在课堂上学习有关的语言文化知识，还有机会浸入到目的语国家的语言文化环境中去学习。从日常生活中和与当地朋友交往中，可以学到课堂上学不到的东西。第三，如果我们仅仅依靠课堂教学，那么，学生无论是在目的语国家学习，还是在本土学习，都不会有太大的区别。但是一旦离开课堂，通过结交朋友到社会中去实践，留学班的学生就会发现，在澳大利亚结交的华人朋友和在中国结交的中国朋友在语言、文化上有许多不同之处。这对于学生从多元的角度理解汉语和中国文化，加强他们对国际汉语概念的认识，显然会有帮助。问卷是想了解学生对结交中国朋友这种提高实际交际能力的方式的重视程度。

第四个列出的学习方式是："在课堂和日常生活中尽量多用汉语"。这个问题涉及的是学校小课堂和社会大课堂之间的关系，以及二者如何结合的问题。前面提到，Monash 大学的中国留学班是一种短期强化语言教学班。如果仅仅从课时（contact hour）来看，三周上课的时间完全等同于澳大利亚本土同等级别的汉语课程一学期（十二周）的教学量。但如果仅仅依靠课堂教学时间，依靠这种每天、每周连续上课的教学模式，不仅会使学生感到巨大的压力，容易产生厌倦情绪，更重要的是，学生在课堂上学到的知识没有足够的时间来消化，学习效果就会受到一些影响。在这种情况下，利用目的语国家丰富的语言文化资源，鼓励学生在日常生活的实践中体验教学内容，验证课堂学习成效，从而进一步提高课堂教学的效果，这应该是弥补短期强化班不足之处的有效手段。事实上,参加 Monash 大学中国留学班的学生,有的汉语水平提高很快,相当重要的一个原因就是这些同学不拘泥于课堂教学,他们积极参与当地的文化、社会生活,和自己的中国朋友一起看电影、演出,到网吧上网,到商场购物,到餐馆吃饭,到邮局寄包裹,到银行取钱,买电话卡等,他们在日常生活中随时学习、领会汉语在实际生活中的具体使用方式。

第五个列出的学习方式是"丰富的课外活动,比如参观游览等"。语言既是文化的反映,同时又反映文化。要学好一种语言,必须了解与这种语言密切联系的文化。到中国留学最大的好处,就是可以为学生提供反映中国文化的种种活动,帮助学生理解汉语及其表达方式背后的文化内容,帮助学生不仅从语言上学习汉语,更要从文化上理解汉语,考量学生对汉语的文化敏感度(cultural sensitivity)。为了实现这一教学目的,Monash 大学中国留学班从一开始就和上海外国语大学国际交流学院一起,精心选择了一批与留学班汉语教学有关的文化活动,并将它们包括在留学班的教学计划中。参加留学班的学生不仅要完成语言学习活动,同时还能利用留学中国的机会,参观访问上海及周边城市的文化古迹和展览,观摩文艺演出,全方位地了解中国和留学班所在城市的历史、社会和文化。尽管这些活动要占用学生一定的学习时间(三周中有两次活动),但这种有组织的文化体验活动仍然很受学生欢迎。

问卷的第四个问题是:"你觉得中国留学班的考试最好能够反映什么?"这是一个比较重要的问题。从上述的介绍可以看出,Monash 大学中国留学班是一种新的教学方式。它在严格按照 Monash 大学本土汉语课程的要求来教学的同时,还要根据中国留学班的具体情况,尽量为学生的语言和文化学习提供一种有别于本土课堂教学不同的教学模式,而学生获得实际的语言、文化知识及交际能力的渠道也大大有别于本土的汉语课堂教学。很显然,在这种情况下,传统的、以课堂教学为主的语言教学测试方式不一定能测试出留学班学生真实的语言能力和交际能力。要对目的语国家留学班的教学进行改进,使其更能发挥出目的语国家语言学习的优势。如何测试学生获得的实际语言交际能力和文化理解能力,就是一个需要认真考虑的问题了。传统的测试包括课堂测验、期末考试、口试、笔试等,这些固然是测试学生学业的重要手段。但是,与其让学生在课堂上学习如何邮寄包裹,不如让学生亲自跑一趟邮局,把包裹寄回家去。当然,传统的测试方式可以通过课堂上的口试或笔试给学生打分,判定学生的发音、语法、词法的准确度是多少,以此判断学生是否"掌握"了到邮局寄东西。而要求学生亲自去邮局寄包裹并以此来测试学生的语言能力、交际能力和处理实际问题的能力,就很难有一个量化的评分标准。基于这样的思考,Monash 大学中国留学班和上海外国语大学的老师都认为,传统的考试方法对于中国留学班这种教学模式来说不一定完全合适。我们希望通过学生对这个问题的回答,找到一种更合适的测试方式,以便引导、鼓励学生利用在目的语国家学习的机会,更多地从社会实践中提高自己实际的语言交际能力。

在这个问题中,我们列出了四个选项要求学生回答。从这四个选项中,我们希望了解学生对考试、评估有些什么样的需求。也就是说,他们认为留学班的考试重点应该在什么地方。这四个选项的第一项是:考试最能反映"你从课本中学到了什么"。如果一个学生认为考试就应该考他学习的书本知识,他很可能会在短短的几周留学期间把大部分时间花在学习课本上,反正老师出的考题都是从书本上来的。你考什么我就学习什么。如果是这样，有可能会使学生即使到目的语国家留学，也缺乏从实践中增长自己的实际交际能力的愿望和机会。

第四题的第二个选项是：考试最能反映"你从课堂上学到了什么"。这个选项和第一个选项相同，它们提出的问题是：在留学期间，注意力是否应该放到课堂学习和老师的讲课内容上。当然，设立以上两项的目的并不是要否定课堂教学。实际上，老师在课堂上的教学，也会给学生提供一些超出课本知识的东西。学生重视课堂教学的积极意义在于，它有助于学生重视和老师的交流与互动。

第三个选项是：考试最能反映"你从实际生活中学到了什么？"中国留学班与 Monash 大学中文系的本土课堂教育最大的区别在于，留学班为学生提供了本土课堂学习无法提供的现实生活大课堂。我们希望学生明白，要想在短期强化班取得汉语学习的最大效果，就不能仅仅依靠每天几小时、每周五天、每期三个星期的课堂教学。学生必须学会从实际生活中学习和提高自己的语言交际能力。这个选项是希望了解参加留学班的学生是否意识到了这一点，是否希望留学班的考试所测试的，不仅仅是他们的书本知识，同时也包括他们在实际生活中运用语言的能力。如果学生对这个问题比较认可，那么，下一步，我们就需要考虑如何改进我们的教学安排和测试方式，使教学至少能包括一部分语言和跨文化交流实际能力的内容，使考试至少能部分反映学生在实际生活中学习和提高自己语言交际能力，以及观察、研究中国社会、文化的实际能力。

最后一个选项，考试最能反映"你用汉语进行交际的能力"，同上一个选项密切联系，只是更加明确、强调学生使用汉语进行交际的能力。

以上就是我们第一次调查的内容。

三、调查统计各项问题的结果分析

从对第一次的调查数据的统计分析,可以看到一些非常有意思的现象,这些现象是值得在改进留学班的教学时认真考虑的。

1. 第一题统计分析结果:

第一题的问题是:"你最希望在中国留学班提高哪方面的汉语能力"?它列出几个选项:
1. 听
2. 说
3. 读
4. 写
5. 译
6. 跨文化交际
7. 其他

从统计结果看,跟传统的听、说、读、写顺序不同,学生对"说"的需求是最强的。对"听"的能力的需求排在第二位;提高"读"的能力的需求排在第三位;排在第四是"写"。第五是"译"。对"跨文化交际能力"的需求排在最后。如果只看这个顺序,可能还不能很好地说明问题,我们需要再把按需求重要性排在前三位的各项调查的具体人数和他们占调查总人数的百分比来进行比较。统计显示,把"听"按顺序排在前三的,也就是比较重要的地位的,有49人,占总人数的61%;"说"占了有75%的人数,也就是有60个学生把"说"列入了他们认为是重要的需求。选择"读"是前三个最重要的需求的,占总人数的

60%，也就是48名学生。这样排下来，我们可以看出，无论是按参加调查的总人数，还是按前三个优先需求的人占总人数的比例，"说"、"听"、"读"的顺序都是一致的。这样就可以认为，就Monash大学中国留学班的学生来说，对语言技能的需求基本是按"说"、"听"、"读"、"写"、"跨文化交际"的顺序来排列的。

我们知道，不同汉语水平的学生对语言和交际技能的各项能力的需求也是不同的。所以，我们应该根据统计结果，看一下处于汉语水平不同层次的学生对"听"、"说"、"读"、"写"、"译"等各项语言技能的需求有什么差别。这样，今后在对课程进行改革的时候，就可以有针对性地对不同汉语水平的学生的教学做一些调整。目前的数据可能还不够准确，但也可以看到一些比较有意思的现象。比如说，就"听"的需求来说，统计分析显示，语言水平比较低的学生对"听"的需求更强烈一些，而语言水平比较高的学生对"听"的需求就会降下来。

这里面有一个因素需要考虑，即：参加中国留学班的学生在中国上课时，无论是主讲老师，还是辅导老师，都是以汉语为母语的中国老师，他们既不同于Monash大学非华裔背景的澳大利亚老师，又不同于具有相当程度英语的澳大利亚华裔老师。中方老师在和来自澳大利亚的学生，尤其是低年级学生交流时，除了语言上的沟通问题，师生双方在教学理念、教学方法和文化认同方面，会有一些差异。这也可能导致低年级学生把"听"的需求排在前面。

统计显示，按照学生汉语水平从低到高，对"听"的需求从90、88、70，一直降到42。到了程度比较高的第四级，学生对"听"的需求就降得非常厉害。同样，汉语水平较高的学生对"说"的需求也已经不那么强烈了。换句话说，到了第四级，大部分学生需要提高的是另外的能力。这是否表明，具有较高汉语水平的学生到中国来,不需要太强调提高"说"的能力？再看"读"的能力的需求。数据显示,按学生汉语水平从低到高,统计分数分别是77、52、28、73,到第四级也就是高年级的学生对"读"的需求又升上去了。联系上面有关"听"的统计数据,我们可以看出,高层次学生对"听"的需求的下降,是因为他们对"读"的需求提高了。事实上,这种变化与留学班高年级使用的教材也有关系。Monash 大学中国留学班第四级用的教材和其他低年级的教材不同,不是《当代中文》这个系列的教材,而是吴中伟编的另外一套汉语教材《拾级汉语》的高级部分。这套教材包括了很多类似中国社会概况这样的课文,内容更具有话题性,对学生的阅读能力要求也相应较高,因此,可以理解为什么高年级的学生对阅读的需求会大大上升。

再来看对"写"的需求。从统计结果来看,汉语水平比较低的学生对"写"的需求不那么强烈,但水平较高的学生对此的需求就比较强了。这个问题尤其值得留学班重视。因为,低年级的学生到中国来后,每天与各种人打交道的机会大大增加,口语是实现与目的语国家的各种人——从上课的老师、辅导员,到课外的超市售货员、街边小贩等——进行交际的最重要的技能。而"写"的功能基本上只是在课堂上和做作业、考试时会用到。而汉语水平较高的学生因为需要完成几篇论文,而且,这些论文在学生总成绩中所占的比例较大,所以,高年级学生不能不重视"写"。当然,另一方面,高年级学生一般已经具备了基本的口语交际的能力(听和说),对"读"和"写"这种比较难的技能,就有更高的需求。

然后是"译"。调查统计结果显示,第一级的学生只有4名提出有这方面的需求。第二级的有24名,第三级有50名。到了第四级稍微减少一些,但也有47名。从整体上可以看到,一、二级的学生对翻译的需求是比较低的。三、四级的学生需求比较高。按理说,尽管"译"在语言能力中的排位可能低一些,但无论是哪个级别的学生,都应该重视"译"在双语教学中的重要作用。统计数据有可能说明,在目前的教学中,无论是教材还是教学大纲,无论是教师还是学生,对双语教学中"译"的特殊意义重视不够,没有从一开始就培养双语学生对二语学习中"译"的重要性的认识,基本上还是遵循传统的语言教学的模式,用教授单语学生的办法来教授二语学生。

二语学习的最终目的是为了与目的语国家的人的交往,而跨文化交际除了语言能力外,需要对目的语国家的社会、文化、历史等等有一定的了解,也需要对跨文化交际具有一定的敏感性的意识。从另一方面讲,语言学习本身就是一种文化的学习,学习语言的过程,就是学习文化的过程。学生从开始学习二语时,就应该逐步建立起对不同文化之间差异的敏感性的意识。目前的调查统计显示,学生对"跨文化交际"能力的需求方面,第一级的学生需求比较低,以后的几个层次的学生,这方面的需求就相应比较高。这可能是因为学生还没有认识到语言和文化的关系,还把语言的学习和对文化的了解看成是分裂的两个方面,认为在语言学习没有达到一定程度时,是无法了解文化的。学生的这些想法,其实和我们的教材内容、教学重点和方法,教师对跨文化交流的理解程度有关。尤其重要的是,教师应该对学生的语言和文化有比较深入的了解,这样,才能在课堂教学中引导学生重视跨文化交流的问题。

2. 第二题统计分析结果:

第二题的问题是:"你最希望中国留学班的老师在课堂上给你什么帮助?"这道题是希望了解学生对课堂教学的需求,这

个问题的排序涉及到课堂教学中的语言结构。调查表包括六个选项:

1. 纠正发音
2. 讲解词汇用法
3. 讲解语法
4. 介绍中国文化
5. 练习交际性活动
6. 其他

前三个选项基本上是涉及语言学习的基本要素的问题;第四个涉及文化;第五个是实际的交际活动。

调查统计结果显示,学生对基本的语言结构方面的教学都需要。可见,即使到了目的语国家留学,有大量的文化和社会实践,学生依然非常重视语言本身的学习。除了课堂以外的实践而外,他们仍然需要课堂上的基本教学,比如,"纠正发音",这个需求是排在第一位的,然后第二是"词汇",第三是"语法"。这一排序和一般语言学习的顺序是一致的。

"文化"和"交际"的排序比较有趣,调查统计显示的是"交际"在先,"文化"在后。这可能同调查表问题的提出方式有关。在表中,我们提到的"文化"是介绍"中国文化"。所以,学生很可能把这个"文化"看成是一种泛泛的、知识性的中国文化,类似于常识性的东西,而没有把它看成是和汉语语言学习有关的中国文化。这样,学生可能在这方面的需求就不是很强烈。

再看看调查表中前三位选项的排序。统计显示,按重要性排序占前三位的选项,"发音"仍然是第一位,"词汇"第二,"语法"第三,"交际"第四,"文化"排列第五。但是,我们注意到这里面需求的比例,学生对"文化"的需求已经在50%之下,其他的选项都在50%之上。这样看来,学生对"文化"的需求好像并不强烈,但是对交际技能的需求还是比较强烈的。这当然也可能是因为学生来到目的语国家后,实际交际的机会大大增加,因此需求也相应提高了。而对文化的需求,也可能和我们在教学中没有特别强调语言与文化之间的关系有关。问题在于,如果我们在目的语国家教授汉语,仍然像本土汉语教学那样,不鼓励学生多实践,不重视学生交际技能的提高,不鼓励学生在实际生活中去体会不同的文化,那么,目的语国家的汉语教学和本土的汉语教学又有什么区别呢?所以,如何改进留学班的汉语教学,如何在目的语国家加强文化的教学,"语言就是文化"这样一个概念如何在目的语国家的汉语教学中体现,这些都是需要认真考虑的问题。

我们再来看按学生汉语水平分级的统计结果。统计显示,所有学生对"发音"的需求都非常强烈,而第一级的学生对发音特别重视。Monash 大学中国留学班一到四级的学生,绝大多数是以英语为母语的。与亚洲国家的汉语学生不同,澳大利亚学生的发音受英语影响,他们尤其是对汉语四声的掌握比较困难。我们说,许多外国人说汉语时"洋腔洋调",其实是说他们的汉语发音受英语影响。这是我们在教学中特别要重视的一个问题。

很有意思的是,对第一级的学生来说,学生对"交际"的需求强过对"语法"的需求。调查表提问的方式是"练习交际性活动"。学生对这方面的需求强过对"语法"的需求。这是否可以说明,在刚开始学语言的时候,学生对语法不是很感兴趣。可能是因为他们对汉语知识的积累太少,语法对他们来讲,比较抽象。实际上,澳大利亚自从 20 世纪中期以来,中小学的英语课一般都不教授语法。学生对自己母语的语法都不甚了解,如何又能懂得汉语的语法呢?Monash 大学中国留学班曾经出现过这样的事:学生上课时学会了汉语语法和一些汉语语法词汇,知道"主语"、"谓语"、"宾语"、"形容词"、"副词"等。考试时,低年级试卷的指令语言是英文,试卷要求学生指出句子里的 Subject(主语)、Object(宾语)、Verb(动词)、Adjective(形容词)等,学生抱怨说,他们不懂这些英语词汇是什么意思。如果教师在讲解语法时着重强调汉、英语法的相同与不同之处,对提高学生对汉语语法的兴趣是大有帮助的。

学生既然来到中国,总是希望能用汉语与当地人沟通,否则,他们在生活和学习中会遇到很多困难。学生非常想加强"交际"方面的训练,因为这是到中国来学习和生活时比较实用的技能。与人对话时,别人的话他听懂了,他说的话别人也听懂了,学生自然就十分高兴,大受鼓舞。尤其是对低年级的学生来讲,到目的语国家学习汉语时,汉语的日常实际应用似乎比汉语的语法知识更为重要。在现实交际中,理解对方的意图并不完全靠语言,还有很多非语言的因素有助于特定语境下的交流。在目的语国家留学,如何利用有限的语言能力进行交流,如何在日常社会实践中提高学生尤其是低年级学生的语言能力和交际能力,是目的语国家语言留学班应当重视的问题。

再看汉语水平第二级的学生。处于第二级的学生对"语法"的需求增强了,而对"词汇"的需求下降。这个结果值得研究,究竟是这一级别的学生自身的需求发生了变化,还是因为留学班第二级的教学大纲增加了语法方面的内容而使学生更加重视语法?在文化知识需求方面,统计显示,第二级学生同第一级的学生一样,总体上来说,对"文化知识"的需求似乎并不强烈。

但是,到了汉语水平处于第三级的学生,他们的需求又发生了变化。第三级的学生对"词汇"、"语法"以及"文化知识"的需求都很强烈,而对"发音"的需求则排在后面。如何解释这种现象呢？是不是第三级的学生自认为发音不再是汉语学习中的一个问题了？或者，经过两年本土课堂的汉语教学，学生的汉语发音问题一般都解决了？还是相较于其他需求，学生自认为发音不是一个重要问题了？这是一个需要进一步研究的问题。至少我们目前还不能很好地解释第三级学生的排序。

最令人奇怪的是第四级的排序。调查显示，到了第四级，学生对"发音"的需求反而又提高了。一个可能的原因是，Monash大学第四级的学生中，除了部分人是本校中文系低年级升级上来的学生而外，有相当一部分是来是其他国家的华裔学生。这类学生如果想获得Monash大学中文系的汉语主修证书，一般都是从第四级开始，经过五、六级和其他两门汉语辅修课程的学习后，方可获得汉语主修证书。而这类学生中相当一部分人具有一定的汉语方言能力，但他们的普通话发音不标准，在和目的语国家的人交流时，会因为自己的发音而出现问题，因此，他们需要提高自己普通话发音的准确性。另外一个值得注意的统计结果是，第四级学生对社会交际性活动的需求也下降了。是否因为这些学生大多具有华人背景，且有不错的汉语交际能力，因而他们不认为社会交际是个问题了呢？还有一个值得注意的情况是，根据我们的观察，一些有海外华人背景的学生在同当地人交往时，往往不愿意说汉语而说英语。问其原因，他们的答复是，因为自己有着华人的外貌特征，汉语发音却不标准，说汉语就有可能会被人耻笑；如果说英语的话，别人会以为他们是日本人或韩国人，反而会受到尊重。当然，也有少数华裔学生为了表现自己比国内同胞高一等，特意不说汉语而说英语。

3. 第三题统计分析结果

第三题是："你觉得在中国的环境里学习汉语，什么方法更加有效？"这道题主要是了解学生对学习方法的看法。调查表有几个选项：

1. 集中强化的课堂教学
2. 课后小组个别辅导
3. 结交中国朋友
4. 在课堂和日常生活中尽量多用汉语
5. 丰富的课外活动，比如参观游览等
6. 其他

统计结果显示，排在第一位的是"在课堂和日常生活中尽量多用汉语"。学生在中国学习汉语确实有很多机会使用汉语，而且，他们每一次成功地使用汉语进行交际，都会非常有成就感。这种成就感对他们语言能力的内化是非常有帮助的。

排在第二位是"结交中国朋友"，第三是"小组辅导"。事实上，第二份问卷的反馈当中，学生对"小老师"（小组辅导老师）的反映非常好。而且，在 Monash 大学统一进行的网上调查中，留学班学生对"小组辅导"的评价也是非常正面的。由此可见，学生认为这是一种很有效的教学方法，这也是 Monash 大学中国留学班的特色。对于这一点，我们将在另外的报告中加以详细讨论。

排在第四的是"集中强化课堂教学"，第五是"丰富的课外活动"。Monash 大学中国留学班开办十年来，这种强化的课堂教学模式可以说一直让学生感到压力很大，学生的主观陈述中有 80% 的人说课堂学习压力大，尤其是一至四级的学生，基本上人人有这样的看法。即使如此，调查统计显示，学生依然认为"集中强化的课堂教学"比"课外活动"重要，虽然与强化的课堂教学相比较，留学班组织的课外活动对学生来讲要轻松得多。学生对课堂教学的肯定也说明了学生对中方教师的教学是肯定的。如果我们能根据实际情况调整我们现在的课程设置,不要生搬硬套澳大利亚本土课堂教学的模式,而是根据目的语国家的具体情况,因地制宜地制定出教学大纲、教学计划、教学进度以及考评方法,相信学生对课堂教学会有更积极的肯定。这一选项的统计数据也说明,学生对自己到中国来干什么,心里是有比较明确的目标的。所以,课外活动虽然轻松,但还是被学生排在最后。不仅仅从排序来看,"课外活动"被排在第六位,单就人数而言,总共也只有20名学生选择这一项。

4. 第四题统计结果分析

第四题是对测试的需求。"你觉得中国留学班的考试最好能够反映什么?"这一题也有六个选项:

1. 你从课本中学到了什么
2. 你从课堂上学到了什么
3. 你从实际生活中学到了什么
4. 你用汉语进行交际的能力
5. 其他

这道题的本意是想了解:学生认为留学班的测试应该集中在哪些方面?是课本内容?是课堂上教师所教的知识?还是实际生活中学到的东西?或者是用汉语进行交际的实际能力?

统计结果也是很有意思的。学生的排序是:第一,"用汉语进行交际的能力";第二是"实际生活中学到的",也就是课外学到的东西;第三是"课堂中学到"的;"课本中学到"的则排在了最后。这是否能说明,一方面,学生觉得课本上的东西在日常生活中不一定适用;另一方面,学生可能觉得,如果测试重点是课本知识,他可能就需要死记硬背一些东西,这可能是他最不乐意做的事。我们来看一看比例:选择测试课本知识的只占33%,

这个比例是比较低的。对于测试"课堂上"的知识,虽然如上所述,学生觉得课堂学习压力大,但这一项还是得了45分。无论是"课本"知识,还是"课堂"所学,两个选项得到的分数都在50分以下。从这个统计数据来看,似乎说明,学生倾向于培养交际能力的学习,或者说是任务型的教学。

任务型教学其实是交际教学法理念的最新发展。从目前这个并非完美的统计结果看,它给我们的信息是,至少对在目的语国家学习的学生来说,他们并不否定强化的课堂教学,但更需要的是一种交际性的学习。我们是否可以从中得出一个初步的结论,就是类似 Monash 大学的中国留学班这种短期强化班的汉语教学,今后应该考虑充分利用目的语国家的语言和文化环境,突出任务型、交际型教学的特点。

这里还有一个如何与本土教学衔接的问题。显然,我们过去只机械地强调了在教学大纲、教学计划、考试标准方面的衔接,而没有考虑两种教学理念方面的衔接。为什么这样说呢?这是因为在澳大利亚,高校的教育不仅仅是教授具体的知识,更是以学生为中心,以提高学生分析问题、解决问题的能力为目的的教学。具体到中国留学班这种教学模式,我们应该考虑的是如何提高学生在目的语国家的语境下,如何在教师的帮助下,建立起适合自己的汉语学习的模式,建立起自己对汉语和中国文化的理解。这也同我们的教学理念——国际汉语教学有关。因为,对于澳大利亚的汉语学生来说,学习汉语的目的不是要将自己变成一个黄头发、蓝眼睛的中国人,而是一个能用汉语恰当地表达一个澳大利亚人的想法的人。而要达到这一目的,仅仅依靠现有的课本或课堂教学是不够的。留学班能做到的,就是为澳大利亚学生提供一个在具体的汉语语境的条件下,寻求一条最适合自己的学习汉语之路,一种最适合自己的汉语表达方式。

如果能在这方面取得成功,我们才真正与澳大利亚的高校教学理念接轨。应该说,这是一项相当庞大而艰巨的任务,也没有现成的经验可以借鉴。它需要很多人的共同努力与长期坚持,更需要根据新的教学理念对整个国际汉语教学课程、教材和测试方法进行新的设计。但唯有如此,国际汉语教学才会发生根本性的变化,才会真正同国际接轨。

四、结　语

如上所述,我们对 Monash 大学中国留学班一至四级的学生进行了调查,这种调查一共做了三次。本报告仅仅是对第一次调查统计结果的分析。

如何评价教育的国际化和商业化不是本文关心的主要问题。但有一点不可否认,教育的国际化加强了跨国教育。而跨国教育既给传统的教育带来机会,又带来许多新的挑战。目的语国家的语言教学虽然不是这个世纪才有的事,但是,新的教学观念、新的教学手段,以及新一代学生的出现,都对传统的目的语国家的语言教学的方方面面提出了很多问题。对于这些问题的解决是不可能一蹴而就的,需要长期的努力。但有一点是肯定的,那就是:任何新的教学理念和教学方法的建立都必须基于翔实的调查数据。Monash 大学中国留学班的调查仅仅是一个开始。俗话说,"磨刀不误砍柴工"。在中国大力推动海外学生留学中国的情况下,我们希望能有更多的海外高校和中国高校联手,对在中国举办的各种海外留学班的情况进行调查,以便建立起更符合实际的教学理念,制定更有效的教学大纲、教学方法和教材。

附录：

2010-2011年澳大利亚Monash大学中文系
国际汉语交流中心中国留学班(上海)
第十期学生需求调查问卷

调查目的：
为下一步的浸入式短期强化班教学改革提供参考数据。

调查对象：
澳大利亚Monash大学2010-2011年第10期中国留学班第一至四级学生。

调查时间和方法：
2010-12-3,开学第一周末。在课后小组辅导时,由辅导老师解说、答疑,学生匿名填写,完成问卷。

调查问卷：
共四题。第一题七个选项,第二、三、四题各六个选项。第一题主要是关于言语技能方面的学习需求调查;第二题是基于课堂环境的关于教学内容(包括语言要素、文化和交际技能)方面的需求调查;第三题是基于中国留学大环境的关于教学途径和学习方法方面的需求调查;第四题是关于考试评估方面的需求调查。

数据分析表：
每一题下各有六个数据表。第一个表是该题一至四级学生全部回收问卷的总体数据,第三至六表是该题的分年级数据,目的是得出该题各选项的重要性排序。第二个表是该题重要性排序前三位的总体和分级数据,目的是通过学生人数所占比例,具体直观地了解学生对各选项的重视程度。

1. Which area do you want to improve the most in CIP

study?

你最希望在中国留学班提高哪方面的汉语能力?

1. listening 听
2. speaking 说
3. reading 读
4. writing 写
5. translation 译
6. cross-cultural communications 跨文化交际
7. others 其他

表1.1 总体(第1–4级,回收有效问卷80份)

第一题	1	2	3	4	5	6	7	总分	次序
听	8	35	6	14	10	7	0	396	2
说	36	15	9	10	8	2	0	455	1
读	8	13	27	15	11	6	0	374	3
写	17	7	14	18	17	7	0	368	4
译	2	7	15	17	20	18	1	296	5
跨文化	10	3	9	6	13	39	0	274	6
其他	0	0	0	0	0	1	0	2	

首行:数字1–7表示重要性顺序,依顺序1–7得分为7–1分,据此计算各选项总分。

首列:第一大题的7个选项。

尾列:各选项重要性排序。

行列交叉格:选择该选项重要性顺序的人数。以人数乘以得分,得出各选项总分和次序。

表 1.2　按重要性顺序排列在前三位的人数和百分比

第一题	总体(80)		第一级(22)		第二级(25)		第三级(14)		第四级(19)	
听	49	61.25%	15	68.18%	17	68%	7	50%	10	52.63%
说	60	75%	20	90.9%	22	88%	10	71.43%	8	42.1%
读	48	60%	17	77.27%	13	52%	4	28.57%	14	73.68%
写	38	47.5%	8	36.36%	10	40%	9	64.28%	11	57.89%
译	24	30%	1	4.54%	6	24%	7	50%	9	47.37%
跨文化	22	27.5%	3	13.63%	7	28%	4	28.57%	5	26.31%
其他	0		0		0		0		0	

首行：括号中的数字是回收的有效问卷数。

首列：第一大题的7个选项。

行列交叉格：左列数字是该选项重要性顺序1-3的人数，右列百分比是左列人数除以有效问卷数得出。

表 1.3　第一级(回收有效问卷 22 份)

第一题	1	2	3	4	5	6	7	总分	次序
听	4	9	2	4	3	0	0	117	2
说	14	4	2	1	0	1	0	138	1
读	0	4	13	3	1	1	0	106	3
写	4	2	2	10	3	1	0	101	4
译	0	1	1	2	10	7	1	64	6*
跨文化	1	2	2	2	4	11	0	71	5*
其他	0	0	0	0	0	1	0	2	

* 提示分级的重要性排序与总体的排序不一致。

表1.4 第二级(回收有效问卷25份)

第一题	1	2	3	4	5	6	7	总分	次序
听	1	14	2	5	1	2	0	128	2
说	14	5	3	2	1	0	0	154	1
读	1	4	8	7	4	1	0	113	3
写	5	2	3	5	8	2	0	110	4
译	0	0	6	6	7	6	0	87	5
跨文化	4	0	3	0	4	14	0	83	6
其他	0	0	0	0	0	0	0	0	

表1.5 第三级(回收有效问卷14份)

第一题	1	2	3	4	5	6	7	总分	次序
听	1	5	1	1	5	1	0	63	3
说	6	3	1	3	1	0	0	80	1
读	1	1	2	5	3	2	0	56	5
写	4	2	3	1	3	1	0	70	2
译	1	2	4	3	1	3	0	60	4
跨文化	1	1	3	1	1	7	0	49	6
其他	0	0	0	0	0	0	0	0	

表1.6 第四级(回收有效问卷17份)

第一题	1	2	3	4	5	6	7	总分	次序
听	2	7	1	4	1	4	0	88	2
说	2	3	3	4	6	1	0	83	5

(续表)

第一题	1	2	3	4	5	6	7	总分	次序
读	6	4	4	0	3	2	0	99	1
写	4	1	6	2	3	3	0	87	3
译	1	4	4	6	2	2	0	85	4
跨文化	4	0	1	3	4	7	0	71	6
其他	0	0	0	0	0	0	0	0	

2. How do you hope that you teacher will help you in class?

你最希望中国留学班的老师在课堂上给你什么帮助?

1. pronunciation correction　纠正发音
2. word study　讲解词汇用法
3. grammar study　讲解语法
4. Chinese culture introduction　介绍中国文化
5. communicative activities　练习交际性活动
6. others　其他

表2.1　总体(第1—4级)

第二题	1	2	3	4	5	6	总分	次序
发音	27	19	17	7	9	1	365	1
词汇	17	24	19	14	6	0	352	2
语法	10	26	17	17	10	0	329*	3
文化	2	6	10	15	47	0	221	5
交际	23	5	17	27	8	0	328*	4
其他	1	0	0	0	0	0	6	

首行：数字1-6表示重要性顺序，依顺序1-6得分为6-1分，据此计算各选项总分。

首列：第大二题的6个选项。

尾列：重要性排序。

行列交叉格：选择该选项该重要性顺序的人数。人数乘以得分，得出各选项总分和次序。

＊提示得分极其接近，排序不能反映重要性程度的差别。

表2.2 按重要性顺序排列在前三位的人数和百分比

第二题	总体(80)		第一级(22)		第二级(25)		第三级(14)		第四级(19)	
发音	63	78.75%	19	86.36%	19	76%	4	28.57%	15	78.95%
词汇	60	75%	17	77.27%	17	68%	11	78.57%	16	84.21%
语法	53	66.25%	12	54.55%	19	76%	12	85.71%	12	63.16%
文化	18	22.5%	2	9.09%	6	24%	13	92.86%	7	36.84%
交际	45	56.25%	16	72.73%	13	52%	3	21.43%	7	36.84%
其他										

首行：括号中的数字是回收的有效问卷数。

首列：第二大题的6个选项。

行列交叉格：左列数字是该选项重要性顺序1-3的人数，右列百分比是左列人数除以有效问卷数得出。

表2.3 第一级(回收有效问卷22份)

第二题	1	2	3	4	5	6	总分	次序
发音	7	6	6	2	1		104	1
词汇	5	9	3	4	1		101＊	2
语法	1	6	5	8	2		84	4

(续表)

第二题	1	2	3	4	5	6	总分	次序
文化	0	0	2	3	17		51	5
交际	9	1	6	5	1		100*	3
其他	0	0	0	0	0		0	

* 提示得分相同或极其接近,排序不能反映重要性程度的差别。

表2.4 第二级(回收有效问卷25份)

第二题	1	2	3	4	5	6	总分	次序
发音	7	6	6	3	2	1	110*	1
词汇	7	4	6	7	1	0	109*	2
语法	3	10	6	3	3	0	107	3
文化	0	2	4	4	15	0	68	5
交际	7	3	3	8	4	0	101	4
其他	1	0	0	0	0	0	6	

* 提示得分相同或极其接近,排序不能反映重要性程度的差别。

表2.5 第三级(回收有效问卷14份)

第二题	1	2	3	4	5	6	总分	次序
发音	6	3	1	2	2	0	46	1
词汇	3	3	4	2	2	0	41*	4
语法	2	7	1	2	2	0	43*	2
文化	0	0	3	4	7	0	28	5
交际	3	1	5	4	1	0	42*	3
其他	0	0	0	0	0	0	0	

* 提示得分相同或极其接近,排序不能反映重要性程度的差别。

表2.6 第四级(回收有效问卷17份)

第二题	1	2	3	4	5	6	总分	次序
发音	7	4	4	0	4	0	86	1
词汇	2	8	6	1	2	0	83	2
语法	4	3	5	4	3	0	77	3
文化	2	4	1	4	8	0	64	5
交际	4	0	3	10	2	0	70	4
其他	0	0	0	0	0	0	0	

3. What is the most effective way to learn Chinese in China?

你觉得在中国的环境里学习汉语,什么方法更为有效?

1. intensified classroom teaching　集中强化的课堂教学
2. after-class individual tutorial　课后小组个别辅导
3. making Chinese friends　结交中国朋友
4. using Chinese as much as possible in class and in daily life　在课堂和日常生活中尽量多用汉语
5. rich after-class activities, such as class-related cultural tours　丰富的课外活动,比如参观游览等
6. others　其他

表3.1 总体(第1-4级)

第三题	1	2	3	4	5	6	总分	次序
课堂	5	19	17	25	14	0	296	4
辅导	13	19	27	19	2	0	342	3

（续表）

第三题	1	2	3	4	5	6	总分	次序
交友	18	17	21	19	5	0	344	2
多用	36	18	12	9	5	0	391	1
活动	7	7	3	8	54	1	222	5
其他	1	0	0	0	0	0	6	

首行：数字1-6表示重要性顺序，依顺序1-6得分为6-1，据此计算各选项总分。

首列：第大三题的6个选项。

尾列：重要性排序。

行列交叉格：选择该选项该重要性顺序的人数。人数乘以得分，得出各选项总分和次序。

表3.2 按重要性顺序排列在前三位的人数和百分比

第三题	总体(80)		第一级(22)		第二级(25)		第三级(14)		第四级(19)	
课堂	41	51.25%	15	68.18%	11	44%	4	28.57%	11	57.89%
辅导	59	73.75%	17	77.27%	20	80%	11	78.57%	11	57.89%
交友	56	70%	12	54.55%	18	72%	12	85.71%	14	73.68%
多用	66	82.5%	20	90.91%	20	80%	13	92.86%	14	73.68%
活动	17	21.25%	2	9.09%	5	20%	3	21.43%	7	36.84%
其他										

首行：括号中的数字是回收的有效问卷数。

首列：第三大题的6个选项。

行列交叉格：左列数字是该选项重要性顺序1-3的人数，右列百分比是左列人数除以有效问卷数得出。

表3.3 第一级(回收有效问卷22份)

第三题	1	2	3	4	5	6	总分	次序
课堂	1	10	4	5	2		91	3
辅导	5	4	8	5	0		97	2
交友	1	6	5	7	3		83	4
多用	15	0	5	2	0		116	1
活动	0	2	0	3	17		53	5
其他	0	0	0	0	0		0	

表3.4 第二级(回收有效问卷25份)

第三题	1	2	3	4	5	6	总分	次序
课堂	3	5	3	8	6	0	91	4
辅导	4	7	9	5	0	0	110*	2
交友	8	1	9	6	1	0	109*	3
多用	9	8	3	4	1	0	120	1
活动	0	4	1	2	17	1	65	5
其他	1	0	0	0	0	0	6	

* 提示得分相同或极其接近,排序不能反映重要性程度的差别。

表3.5 第三级(回收有效问卷14份)

第三题	1	2	3	4	5	6	总分	次序
课堂	1	1	2	7	3		29	4
辅导	2	1	8	3	0		42	3
交友	3	8	1	2	0		49	2

（续表）

第三题	1	2	3	4	5	6	总分	次序
多用	7	5	1	1	1		55	1
活动	1	0	2	1	10		25	5
其他	0	0	0	0	0		0	

表 3.6　第四级（回收有效问卷 19 份）

第三题	1	2	3	4	5	6	总分	次序
课堂	0	3	8	5	3		68*	4
辅导	2	7	2	6	2		77	3
交友	6	2	6	4	1		84	1
多用	5	6	3	2	3		84	1
活动	6	1	0	2	10		67*	5
其他	0	0	0	0	0		0	

* 提示得分相同或极其接近，排序不能反映重要性程度的差别。

4. What do you think the assessment should reflect?
你觉得中国留学班的考试最好能够反映什么？

1. what have you learnt from your textbooks　你从课本中学到了什么

2. what have you learnt from class　你从课堂上学到了什么

3. what have you learnt from daily life　你从实际生活中学到了什么

4. your ability to communicate in Chinese language　你用汉语进行交际的能力

5. others 其他

表 4.1　总体(第 1-4 级)

第四题	1	2	3	4	5	总分	次序
课本	11	16	17	36	0	242	4
课堂	14	22	34	10	0	280	3
生活	19	28	14	19	0	287	2
能力	36	14	14	15	1	309	1
其他	0	0	1	0	0	3	

首行：数字 1-5 表示重要性顺序,依顺序 1-5 得分为 5-1,据此计算各选项总分。

首列：第大四题的 5 个选项。

尾列：重要性排序。

行列交叉格：选择该选项该重要性顺序的人数。以人数乘得分,得出各选项总分和次序。

表 4.2　按重要性顺序排列在前三位的人数和百分比

第四题	总体(80)		第一级(22)		第二级(25)		第三级(14)		第四级(19)	
课本	27	33.75%	9	40.91%	6	24%	6	42.86%	6	31.58%
课堂	36	45%	10	45.45%	10	40%	6	42.86%	10	52.63%
生活	47	58.75%	12	54.55%	16	64%	7	50%	12	63.16%
能力	50	62.5%	13	59.09%	18	72%	9	64.29%	10	52.63%
其他										

首行:括号中的数字是回收的有效问卷数。

首列：第四大题的 5 个选项。

行列交叉格：左列数字是该选项重要性顺序 1-3 的人数，右列百分比是左列人数除以有效问卷数得出。

表 4.3　第一级(回收有效问卷 22 份)

第四题	1	2	3	4	5	总分	次序
课本	2	7	4	9	0	68	4
课堂	4	6	11	1	0	79	2
生活	6	6	1	9	0	75	3
能力	10	3	6	3	0	86	1
其他	0	0	0	0	0	0	

表 4.4　第二级(回收有效问卷 25 份)

第四题	1	2	3	4	5	总分	次序
课本	3	3	8	11	0	73	4
课堂	3	7	11	4	0	84	3
生活	6	10	3	6	0	91	2
能力	13	5	2	4	1	100	1
其他	0	0	1	0	0	3	

表 4.5　第三级(回收有效问卷 14 份)

第四题	1	2	3	4	5	总分	次序
课本	3	3	1	7		30	4
课堂	2	4	7	1		35	2
生活	3	4	4	3		35	2

(续表)

第四题	1	2	3	4	5	总分	次序
能力	6	3	2	3		40	1
其他	0	0	0	0		0	

表4.6　第四级(回收有效问卷19份)

第四题	1	2	3	4	5	总分	次序
课本	3	3	4	9		57	4
课堂	5	5	5	4		68*	3
生活	4	8	6	1		72	1
能力	7	3	4	5		69*	2
其他	0	0	0	0		0	

* 提示得分相同或极其接近,排序不能反映重要性程度的差别。

作为第二语言的汉语的积极教学法
Active Pedagogy in Teaching Chinese as a Second Language

郑林(Lin Zheng)

澳大利亚 Deakin University

提要 本文对澳大利亚高校的汉语教学进行研究与探索。在过去十多年的时间里,澳大利亚高校的汉语教学方法不是一成不变的,而是随着时代和信息科技的发展而变化的,最重要的是根据学生的构成以及他们的需求变化而不断地发展和完善。其核心就是根据不同类型的学生对汉语学习的需求来进行课程设计(Nunan,1986),从而使学生们能够积极、主动、生动、活泼并卓有成效地学习汉语和中国文化。

关键词 澳大利亚大学　对外汉语教学　传授中国文化

一、引　言

澳大利亚有史以来的第一个亚洲语言政策诞生于1994年(COAG,1994)。这个政策是澳大利亚汉语教学发展史上的一个重要里程碑,它对澳大利亚的汉语教学事业有着十分重要的意义。汉语之所以能够被纳入澳大利亚亚洲语言政策,这与澳中经济关系的迅猛发展密不可分。为了使国家经济利益最大化,澳大利亚政府的国策之一就是要与全球最主要的经济体联手。这些经济体除了使用英语的国家以外,在20世纪60年代之前是欧洲,到了80年代变成了日本(Beeson,1997),而进入21世纪前后则逐渐被中国所取代(AGDFAT,2010)。澳大利亚大学生学习汉语的兴趣在很大程度上是受澳中两国关系、特别是经济关系影响的(AGDFAT,2010)。澳大利亚的亚洲语言政策以及就业市场前景都直接影响着大学生们是否选择把汉语作为自己的专业来学习。笔者在澳大利亚高校从事汉语教学十五年。本文试图从理论和实践的角度来剖析澳大利亚大学汉语教学法的三个侧面,即:语音、语法和文化在汉语教学中的地位与作用。

二、教学法确立的理论基础

奠定笔者教学方法的理论基础主要来自澳大利亚语言学界的语言教学理论研究成果,以及个人的教学实践和科研。概括起来,可以总结为六个基本的语言教学原则:即"以学生为中心"、"循序渐进"、"因材施教"、"精讲多练"、"趣味性"和"语言文化一体性"(见表1)。

在Michael Clyne教授(Clyne,1939-2010)的指导下,我进行了有关澳大利亚华裔中英双语儿童语码转换(Code-switching)的研究(Zheng,1997,2005,2009),分析了他们在进行语码转换时的决定因素,探索了语码转换与声调之间的关系,与语法结构之间的关系,与语言交际功能之间的关系,以及双语儿童的社会背景和参加学校第二语言课程之间的关系等。从中得到了三点有关汉语语音、语法以及文化教学的重要启示(见表2)。

表 1 语言教学理论

教学理论	创立者	主要观点
"以学生为中心"与"转换生成语法"	杜威(Dewey,1859-1952) 皮亚杰(Piaget,1896-1980) 维果茨基(Vygotsky,1896-1934) 乔姆斯基(Chomsky,1957)	人类各种语言的形式是共同的,人生下来头脑里就具有这种语法框架。不同的语言环境只是在这既定的程序上填入不同的数据而已(Chomsky,1957,1965,1977,1981,1986,1993)
"循序渐进"与"学习迁移"	孔子(公元前551-479) 孟子(约前372-289) 奥苏伯尔(Ausubel,1918-2008)	孔子说"无欲速",因为"欲速则不达"。(《论语·子路》) 孟子说"不盈科不行","盈科而后进"。(《孟子》) "影响学习的最重要因素是学生已经知道了什么,根据学生的原有知识状况进行教学。"(Ausubel,1968:vi)
"因材施教"	朱熹(1130-1202)	同一个问题,对不同学生有不同的教法。(《论语章句集注》)
"精讲多练"	钟梫(1979)	强调实践性的重要性,将听说技能的训练放到语言教学的首位。(《十五年汉语教学总结》)

（续表）

教学理论	创立者	主要观点
"趣味性"	孔子（公元前 551-479）	"知之者不如好之者，好之者不如乐之者。"（《论语·雍也》）
"语言文化一体性"	斯莫里兹（J. J. Smolicz, 1999） Michael Clyne（Clyne, 1939-2010）	"语言拥有文化中（最）核心的价值。"（Secombe and Zajda, 1999:76） "使用同一种语言会帮助人们建立起一种责任感、共同感及归属感。"（Clyne, 1982, 1991, 2003）

表2 语码转换与汉语教学

研究成果	理论概述	对汉语教学法的启示
语码转换中的声调因素（Zheng, 1997）	声调因素在汉英语码转换中起着重要的作用。尽管汉英双语的语音语调差异很大，但是依然存在着一些相类似的地方，它们在汉英语码转换中起到了促进作用。	对于初学汉语的澳大利亚学生来说，汉语四声不仅陌生而且很难。但是他们一旦懂得汉语的降调或轻声与英语相类似时，他们模仿汉语语音语调的速度就大大加快了。
语码转换中的语法地位（Zheng, 2005）	在汉语表达或者英语语码转换中，汉语语法趋同于英语或者向英语转移的现象是同时存在的。	用最简单的语言（表述）揭示出汉英两种截然不同语法体系间的异同点。

(续表)

研究成果	理论概述	对汉语教学法的启示
语码转换中的语境因素(Zheng,2009)	汉英语码转换具有社会语言学与会话功能,与澳大利亚的生活有着密切相关性。它履行语篇功能,弥补语言能力缺陷,表达或描述澳大利亚的生活与环境。	有关语码转换语境因素的研究进一步证明了语言和文化之间存在着密不可分的关系。

三、澳大利亚大学汉语教学特点

　　澳大利亚大学汉语教学的终极目标是通过传授中国语言文化,培养学生高水平的汉语交际能力,使学生最终精通汉语。在学习汉语的过程中,学生不仅仅是在学习一种语言,而且是在与另一个异常丰富并且完全不同于西方文化的文明进行对话。为了激发学生的学习热情和兴趣,教师要为学生提供灵活的学习环境(例如:网上资料库等),满足他们的学习需求,吸引他们来学校上课,使他们与大学保持紧密联系。这里的关键所在是要让学生看到学习汉语的价值,看到自己的点滴进步,意识到自己离学习目标越来越近,因此而变得更加自信,越来越迫切地想要学好汉语。对澳大利亚学生来说,学习汉语很难,不能一蹴而就。它是一个由甲地向乙地(终生)漫长的迁移过程(Ausubel,1968)。教师的职责就是尽可能多地在"两地"间适时地修建起各种桥梁,例如:语音桥梁、语法桥梁以及文化桥梁(Zheng,1997,2005,2009)。教师在课堂内外修建桥梁的能力(驾驭汉英两种语言及其翻译和教学法的能力)决定了学生学习迁移的过程是否顺利。学生汉语水平的提高既表现在学习过程中,也表现在学习结果上。

为了实现上述目标,汉语教师要做到:
* 铺设平缓的学习路径;
* 设计较小的学习步骤;
* 课堂教学要师生互动;
* 多练习验证学习成果;
* 学习终点真实有价值;
* 精通汉语为最终目标。

此外,教师还应该有效地使用网上资源用以强化汉语课程选择的灵活性。主要表现在三个方面:即课程设计、学习活动安排以及考试考核任务的确定等。

四、声调因素与汉语标准发音

笔者的研究(Zheng,1997)显示,声调因素在汉英语码转换中起着重要的作用。尽管汉英双语的语音语调差异很大,但是依然存在着一些相类似的地方,它们在汉英语码转换中起到了促进作用。

DavidCrystal(1995,248)认为英语中的"非词语意义"包括语调、节奏和音调。与"词语意义"(即词、词组和句子)相同,这些"非词语意义"在英语交流中也是至关重要的,它构成了言语的"大部分结构和表达"。英语的交流是由语音的高低、强弱以及语速来控制的。这些控制英语语言交流的因素可以单独或者共同使用,从而形成一种节奏,并伴随着使用有特色的沉默形成停顿,因而构成了英语韵律学的特征。

汉语中的一些声调是与英语的音高和重音相类似的。这些与英语相似的声调在汉英双语儿童进行语码转换时起到了促进作用。绝大多数的汉英语码转换都发生在汉语的降调或者轻声后面。它们包括第四声降调、半三声降调、轻声降调以及弱读轻声。这些降调或者轻声都使得从汉语到英语的语码转换(反之亦然)的节奏和谐悦耳。

在大多数情况下,华裔汉英双语儿童倾向于把他们转换的英语字词、短语和句子作为他们汉语表达的一部分。他们领悟到英语中的重读音节与汉语高音的第四声降调相似,而非重读音节则被他们感性地认为与汉语中半三声降调、轻声降调以及弱读轻声相吻合。英语的语码转换正好融进了汉语的重音模式。这里需要强调的是声调因素在汉英语码转换中仅仅起到了促进作用,它是与语言交际等其他因素一起共同激发汉英双语语码转换的。

汉英双语语码转换声调因素的研究对汉语语音语调的教学有很大的影响。对于澳大利亚学生来说,习得汉语四声系统是汉语学习中最大的两个挑战之一(另一个是汉字,见五)。学生对汉语的四声和轻声(或者弱读)不但感到非常陌生,而且觉得很难模仿。但是当他们一旦明白了汉语的降调或者轻声与英语相类似时,他们模仿汉语语音语调的速度就大大地加快了。此外,对于汉语的初学者来说,汉语教师可以使用学生们都熟悉的英语(或者法语)歌曲,填上中文的歌词。例如:汉语歌曲《你好!》(或者《两只老虎》)就是使用法语的儿童歌曲《杰克兄弟》(Frère Jacques)的曲调而学唱的。歌词如下:

你好,Peter。你好,Jane。
我叫 Peter。你叫 Jane。
再见 Peter,再见 Peter。再见 Jane,再见 Jane。

用这样的方法,学生们在50分钟时间里就可以通过模仿、歌唱和角色扮演,记住并且非常流利地说出这三个汉语句子,进而应用到实际生活中去。

五、语法结构与高水平汉语

汉语语法提供了汉语语言规则,这些规则是澳大利亚学汉语的大学生必须精通的原则性知识。研究发现,澳大利亚华裔中英双语儿童无论是在汉语表达或者英语语码转换中,汉语语法趋同于英语或者向英语转移的现象是同时存在的(Zheng,2005)。它对语法教学重要的启示就是要用最简单的语言(表述)揭示出汉英两种截然不同语法体系间的异同点。

一般来说,汉英双语都拥有相似的"主+谓+宾"句法结构,而且汉语形容词与英语类似,通常放在被修饰的名词前边(这与其他大部分"主谓宾"句法结构的语言是不同的(Clyne,1991:176)。但是,在英语中副词的位置则比汉语更加灵活。虽然英语比其他印欧语系语言,例如法语、西班牙语、德语和俄语等较少动词的曲折变化,但是汉语与其他孤立语言一样,大多数动词只拥有一种词法种类体,根本不存在任何数、格、性、时态、语态的变化。

为了帮助学生准确地理解和表达汉语,教师在讲解每一条汉语语法规则时一定要为学生提供最简单、最贴切、最接近英文语法的解释。这些解释在迥异的汉英语法系统之间为学生架起了一道道桥梁。当他们准确无误地了解了汉英语法异同点时,将会通过反复练习来记住汉语语法的每一条规则。例如在教汉语存现句"会议室里坐着很多人"(Many people are sitting in the meeting room)时,就把它解释成:其句法结构与英语的倒装句相似,即介词短语+动词+主语。这样,以后学生再遇到类似的存现句时,只要从汉语句尾开始翻译,就可以得到正确的英文答案。在教"把"字句时,就给解释成:为了强调宾语,所以用介词"把"来前置宾语(例如:请把那些水果洗洗 Please wash the fruits)。汉语复杂而精深,学生一旦理解了汉语语法,就具备了学习这门语言的能力。

六、中英双语与跨文化交际

有关语码转换中语境因素的研究(Zheng, 2009)进一步证明了语言和文化之间存在着密不可分的关系(Smolicz, 1999; Clyne, 1982, 1991, 2003)。它对教学法的启示是:教授汉语一定要从介绍中国文化入手。成功地将汉语和中国文化融为一体是汉语教学法的关键所在。它可以分成以下四个步骤(部分):

在中文语境中教授汉字;
文化介绍与汉语学习同步;
比较中英双语和中西文化;
跨文化交际的中英互译。

学习汉字对于澳大利亚学生来说是一个巨大的挑战,也是教学两大难点之一(另一个是汉语四声系统,见三)。学生首先要理解汉字,其次是学会正确地使用它们。汉字的演变史可以追溯到六千多年前的象形文字,但是直到距今三千年左右才发展成为一套完整的书写符号系统(《中华文化》)。由许慎(公元100年)编写的《说文解字》系统地分析汉字字形和考究字源的字书,共收集了9,353个汉字。这本书还有史以来第一次介绍了540个汉字偏旁部首,可是在《康熙字典》(公元1716年)里的47,035汉字中却只有214个偏旁部首。而在1990年出版的

《汉语大字典》里共有54,678个汉字,只有200个偏旁部首。对于一个西方的汉语初学者来说,很难想象隐藏在汉字背后的文化故事。但是《有趣的汉字》(Tan,1980)中的卡通故事可以很好地帮助学生们理解汉语和中国文化。这是一套三卷本英语书,共收集了469个卡通汉字故事。它们系统地介绍了六书,即象形、指事、会意、形声、转注、假借。教师在指导学生学习汉字的过程中可以从中挑选出一些故事向他们介绍。为了使课堂更加生动活泼,教师也可以使用自己的肢体语言解释一些汉字字形。当学生们慢慢地能够识别和欣赏汉字时,教师就应当鼓励学生创造自己的汉字故事,以便记住如何书写汉字。学习的过程是从汉字笔画开始,到偏旁部首,最后到汉字组合。使用这种方法,就能使复杂的汉字变得简单和容易。曾经有几个在中学时代学过六年法语的澳大利亚汉语大学生说,当他们有能力识别和欣赏汉字偏旁部首和组合时,学习汉语就变得比法语容易多了(法语主要难在复杂的语法上)。

　　理解中国文化是学习汉语必不可少的前提条件,因此,文化介绍与汉语学习一定要同步。在现代课堂里,文化介绍可以通过展示英中双语课件,并配以中国背景的图片,特别是在学习中文的专有名词时,例如:长城、京杭大运河等;或者是将中文的普通名词用来介绍中国文化,如:中国食品的名称、文房四宝等。此外,实物、录像、视频光盘和网上视听资料都可以根据学生的需要在课堂上使用。当学生吸取了中国文化知识之后,他们就有能力消化和吸收对话、文章等各种形式的汉语表达。此外,外出参观游览等活动也是非常重要的学习中国语言和文化的方式,这些活动会使澳大利亚的中文课堂变得更加生动和有意义。活动包括游览唐人街、华人博物馆、中国饭馆、华人社团的周末汉语学校、华人养老院,以及动物园和植物园;看中国电影、话剧、歌舞表演、武术表演和中国节日的庆祝活动;学做中国食品等。

在汉语教学中比较中英双语和中西文化的异同是非常重要的。中文作为跨文化交际的工具,不但要求学生能够理解它,而且能够用中文来表达他们自己。学生不仅要有能力发现中西文化的相似之处,而且也要有能力欣赏这两种文化的差异。当学生能够使用汉语描绘他们在澳大利亚的生活和参加全球普遍性问题辩论时,他们将实现用汉语进行跨文化交际的最终目标。此外,在学习汉语和中国文化时,中英口笔互译技巧扮演了一个重要的角色,它给学生插上了汉英双语的翅膀。

总之,汉语是中国文化的主要载体,中国文化则像是汉语的窗户,透过这些窗户学生才可以读懂汉语的真正含义,明白为什么汉语会这样表达。

七、结　　语

教授汉语与世界上所有的创造性活动一样,都是一个由繁而简,由难变易的过程。在澳大利亚实施汉语教学法的重点是通过比较英汉双语在文化、语音语调、口头与书面表达系统、语法、翻译等方面的异同点,从而习得中国语言和文化。在学生漫长的语言迁徙过程中,他们从单纯地精通英语向自由驾驭英汉双语转移,汉语教师扮演了桥梁工程师和建设者、厨师和餐厅服务员、导演和演员等诸多角色。

作为一名桥梁工程师和建设者,汉语教师在课堂内外修建了无数跨越英中双语和文化的桥梁,帮助学生顺利地完成汉语习得这项宏伟的工程。在备课期间,汉语教师的角色似乎很像厨师和餐厅服务员。教师需要考虑各种各样"顾客(学生)"的口味,提供和推荐丰富的美味佳肴菜单,以满足学生不同的学习需求。可是,当教师一旦进入教室,他马上就成为了演员或者导演。他时而有序且奇妙地提供精心准备的知识,时而掌控着学生"剧情表演"(练习)的发展,用以巩固所学的知识。一个好的汉语老师不仅能传授知识,而且还培养学生逐渐形成适合于他们自己的学习方法。这也就是我们常说的教师要授予学生"渔"的技巧,而不是直接把"鱼"送给他们。

总而言之,教学法是为教学目的或目标服务的。在具体的教学实践中,汉语教师要针对不同学生实施不同的教学法。在教授同一名学生时,在汉语课程的不同阶段由于迥异的教学目标,也要采用不同的方法。只要把握住几个主要的教学原则,并在教学实践中加以灵活运用(适当地做加减法),就会使澳大利亚汉语大学生能够在未来(对他们而言)全新的中国文化环境中,在中英文化之间胜任文化使者的工作。同时对中国语言文化的学习也为澳大利亚学生开启了另一扇智慧之门,学生将会从一个更广阔和更加包容的角度来审视他们自己和这个世界。

参考文献

徐中舒主编,《汉语大字典》,四川辞书出版社、湖北辞书出版社,1990。

许慎,《说文解字》,中国书店,1989。

张玉书、陈廷敬主编,《康熙字典》。

钟梫,"十五年汉语教学总结",《语言教学与研究》,1979,试刊第4集。

朱熹《朱熹注论语章句集注》,世界书局,1983。

Ausubel, David P 1968, *Educational Psychology, A Cognitive View*. New York: Holt, Rinehart and Winston, Inc.

Australian GovernmentDepartment of Foreign Affairs and Trade (AGD-

FAT) 2010, *People's Republic of China Country Brief - Overview of Australia-China Relations*, AGDFAT, retrieved 19 September 2012, (http://www.dfat.gov.au/geo/china/china_brief.html)

Beeson, M 1997, 'Bilateral Economic Relations in a Global Political Economy: Australia and Japan', *Competition and Change* no. 2, pp. 137 - 73.

Chomsky, Noam 1957, *Syntactic Structures*. London: Mouton.

Chomsky, Noam 1965, *Aspects of the Theory of Syntax*. Cambridge, MA: M. I. T. Press.

Chomsky, Noam 1977, *Essays on Form and Interpretation*. New York: North-Holland.

Chomsky, Noam 1981, *Radical Priorities* (edited by Carlos P. Otero), Montréal: Black Rose Books.

Chomsky, Noam 1986, *Barriers*. Cambridge: M. I. T. Press.

Chomsky, Noam 1993, *Language and Thought*. Wakefield, RI: Moyer Bell.

Clyne, Michael G1982, *Multilingual Australia*. Melbourne: River Seine.

Clyne, Michael G1991, *Community Languages: The Australian Experiences*. Cambridge: Cambridge University Press.

Clyne, Michael G 2003, *Dynamics of Language Contact*. Cambridge: Cambridge University Press.

Council of Australian Governments (COAG), 1994, "Asian Language Development" in Regulatory Reform of Council of Australian Governments' Communiqué25 February 1994.

(http://www.coag.gov.au/coag_meeting_outcomes/1994 - 02 - 25/index.cfm#regulatory)

Crystal, D. 1995, *The Cambridge Encyclopedia of English Language*. Cambridge: Cambridge University Press.

Nunan, D 1986, *The learner-centred Curriculum in Theory and Practice*,

Adelaide: NCRC.

Secombe, Margaret and Zajda, Joseph (eds) 1999, *J J Smolicz on Education and Culture*.

Melbourne: James Nicholas Publishers.

Student-centred learning, Wikipedia, retrieved 13 January 2012, <http://en.wikipedia.org/wiki/Student-centred_learning>

Tan Huay Peng 1980, *Fun with Chinese Characters: the Straits Times Collection* (1)(2)(3).

(有趣的汉字) Singapore: Federal Publications.

Zheng, Lin 1997, "Tonal aspects of code switching", *Monash university linguistics papers* 1(1): 53-63.

Zheng, Lin 2005, "Grammatical structures in code-switching among second generation Chinese-Australian students", *Monash university linguistics papers* 3(2): 3-17.

Zheng, Lin 2009, "Living in two worlds: Code-switching amongst bilingual Chinese-Australian children", *Australian review of applied linguistics* 32(1): 5.1-5.18.

第二编

亚太国家篇

编者注：

　　当人们提到亚洲时，谈论最多的往往是东亚(East Asia)和东南亚(Southeast Asia)。在这一地区，中国和中国文化的影响力显然是不可忽视的。除了中国本身的急剧发展带来了该地区政治、经济、金融、军事、文化和教育格局的变化而外，还有一个重要因素，即，近百年来华人移民对该地区的影响。这种影响特别明显地表现在语言上。一方面，我们可以看到汉语和汉字在该地区的影响力，它影响了朝鲜、韩国、日本、越南等国的传统文字，形成了一个所谓的"汉字圈"；但是另一方面，周边国家的语言，尤其是日语对现代汉语的"反哺"作用不容忽视。根据王彬彬教授的研究，"我们用以思考、演说、写作的概念中，有70%是日本人所营造的"("近代以来日本对中国'文化反哺'的反思"，乐黛云主编《跨文化对话(14)》，上海文化出版社2004；"隔在中西之间的日本"，《为批评正名》，时代文艺出版社，2000)。外来语对汉语的影响的是是非非我们姑且不论，这种现象至少说明，汉语不是一个封闭的系统。在它走向世界的过程中，不仅影响了中国周边国家的语言文化发展，汉语本身同时也受到这些国家语言文化的影响，也吸收了它们的语言文化。平心而论，没有汉语的国际化，周边国家的语言文化发展会很不一样；但是，没有周边国家语言，尤其是日语的影响，现代汉语很可能不是今天这个样子。一种语言国际化的过程，应该是它和其他语言文化，尤其是周边国家的语言文化平等交流的过程，是外来语言文化本土化(localisation)的过程。21世纪的中国与周边国家的交往更加密切。周边国家高校的汉语教学，中国的对外汉语教学(包括孔子学院的教学)在这些国家的影响，都是跨国交流的重要内容。另一方面，相比较英语和其他西方语言国家，中国的周边国家在学习汉语和理解中国文化方面，无论是语言距离(linguistic distance)还是文化距离(cultural distance)都要近得多。周边国家语言与汉语的"亲缘"关系，使我们考虑到，汉语是否有可能成为亚洲除英语之外最广泛使用的通用语言？这是一个非常值得重视的问题。而汉语要做到这一步，首先需要调整自己的位置。今天的汉语，不能因为它姓"汉"就将其定义为一个国家的语言。或许，汉语的"去中国化"是它成为一种真正的国际通用语言的前提。本编的几位作者向我们显示了中国、日本、越南、新加坡的一些高校中国际汉语教学的理念和实际做法。我们希望抛砖引玉，引起更多学者对这个问题的关心。

日本高校汉语教学离国际化、现代化还有多远？

Internationalization and Modernization of College-level Chinese Language Instruction in Japan

西香织（Kaori Nishi）
日本北九州市立大学（The University of Kitakyushu）

提要 随着中国经济的迅猛发展和国际地位的不断提高，世界各国兴起了"汉语热"。但是在日本，学习汉语的人数并未因中国的发展而有显著的增加，在高等院校中反而呈减少的趋势。尽管日本教学界一再提倡外语交际能力的培养，但现实却不尽人意，汉语教学也不例外，至今仍未看到明显的教育效果，具有较高外语交际能力的外语人才的增长似乎也陷于停滞状态。本文主要以日本一所大学为例，从课程编制、师资、教学法、学习者、国家政策等几个方面对目前日本高校专业汉语课程的汉语教学所面临的问题进行反思，展望日本高校汉语教学今后的走向。

关键词 日本高校汉语教学 "汉文"教学和汉语教学 教学国际化 教学现代化

一、引　　言

长期以来,日本高校外语教学以应试教学以及仿照"汉文"教学的形式为主,其教学法则多是古老传统的语法翻译法(Grammar-Translation Method)。21世纪以后,日本文部科学省(简称文科省,相当于中国教育部)开始重视外语教学中的口语交际(Oral Communication),因此,各地各校纷纷把外语课冠之以"交际(communication)"或"会话"的名称。而学习者的需求也有不少变化,例如,他们开始迫切要求学一点实用性外语。这样看来,供需双方,即社会、学校、学习者的需求和期望似乎高度一致。按理说,学习者需要什么,社会、学校就提供什么,这样就不会出现供需之间的矛盾了。可事情却并没有那么简单。总体来看,日本人的外语交际能力不但没有得到应有的提高,反而有所下降,甚至有一些年轻人用母语交际时都出现了语法及语用上的问题。问题到底出在哪儿呢?本文主要以日本一所大学为例,介绍分析日本高校专业汉语课程中汉语教学现状及问题所在,以寻求改进的方法。

二、日本高校汉语教学的现状及问题

日本高校汉语课程主要可以分为两种:一种是公共汉语课程,另一种是专业汉语课程。关于日本高校的汉语教学现状,郭春贵(2005,2008)、史有为(2008)、古川裕(2011)等人都作了详细的介绍和分析。其中,郭春贵(2005)主要就大学教育环境、师资、学生、教学目标、教材、上课形式等六个方面提出了问题和建议。

目前，日本高校几乎都开设有汉语课程，但大部分都是公共外语课程。日本的大学生在校期间一般必须选修一到两门公共外语，选修最多的是英语，其次是汉语。一门公共外语课一般每周只上一到二课时（每课时为90分钟），一个学期（半年）最多上15周。目前尽管每所大学的情况不尽相同，没有统一标准，但公共外语课程都呈逐渐缩减趋势，学生在一般情况下只学了两个学期（一年）到四个学期（两年）的外语就离开外语课堂了。这意味着在日本的大学里，汉语教学以初级或入门为主，中高级以上的汉语教学则少而又少。由于上述原因，尽管每年都有大量的汉语教材从日本各个出版社陆续出版发行，但绝大部分是初级或入门的，近几年出版的教材页数很多都不足一百页，不管是外观还是内容都显得相当单薄。

那么，开设有专业汉语课程的大学是否可以乐观一些？答案是否定的。专业汉语课程一般在大学外语系（日语一般叫做"外国语学部"）里以"中国（语）学科"或"中国语专业"的名称开设。在日本，开设专业汉语课程的大学并不多，专业汉语课一般每周上五到六课时（每课时为90分钟）。与公共汉语课程相比，在学习"量"方面有一定的保证。但作为一个研究机构，日本的大学本科一般都在高年级设有专题研究小班（seminar）课程，大学生到了高年级都要在某一教授的指导下，开始从事某一专业的深入学习和开创性研究。"中国（语）学科"或"中国语专业"里常见的研究小班是中国文学、汉语语言学、中国文化、中国经济、中国历史、中国政治等等。因此，专业汉语课程一般到了高年级，其规模会大大地缩水，被研究小班课程取而代之。例如，很多大学专业汉语课程在第一、第二学年一般开设有五到六门汉语必修课，而到了高年级，特别是第四学年（也是本科最后一年）就不再开设汉语必修课了，有的大学甚至根本没有开设汉语课。虽然有不少学生到了高年级(最常见的是完成两年的课程以后)都要出国留学半年到一年,但也有学生由于种种原因不选择去国外留学。那么对于继续留在日本学习的学生来说,只依靠有限的课堂学习就很难进一步提高自己的汉语水平,因为专业汉语课程无法提供给学生充足的授课时间和内容。

由此可见,尽管日本文部科学省提出了外语学习的改革方案,但是无论是公共汉语课程还是专业汉语课程,依然问题重重。针对上述问题,本文主要以笔者所工作的学校为例,详细分析日本大学汉语课程的教学问题,对郭春贵(2005,2008)、古川裕(2011)所提出的问题作进一步的补充。

三、北九州市立大学的汉语教学现状

1. 大学简介

北九州市立大学(The University of Kitakyushu)是一所公立四年制综合性大学,位于日本西南部的福冈县(Fukuoka)北九州市(该市人口约为一百万人)。它的前身是小仓外事专门学校,创建于1946年。1950年升级为北九州外国语大学,此后,校名随着学科和课程建设的发展而几经变更,现名为公立大学法人北九州市立大学。目前本科是由六个学部和学群组成的,即外国语学部、经济学部、法学部、文学部、国际环境工学部和地域创生学群。外国语学部(Faculty of Foreign Studies)是在我校开办历史最长的一个学部。本学部又由英美学科、中国学科、国际关系学科等三个学科组成的。中国学科(Department of Chinese)则是在我校唯一开设专业汉语课程的学科。全校本科生超过六千多人,其中,外国语学部拥有一千一百多人,中国学科则有二百多名学生。虽然我校在日本排名居中,但由于学校所处的地区(即九州地区)很少有大学开设专业汉语课程,因此,我校中国学科在日本西南部的汉语教学界有占据了比较重要的位置。

2. 公共汉语课程

首先简单地介绍一下我校文科公共汉语课程。公共外语课程是由我校基础教育中心(Center for Fundamental Education)来管理的。本中心基本上在每个学部和学群都开设两年的公共外语课程,学生都要选修两种外语,第一外语必须是英语,第二外语可以从汉语、朝鲜语、法语、德语、西班牙语、俄语等六种外语中任选一种。无论是第一外语还是第二外语,每个语种每周要各上两门课(即一周共有四门不同名称的外语课),每一学期一般有15周的学习(含期末考试)。以汉语为例,一周有两门汉语课,一门是由中国教师来讲授,另一门是由日本教师来讲授,但这两门课各上各的,并没有连接性(每门课均为一周一课时,每课时为90分钟)。实际课程细节安排因学部、学科、入学年度而异,见表一:

表一:公共外语课程设置

	第一学年		第二学年		第三学年	
	第1学期 (15周)	第2学期 (15周)	第1学期 (15周)	第2学期 (15周)	第1学期 (15周)	第2学期 (15周)
第一外语 [英语] (各1课时/周)	2 英语Ⅰ 英语Ⅱ	2 英语Ⅲ 英语Ⅳ	2 英语Ⅴ 英语Ⅵ	2 英语Ⅶ 英语Ⅷ	2 (英语Ⅸ) (英语Ⅹ)	2 (英语Ⅺ) (英语Ⅻ)

（续表）

	第一学年		第二学年		第三学年	
	第1学期 (15周)	第2学期 (15周)	第1学期 (15周)	第2学期 (15周)	第1学期 (15周)	第2学期 (15周)
第二外语 [汉语等] (各1课时/周)	2 外语Ⅰ 外语Ⅱ	2 外语Ⅲ 外语Ⅳ	2 外语Ⅴ 外语Ⅵ	2 外语Ⅶ 外语Ⅷ	2 (外语Ⅸ) (外语Ⅹ)	2 (外语Ⅺ) (外语Ⅻ)

目前我校第二外语中选修最多，也是最受学生欢迎的是汉语，其次为朝鲜语。有的学生到了第三学年还可以继续选修公共外语（目前在第三学年只开设英语、汉语和朝鲜语），学有余力的学生还可以在课程安排允许的条件下选修第三外语（但不计入毕业所需学分内）。

表二：2011年度公共外语课程开设班数[①]

第一外语	第二外语					
英语	汉语	朝鲜语	法语	德语	西班牙语	俄语
292	60	32	16	16	16	8
	148					

选修公共汉语课程的学生在校期间汉语学习的总课时数一般约为110课时（165小时左右，不包括期末考试），最长的大约

[①] 攻读专业汉语课程的学生的第一外语是汉语，第二外语是英语，但鉴于实际授课形式和情况，暂且把英语看作他们的第一外语，把英语和汉语以外的外语算作第二外语。

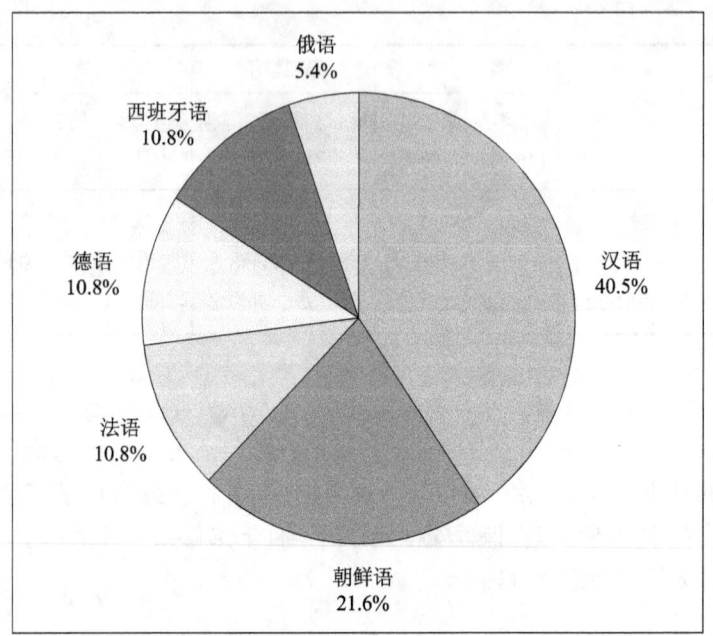

图一：2011年度第二公共外语的班数分布情况

165课时(250小时左右)。

2011年度公共汉语课程师资情况如下：

表三：师资情况

	中国教师(汉语母语者)		日本教师(非汉语母语者)	
	汉语专业	非汉语专业	汉语专业	非汉语专业
专任	1名	1名	—	—
非专任(兼任)	—	8名	3名	2名
共计	10名		5名	

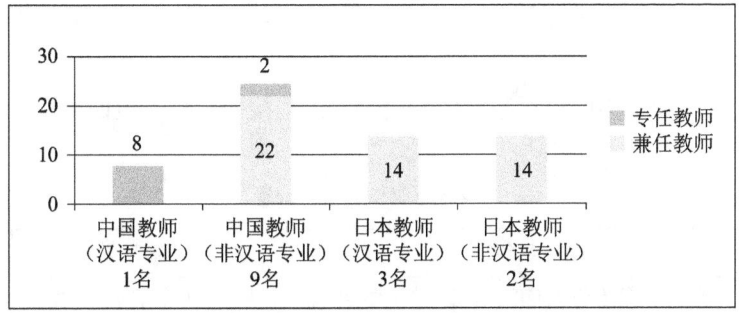

图二：师资情况与每周的总课时量

图表中"汉语专业"主要指的是汉语语言学（语法、语音等），而"非汉语专业"则包括中国文学、日本文学、经济学、社会学等范围的专业。

讲授公共汉语课程的教师共有15名，该课程一年共开设60个班，第一学年（两个学期）共有40个班，第二学年16个班，第三学年则4个班。其中专任教师的周课时总量只有10节（占16.7%），其他都是由兼任教师来讲授①。即使是汉语专业教师的周课时量也只有22节（占38.0%）。由此可见，该课程的汉语课主要由非汉语专业的中国兼任教师来担任。我校大多数兼任教师为硕士学历。

3．专业汉语课程

我校专业汉语课程隶属于外国语学部中国学科，该课程由外国语学部管理。本学科每个年级有50名左右的学生，汉语必

---

① "兼任教师"指的是只按授课时间领取授课费，没有其他福利，一学期一聘的教师。这些教师不属于学校的正式职员，他们上课就来，下课就走，其中一些人奔波于几所大学之间。

修课每年级分三个班,每班有16到18名学生,选修课则不分班。

2007年度以后采用的专业汉语课程授课安排如表四所示:

表四:专业汉语课程设置

	第一学年		第二学年		第三学年	
	第1学期（15周）	第2学期（15周）	第1学期（15周）	第2学期（15周）	第1学期（15周）	第2学期（15周）
必修（各1课时/周）	5 初级汉语综合Ⅰ 初级汉语综合Ⅲ 初级汉语综合Ⅴ 初级汉语会话AⅠ 初级汉语会话BⅠ	5 初级汉语综合Ⅱ 初级汉语综合Ⅳ 初级汉语综合Ⅵ 初级汉语会话AⅡ 初级汉语会话BⅡ	6 中级汉语综合Ⅰ 中级汉语阅读Ⅰ 中级汉语会话AⅠ 中级汉语会话BⅠ 中级汉语写作Ⅰ 中级汉语听力Ⅰ	6 中级汉语综合Ⅱ 中级汉语阅读Ⅱ 中级汉语会话AⅡ 中级汉语会话BⅡ 中级汉语写作Ⅱ 中级汉语听力Ⅱ	3 高级汉语会话Ⅰ 高级汉语写作Ⅰ 高级汉语听力Ⅰ	3 高级汉语会话Ⅱ 高级汉语写作Ⅱ 高级汉语听力Ⅱ
选修（各1课时/周）	—	—	1 时事汉语阅读A	1 时事汉语阅读B	2 商务汉语A 当代中国文学阅读A	2 商务汉语B 当代中国文学阅读B

课程安排从第一学年到第三学年。第一学年每学期开设五门汉语必修课,第二学年开设六门必修课和一门选修课,到了第

三学年则有三门必修课和两门选修课。每门课一周只上一课时(90分钟),由不同教师用不同教材来讲授,中国教师主要讲授"会话""写作""听力"等课,日本教师则担任"综合"和"阅读"等课。

学完两年的课程之后,大约有30%到35%的学生会选择赴中国留学,进行为期半年到一年的汉语学习。留学方式主要有两种:一种是公派留学,即参加校际交流项目,学生只需缴纳我校的学费,无需支付中方友好大学的学费,在友好大学取得的部分学业成绩,返校后还被承认为我校学分;另一种是自费留学,即在办理休学手续后自行出国留学。另外,我校在暑假和寒假期间在中国几所友好大学开设为期四周的短期汉语进修课程,全校学生均可自由参加。

2011年度讲授专业汉语课程的教师共15名。限于汉语必修课(共28门课),一年总共开设班数为84个班。其中专任教师的周课时量总共只有26节(占31.0%),其他都是由兼任教师来讲授。汉语专业教师的周课时量总共也只有22节(占26.2%)。详细情况如下:

表五:师资情况

	中国教师(汉语母语者)		日本教师(非汉语母语者)	
	汉语专业	非汉语专业	汉语专业	非汉语专业
专任		1名	2名	2名
非专任(兼任)	1名	8名	1名	
共计	10名		5名	

由此可见,该课程的汉语主要由非汉语专业出身的中国兼

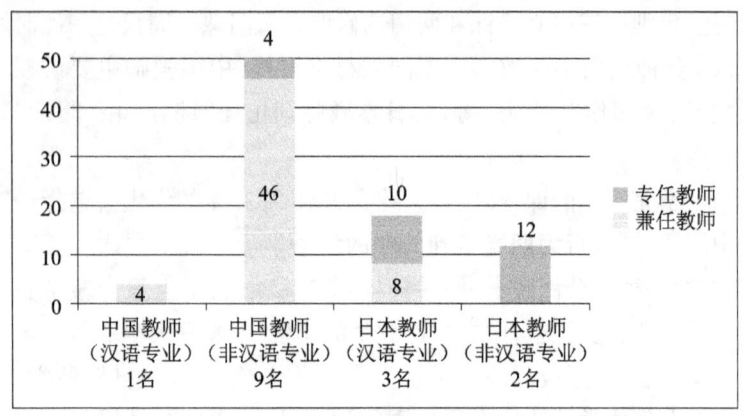

图三：师资情况与每周的课时总量

任教师来担任。专任教师的汉语周课时量之所以如此之少是有一定原因的。我校专任教师的每周标准课时量为五节，而专任教师每周都要上两节专题研究小班的课，除此之外，有的教师还要上一些跟自己的专业有关的课，因此每周一般只能担任两到三节汉语课。

下面看看学生的情况。中国经济的迅猛发展和综合国力的不断增强一直受到日本全社会的关注和重视，但近年报考我校专业汉语课程的人数并未因此而增加，过去三年每年招生人数（不包括插班生和外国留学生等）均为 50 名，2009 年的报名人数为 146 名，2010 年增加到 422 名，而 2011 年又减少到 261 名，呈现不稳定状态。

表六：招生人数与志愿报考人数统计

	招生人数	报名人数	实际报考人数
2007 年度	45	231	162

(续表)

	招生人数	报名人数	实际报考人数
2008 年度	45	299	238
2009 年度	50	146	106
2010 年度	50	422	312
2011 年度	50	261	181

日本目前已进入高等教育普及化阶段,加上"少子化"问题越来越严重,加剧了高校招生方面的竞争,结果导致有些高等院校出现招不满学生的情况。从这个情况看,应该说我校专业汉语课程在招生方面总体上还一直保持着较好的趋势。

让我们来看一下我校汉语专业学生的学习动机。根据邴胜(2008)调查的结果,对"你为什么选择汉语专业?"这一问题,159 名学生选择的五大第一动机如下:

(1)"因为汉语是重要的国际通用语言之一。"(占 21.4%);

(2)"因为我对汉语有兴趣。"(占 20.1%);

(3)"因为学汉语有利于就业。"(占 16.4%);

(4)"因为父母、老师等人建议我学习汉语。"(占 9.4%);

(5)"因为我对中国有兴趣。"(占 8.2%)。

从结果来看,内在动机(intrinsic motivation,如(2)(5))和外在动机(extrinsic motivation,如(1)(3)(4))并存[①]。近几年外在动机所占的比率似乎也在不断上升。

[①] 关于内在动机和外在动机,参看 Deci and Ryan(1985)。

四、北九州市立大学专业汉语课程中存在的问题

上文 3.3. 中介绍了我校专业汉语课程的一些情况,本节我们将讨论该课程中存在的主要问题。有些可能只是我校专业汉语课程的问题,有些则可能是日本各个大学专业汉语课程共同存在的问题。

1. 教学课程编制问题

我校专业汉语课程在第一学年和第二学年都有五到六门汉语必修课,在第三学年则有三门汉语必修课。必修课总共可达到 385 课时(570 小时左右),如果包括选修课最多可达 470 课时(700 小时左右)。与公共汉语课程相比,专业汉语课程在校期间学习的总课时数大幅度增加,而其教学进度和深度却未必一定会比公共外语课程高。这是因为尽管每周都有五六门汉语课,但各门课之间缺乏衔接(请注意,这不是一门课每周上五六课时,而是不同的五六门汉语课每周各上一课时),课堂教学效率非常低。各任课教师之间往往恪守"互不干涉"原则,这似乎成了一种默契。这一现实不仅表明了该课程设置缺少系统的教学设计,还体现了日本大学教学课程的封闭性,催生了教师在具体的教学过程中各自为政的教学模式。对于外语学习者来说,第一年是最重要的打基础阶段,却被几"门"并不系统的课程给割裂开了。在此需要提及的是,笔者调入本校后便在现有的专业汉语课程上做了些小小的改革,尝试着把第一学年开设的三门初级汉语综合课作为一个系统课串连起来进行授课,以便提高教学进度,强化教学深度。近四年,这三门课一直由三名教师

用统一教材进行教学。但是这种授课方式由于上述原因从开始到现在一直遭到不少教师的强烈反对,目前陷于难以维持的困境①。

事实上,除了上述一些人为的因素以外,在选择教材时也会碰上大难题,就是找不到适当的教材。因为在日本出版发行的大量汉语教材内容大都大同小异,相当单薄,都缺乏针对性、系统性。而在中国大陆等地出版发行的汉语教材内容又太深,不大适合在该课程使用。每个大学专业汉语课程体系也各不相同,因此有的大学则自编教材,有的则只能套用为公共汉语课程所编的教材。

另外,我校每六年进行一次教学课程的改制。要改革专业汉语课程,我校中国学科的专任教师(不管他/她是否参与汉语教学工作)都有权提出意见,但该学科里汉语专业的专任教师只有两名(包括笔者),所以笔者试着用某种语言习得理论来主张课程改造的重要性时,很难得到应有的回应,有时还会激起非汉语专业的教师很大的反感,甚至会发生冲突。这些非汉语专业的教师靠的往往只是自己的学习经验或教学经验,笔者并不否定经验在教学中的重要性,但作为一门专业教学课程,只凭经验、感觉来设置显然是行不通的。当然,单凭理论也不足以保证教学的成功。因此,要系统性地改革课程似乎还有一段漫长的路要走。

2. 师资问题

师资问题可能是阻碍日本汉语教学发展的首要因素②。主

---

① 史有为(2008)也指出同样的问题出现在他任职的大学里。
② 崔希亮(2010)也认为教师是"三教"(教师、教材、教法)问题的核心。

要问题是教师的专业素养问题。上面说过,我校专业汉语课程的主要任课教师是非汉语专业的,而且大都没有接受过汉语教学培训。即便是汉语专业也并不等同于"对外汉语教育学"①,汉语语言学与对外汉语教育学之间还存在一定的距离,所以,从专业角度上讲,我校没有真正攻读过对外汉语教育学的教师。日本的其他大学与我校的情况基本相同。这表明在日本的大学中汉语(以及外语)教学师资的稀缺。

非汉语专业的中国兼任教师偏多,这可能体现了所谓的"外教至上主义(The Native Speaker Fallacy)②"在日本仍占主导地位,绝大多数人仍支持"是中国人就能教汉语"、"会说汉语就能教汉语"等看法。正因为如此,日本的汉语师资水平始终无法提高,无法突破。日本中国语学会(2002)介绍日本六所大学专业汉语课程的情况,这六所大学里由专任教师(主要为日本教师)来讲授汉语的比例都较高。相比之下,我校专业汉语课程讲授汉语的专任教师比例相对较少,而兼任教师相对较多。这也说明我校该课程管理系统的欠缺。因为兼任教师一般只负责某特定科目的教学即可,无需对学生汉语水平的全面发展负责。

3. 教学法问题

在我校专业汉语课程中,"会话"课都由中国教师来讲授。但其授课内容大多为只让学生背诵课文或只播放中国电影给学

---

① "对外汉语教育学"是一门独立的学科,但由于它同时又是一个很多学科交叉的综合性学科,因此还没有确立其稳固的学科地位,也很少得到应有的重视。笔者认为这也是阻碍日本汉语教学发展的主要原因之一。

② 参见 Phillipson(1992)。

生看。而这些授课内容显然是无法培养出学生的跨文化交际能力的。因为交际能力是必须通过交际活动才能培养出来的,而该课堂中并没有培养学生交际能力的具体教学活动的教学环节。值得一提的是,每当笔者要求中国教师上课时多用汉语时,都会遭到不少教师的强烈反对。他们会说:"学生听不懂,怎么办?""这简直是故意为难学生!"等等①。还有的中国教师上课时自己不朗读课文,而放 CD 光盘给学生听。因此,尽管中国(以汉语为母语的)教师多,但学生在课堂很少有机会听到活生生的汉语。而这些没有充分发挥其母语优势的中国教师,无形中也降低了自己在汉语教学中的价值。

另外,我校每个教学课程每年必须向外公开几个教学目标,我们中国学科(专业汉语课程)的目标主要以在日本举行的汉语测试"中国语检定"(简称"中检")的级别为准,该测试在很大程度上仍偏重于测定学习者的语言(语法)知识。为了达到该目标,由日本教师讲授的课也无意中偏重于语法解释和翻译,这样一来汉语教学便陷入应试教学的泥潭之中。由中国教师来授课的"商务汉语"课也存在同样的问题。学生想学的是实用性商务汉语,但实际授课内容是备考 BCT(商务汉语考试),即通过大量 BCT 模拟试题让学生把握考核要点和出题规律。也就是说,即使想采取提高学生外语交际能力的教学方法,但是为了达成让学生顺利通过汉语测试的教学目标,实际教学过程中仍不得不屈从于提高学生的汉语应试能力的教学方法。

---

① 因为"直接法(the direct methods)"等教学法对没有受过外语教学培训的人来说,难度确实较大。另外,我校大部分中国教师都精通日语,他们不仅在日常生活中使用流畅的日语,有些教师甚至不太愿意说汉语了。

4. 学习者问题

上文3.3. 中介绍了邴胜(2008)关于我校专业汉语课程学生汉语学习动机的调查结果。虽然笔者没有进行随后的调查统计，但平时在与学生的交流中发现，他们的学习动机变得越来越模糊。当笔者问学生为什么选择汉语专业时，越来越多的学生则回答："因为我父母建议我学习"，"因为我高中班主任说今后是中国的时代，学汉语有用"，"因为我补习班老师说学习一些跟中国有关的知识对今后找工作会有帮助"等等。这些回答或许体现了学生在选择专业时欠缺自主的思考能力。甚至有的学生说："学习汉语并不是我自己愿意的，万一学不好，那也不是我的错。"这也体现了他们对自己的选择不够负责任的态度。

另外，近来越来越多的学生要求学习汉语口语交际，当笔者问他们想达到什么水平时，回答最多的则是"能用汉语进行日常交际对话"。但他们似乎并不知道什么是交际。很多学生认为交际就是会话，于是开始重视说和听，轻视读、写能力。还有不少学生在上汉语课时总是默不作声，不愿与人交流，这样就无法获得外语交际能力了。

教学课程没有制定明确的教学目标，教师缺乏教学理念，而学生自己也没有具体或较全面的学习目标，笔者认为正是上述多重原因使我校专业汉语课程始终处于迷失方向的状态。

五、与汉语教学相关的社会因素

本节提出的主要问题，不仅存在于我校专业汉语课程之中，同时也是日本汉语教学界以及外语教学界都共同面临的大问题。

1. 国家政策问题

在日本,英语一直是初中和高中的必修课。过去这几十年来,在日本一再大力提倡学习英语,其原因是日本国家和社会都越来越重视国际人才的培养,也因此更加重视外语(主要为英语)口语交际能力的培养了。日本文科省于2002年7月提出了《培养"能使用英语的日本人"的战略构想(the Action Plan to Cultivate 'Japanese with English Abilities')》,2011年4月,小学五、六年级又正式开设英语必修课程。按理说,日本年轻一代的英语水平应该有所提升才对,但实际上一直处于偏低状态[①]。一直被国家和社会广泛重视的英语尚且如此,其他外语则可想而知了。这个事实告诉我们日本国家对外语教学的政策定位不准,还有待于做出根本性的改革,否则,盲目地增加外语课程也只会以失败告终。

2. 外语教学与日本传统的"汉文"教学

以上事实表明,日本的汉语教学以及外语教学始终处于低效率状态,特别是在口语交际能力的培养上。笔者认为这似乎与日本传统的"汉文"教学有关。在日本,"汉文"指的是中国文言文(其范围很广泛,一般指的是先秦到清代的文言文,包括诗词,还包括在日本独自发展出来的"变体汉文")。自古以来,中国和日本往来频繁,中国的汉字、书籍传入了日本以后[②],"汉

---

① 比如,日本2010年的新托福(TOEFL iBT)平均成绩在30个亚洲国家与地区里排名第27,其中,阅读(Reading)排名第16,听力(Listening)排名第24,写作(Writing)排名第27,口语(Speaking)则排名第30(亚洲最低)。

② 一般认为,汉字在公元4世纪末至5世纪初之间传入日本(对这一点尚有争议)。

文”在日本逐渐占据了非常重要的位置。过去日本官方正式文件都由“汉文”或“汉文训读(文)”书写①,因此,特别是日本江户时代(1603–1868 年)至明治时代(1868–1912 年)的知识分子都要懂得“汉文”及“汉文训读”。“汉文训读体”则是以古代日语为基础的特殊翻译体。在翻译的过程中,由于汉语和日语不属于同一语系,比如二者语序不同,汉语是 SVO 语言,而日语是 SOV 语言,日语有格标记,汉语则没有,这使得古代日本人专门为此发明了一个办法,即在“汉文”上注符号后按日语的语法语序来读写。这样一来即使并不精通汉语的人,也可以利用这一方法将“汉文”迅速地翻译成为日语。现在,日本学生在初中和高中阶段的语文课上都要学习“汉文”。

狐借虎威（戦国策）

虎求百獸而食之、得狐。狐曰、「子無敢食我也。天帝使我長百獸。今子食我、是逆天帝命也。子以我為不信、吾為子先行。子隨我後觀。百獸之見我、而敢不走乎。」

虎以為然。故遂与之行。獸見之皆走。虎不知獸畏己而走也。以為畏狐也。

虎百獣を求めて之を食らひ、狐を得たり。狐曰はく、「子敢へて我を食らふこと無かれ。天帝我をして百獣に長たらしむ。今子我を食らはば、是れ天帝の命に逆らふなり。子我を以て信ならずと為さば、吾子の為に先行せん。子我が後に随ひて観よ。百獣の我を見るや、敢へて走らざらんや。」と。

虎以て然りと為す。故に遂に之と行く。獣之を見て皆走る。虎獣の己を畏れて走るを知らざるなり。以て狐を畏ると為すなり。

图四:高中语文(“汉文”)教材一例

这么翻译出来的“汉文训读体”(日语)对现代的日本人来说还是古文,因此还要把它翻译成现代日语。但“汉文训读体”

① 例如,流传至今最早的日本正史《日本书纪》(成书于公元 720 年)便采用“汉文”书写。

这一翻译方法正体现了当时日本人接受外语的独特方式,即他们并没有选择将汉语作为外语来学习,而是创造出了一种独特的翻译方法将汉文日化后来接受它。这种方法可能对学习古文很有好处,可应用于学习现代汉语就不妥当了。因为它只能培养阅读理解能力,不可能培养听、说等其他语言技能。而日本的汉语教学却长期受到"汉文"教学的负面影响,特别是现代汉语和"汉文"(汉语文言文)之间存在着密不可分的血脉关系,因此它对汉语的影响则更为突出。21世纪的今天,日本的汉语教学似乎仍难以摆脱"汉文"教学的束缚。

3. 日本大学生基础学习能力和母语能力下降问题

第二次世界大战结束后,日本一直在改革学校教学课程,在各种各样的学校改革过程当中,为了减轻学生过重的课业负担,分阶段实行了"宽松教育"制度(相当于中国的减负教育),主要在初中等教育阶段大幅度减少对学生的授课时间和内容,试图缓解考试竞争给学生带来的压力。但过度的"宽松教育"却导致了日本学生学习能力的进一步下降,这一现实让文科省也不得不开始修正其教育路线,随后再次改革了学校教育。在日本,接受过"宽松教育"的一代被戏称为"宽松一代"①。而自2006年度以后上大学的学生则正是"宽松一代"。我们在课堂教学过程中时时感觉到学生们在日语(即他们的母语)语言表达能力、阅读理解能力等很多方面存在不足。当然,"宽松教育"的实行不是学生母语能力下降的唯一因素,但我们确实经常碰到学生在用自己的母语(日语)交流时,出现"听不懂""看不懂"

---

① 一般指的是从1987年4月2日到1996年4月1日之间出生的一代。

的情况，在用母语（日语）写作时发生语法和语用上的错误。大学生基础学习能力以及语言（母语）运用能力的下降，这是目前日本所有高等院校都面临的一个棘手问题。而第二语言（外语）的习得是建立在母语的基础之上，第二语言所能到达的水平是以母语能力为前提的。当然，第二语言（外语）的水平也永远不会超过母语的水平，因此，要提高日本大学生的外语能力，首先要提高他们运用母语的能力，这已成为日本高校亟待解决的问题。

六、结　　语

综上所述，日本大学专业汉语课程的汉语教学离国际化、现代化仍有很大的距离。最大的阻力因素是师资问题，因为如果汉语教师不改变自己对教学的观念（包括教学习惯和教学方式），将很难实现教学课程系统性的改制；汉语教师不提高自己的汉语教学水平，也无法引导学生提高其汉语学习能力以及汉语交际能力。今天，汉语不再是只属于中国和中国人的语言，而成为跨越国界的国际语言之一了。日本的大学汉语教学课程却始终是一意孤行地"闭门造车"，那是行不通的。但既然有"门"，那就一定"有门儿"了。笔者相信，无论这扇门多么沉重，我们一定能找到开启日本汉语教学发展的大门"钥匙"，让日本汉语教学更快地走向国际化、现代化。

参考文献

北九州市立大学有关资料在其网站上公开发表：http://www.kitakyu-u.ac.jp/

邢胜（2008）学習動機づけに関する調査研究—北九州市立大学の中

国語専攻生を対象に一,《北九州市立大学外国語学部紀要》121。

曹秀玲(2008)东北亚汉语教学的历史与现状综观,《世界汉语教学》3。

崔希亮(2010)汉语国际教育"三教"问题的核心与基础,《世界汉语教学》1。

古川裕(2011)日本"中国语"教学概况,《全球语境下的汉语教学》洪历建主编,上海:学林出版社。

郭春贵(2005)日本的大学汉语教育问题,《世界汉语教学》4。

郭春贵(2008)日本的大学二外汉语课程的教学模式探讨,《中国语教育》6。

洪历建(2011)汉语的国际化和地方化,《全球语境下的汉语教学》洪历建主编,上海:学林出版社。

日本中国語学会中国語ソフトアカデミズム検討委員会(2002)《日本の中国語教育―その現状と課題・2002―》日本中国語学会,东京:好文出版。

山口仲美(2006)《日本語の歴史》岩波新書,东京:岩波出版。

史有为(2008)教学法和教学模式的解析与重组——兼及日本汉语教学中的相关课题,《世界汉语教学》3。

赵金铭(2004)《对外汉语教学概论》(应用语言学系列教材),陈章太、于根元总主编,北京:商务印书馆。

Deci, E. L., & Ryan, R. M. (1985), *Intrinsic motivation and self-determination in human behavior.* New York: Plenum.

Phillipson, R. (1992), *Linguistic imperialism.* London: Oxford University Press.

Test and Score Data Summary for TOEFL® Internet-based and Paper-based Tests (2010) http://www.ets.org/Media/Research/pdf/TOEFL-SUM-2010.pdf

日本的汉语教育四题
Four Issues in Chinese Language Teaching in Japan

胡士云(Shiyun Hu)
日本四天王寺大学(Shitennoji University)

提要 对外汉语教育既有共性,也有个性。在具体的教学活动中,个性关乎教学效果。笔者以一个在外国教母语的汉语教师的身份,从宏观的角度介绍日本汉语教育的历史、现状和所面临的问题,以期呈现出日本的汉语教育的个性。

关键词 日本汉语教育历史　日本汉字与中国汉字　日本高校汉语教学　日本高校汉语教师

一、汉语教育在日本

由于中日两国文化的历史渊源,日本的汉语教育历史悠久,或许可以追溯到一千多年以前的遣隋使、遣唐使时期。明治(1868-1912)维新时期建立的七所公立外国语学校,分别为"东京外国语学校"、"爱知外国语学校"、"广岛外国语学校"、"长崎外国语学校"、"新泻外国语学校"、"宫城外国语学校"、"大阪外国语学校"。其中东京外国语学校就设有汉语课程,当时称"清国语"。但是，近代中国落后挨打，没有什么国际地位可言，汉语学习在日本也没能得到应有的重视，甚至有把汉语看作是等而下之的语言的倾向。一些所谓的汉语学习或是满足于对中国古典的读解，或是出于战争的需要（安藤彦太郎，译本，1991），学习者对现实的中国不予重视甚至不予关心。从目前来说，2011年，日本全国的86所国立大学、95所公立大学和599所私立大学一共780所大学中，几乎所有学校都开设了汉语课，设有中文系、汉语专业或类似学科的也不在少数。

设有外国语学部的日本大学（共34所）：

国立大学：

东京外国语大学　　大阪大学

公立大学：

爱知县立大学　　神户市外国语大学　北九州市立大学

私立大学：

札幌大学	北海道文教大学	独协大学
神田外语大学	明海大学	丽泽大学
杏林大学	上智大学	拓殖大学
大东文化大学	帝京大学	文京学院大学
目白大学	神奈川大学	岐阜圣德学园大学
常叶学园大学	名古屋外国语大学	名古屋学院大学
名古屋商科大学	南山大学	京都外国语大学
京都产业大学	大阪学院大学	关西大学
关西外国语大学	摄南大学	姬路独协大学
长崎外国语大学	熊本学园大学	

设有汉语学科/专业的外国语学部的大学（共19所）：

东京外国语大学　　大阪大学　　　　爱知县立大学
神户市外国语大学　北九州市立大学　京都产业大学

京都外国语大学	关西大学	关西外国语大学
拓殖大学	北海道文教大学	神田外语大学
明海大学	京都产业大学	长崎外国语大学
摄南大学	南山大学	独协大学
丽泽大学		

这还不是最完整的统计。此外，据说有超过500所的高中学校也开设了汉语课或中国文化课。社会上的汉语班更是数不胜数，汉语学习班的招牌随处可见。从学习者来说，年龄跨度大，上至皓首，下至幼童，且年轻化趋向愈发明显。当然，在校学生是学习汉语的主体人群。

日本的汉语教育成就斐然，以大学为主的各类学校培养了众多的优秀汉语人才，他们活跃在社会的各个领域，从各方面开展与中国的交流。

在日本大学入学考试全国统考的外语科目中，从1997年开始增加了汉语考试。另外，日本还有"中国语检定试验"、汉语水平考试（HSK）、商务汉语考试等多种汉语水平测试。不过，相对于英语学习者来说，学习汉语的人数还显得非常少。

日本作为经济大国，对外贸易和国际交流对政府与百姓来说都很平常，因而外语教育是从中学开始的必修课。① 在外语教育中，英语占绝对主导地位，而且带有政府导向。20世纪80年代以后，由于中国经济的发展，汉语取代德语、法语，成为日本的第二大外语。尽管和第一大外语英语之间的距离很大，但汉语教育还有很大的发展空间。其主要原因在于：随着中日经贸关系加强，在日华侨华人数量快速增加，合法居住在日本的中国

---

① 从2011年起，日本将小学五、六年级的外语教育列为必修课，每年35课时。

人达到 68 万;赴日旅游人数逐年增长,据日本政府部门统计,近几年赴日旅游的中国人每年超过 100 万;据报道,2011 年,中国是日本的第一大贸易伙伴。

二、日本大学的汉语课程

在洪历建主编的《全球语境下的汉语教学》一书中,古川裕先生介绍了日本的汉语教学概况。相同部分不再赘述,下面仅以大学的课程设置和学生的情况这两点为例作些补充或细化。

1. 课程设置

外语是日本大学的必修课程。从非汉语专业的学生来说,许多学校将英语列为他们的必修外语,把汉语、德语、法语、朝鲜语(日本人更喜欢称其为"韩国语")等列为选修外语或第二外语。选修或第二外语的学分因校而异,其中以 4—8 学分者为多,约占毕业必需学分的三十分之一到十五分之一。

从课程设置来说,各大学之间没有统一的标准;相对于共性来说,个性也许更明显。专业课程和非专业课程的差别较大;即使是专业课程,也会因为某种原因而有许多不同。非专业课程一般为一到两年,分别被冠以"初级"和"中级"或类似的名称;第三年以后的"高级"课程或更专业的课程比较少。

从教学内容来说,非汉语专业一般以教授语音、基础会话和基础语法为主;这是由课程设置所决定的。因为汉语的发音对日本学生来说比较难,所以开始阶段的教学重点是语音;学习过程中辅以问候语或基础会话。专业课程则程度要深一些,也比较系统。除了语言课之外,中国社会、经济、历史文化等也在教授之列。

二、学　　生

　　日本大学里学习汉语的主体是一、二年级学生,三、四年级学生比较少。对于学生来说,外语是必须的学分,没有这个学分则影响毕业。因此,有相当一部分对外语并不十分感兴趣的人在取得了外语学分后就放弃了外语学习。同时,如何较容易地取得学分也是他们必须考虑的事情,而汉语易学的假象使不少人没怎么考虑就选择了汉语。这一点从学习人数的"金字塔"形一看便知。

　　所谓"汉语易学的假象",是指有不少日本学生持有的以为认识汉字就可以懂汉语的错觉。众所周知,日本一直使用汉字,日本学生从小学开始就学习和使用汉字,而且日语中有很多汉语词汇。因此,日本学生对汉语没有神秘感或陌生感。不过,成也萧何,败也萧何,恰恰是这一点最容易发生问题,也构成了区别于非汉字圈国家学生的特点。日本学生懂汉字,减少了教授汉字和说明字义的时间。但是,日本汉字并非完全等同于中国汉字,两者在字形、字义、词义和用法上有一定的差异。因此,对于初学者来说,这些似是而非的部分会带来一定的混乱,稍不注意就会闹笑话(见文后说明)。

　　另外,如果不指定座位的话,日本学生不会主动地坐在前排的位置,他们担心在老师的眼皮底下会被经常提问。同时,日本学生也不大愿意主动提问,纵使有时被问到了,回答也会小心翼翼,生怕答错。这大概与其文化传统有关。

三、汉语教师培训

　　日本的汉语教师既有日本人,也有中国人或其他国家(国籍)的人;全职教师(常勤教员)以日本人为主,兼职教师(非常勤讲师)中,中国人占有很大的比重。中国人教师中,非汉语专业或非中文系出身的人占多数。因此,教师本身的学习也是非常必要的。在日本,从多年前开始就有不同形式的汉语教师培训班,主办者有中国的国家汉办和驻日使领馆,也有日本的大学及其他部门。这些培训班起到了积极的作用,但是培训内容不系统及非长期化等不足也是事实。有鉴于此,笔者担任会长的关西汉语教师交流协会在中国驻大阪总领事馆教育室的主持下,从2008年开始连续三年举办"汉语教师培训讲座"(2011年移交关西外国语大学孔子学院),以本地化和长期化的视角培训在日汉语教师。在当年提交给中国国家汉办的申请报告中,对办班目的有如下的表述:

教学活动能否成功,取决于教师与学生两个方面,而教师方是关键。同样,对外汉语教学活动能否取得好的效果,汉语教师自身的素养至关重要。……如何提高众多非汉语专业出身的汉语教师自身的教学水平及专业知识水平,是主办方和承办方一直在思考的问题。实现汉语教师培训的本地化和长期化便是思考的结果之一。

这一想法迅即得到了国家汉办的大力支持,并很快就成为现实。培训班分语音和语法两个班,同一天进行。培训班以汉语基础知识、教学法、对日汉语教学的特点等为内容,力求系统、实用。

2009年各班均开了十期讲座,具体内容如下:

语音班:1-2,汉字概说;3,标点符号;4,语音学基础与普通话语音;5,《汉语拼音方案》及其教学;6,对日本学生的汉语语音教学;7,汉语方言概要;8,音韵学基础;9,普通话与北京话;10,语言与言语。

语法班:1,语法概说;2,汉语的词类;3,汉语的词汇;4-7,句子成分与短语;8,A:"构式-语块"教学法;B:汉语虚词教学中比较方法的运用;9,普通话语法和方言语法;10,汉语语法的历史变化。

2010年各班均开了八期讲座,具体内容如下:

语音班:1,语音学基础与普通话语音;2,《汉语拼音方案》及其他;3,普通话与北京话;4,语法基础;5-6,语法基础;7,标点符号;8,单句和复句。

教学法班:1,对日本学生的汉语语音教学;2,汉语词汇教学;3,汉语方言概要;4,音韵学基础;5,作为第二外语的汉语教学;6,汉语语法教学;7,教学法概要;8,利用电子教材进行教学。

主办者认为,对于许多没有系统地学过专业知识的受训教师来说,基础知识是必须的。如果没有汉语教学的整体概念和系统知识,就难免盲人摸象,就无法将各方面的知识串联起来。在遇到实际的教学难题时,也就难免手忙脚乱。专题讲座是基础讲座的细化和提高,每次有不同的重点,集中解决某一方面的教学问题。

同时,本地化培训具有一定的优势。第一,本地培训可以从容安排时间,并根据实际需要安排内容。第二,可以保证培训质量。培训班的讲课人都是教学一线的大学老师,而且均对相关领域有较深的研究。同时,主讲人可以使用当地语言,并可结合自己的教学实践授课,保证了培训的效果。受训教师也可以用本地语言提问,减少了因为汉语听说能力不太好而产生的心理压力。第三,主讲人和听讲人之间可以建立长期的互动关系,使培训效果并不局限于某一次讲座。

四、关于日本汉语教育的思考

　　笔者作为在日本教授自己的母语——汉语的中国人,旅日二十年来,亲历了日本汉语教育取得的巨大成就,并为此而欣喜。与此同时,也想过一些问题。

　　我们为什么要学习外语?应该有很多种答案,而且答案会因人而异。我个人的理解大概有这样的几个理由或目的:一是向往或崇拜目的语国家或民族的先进文化和先进技术,二是带有某种相对单纯的目的诸如生活、旅游、工作、商贸、军事等,三是为了提高个人修养,四是迫于某种外来压力如殖民统治。

　　在中国的隋唐时期,强大的国力和先进的文化吸引了无数外国人,日本也多次派出遣隋使和遣唐使前往中国。他们从中国带回的文字和先进的社会制度、科技、文化艺术、思想等,深深地影响了日本人。明治维新使日本跻身于世界强国之林,再加上中国饱受外来侵略,陷入半殖民地状态,昔日中国的辉煌不复存在,汉语在日本的辉煌也就不复存在了。相反,随着中国留学生的涌入和一些先进的科学技术等的传播,日语开始影响汉语,有一些词汇被借用到了汉语中。近几十年来,中日两国的政治关系虽反反复复,或晴或雨,但拥有先进技术和雄厚经济实力的日本和拥有巨大市场的中国找到了各自的利益所在。因此,汉语在日本成为继英语之后的第二大外语,日语在中国也成为继英语之后的第二大外语。从目前情况来看,这种现象应该会持续下去。

　　当然,也应该看到,目前中日两国虽然在多方面都互相离不开对方,但是在日本却并没有形成新的汉语热。可能有两方面的原因:一、"少子化"使得升学容易、选择余地大,带来学习者学习意识的淡薄。二,中日两国国际地位的微妙变化和近年中日关系的负面影响、两国国民感情的多年累积,使得日本人对中国的感情五味杂陈,好坏兼有。

从汉语教学活动本身来看,虽说近年来日本汉语教育的成果巨大,但是作为一名汉语教师,也有一些隐忧。

第一,各大学虽有众多的汉语学习者,但大多是"初级"的,"中级"人数锐减,坚持上到"高级"班的更是凤毛麟角,让人颇有"弟子三千,贤人七十"之感。究其原因在于课程设置,在于有不少学校不要求太多的外语学分。

在大学入学统考中,自1997年增加汉语考试以来,考生人数始终没有超过五百人,而且其中有不少是华侨华人子女和长期在中国生活过的日本人。这说明高中生的汉语学习远远达不到高考的要求。

第二,日本汉语教材数量众多,但为大多数人所普遍使用的教材很少。这不是好现象。究其原因,笔者以为问题不在于教材的水平,而在于山头主义。不少学校没有统一教材,由任课教师自己决定;有统一教材的则多为自编教材。

从教材本身来看,初级教材占据大半壁江山,中级、高级教材比较少。这一点是课程设置所决定的。没有市场,自然也就没人编写,没人出版。

第三,汉语教师自身的水平参差不齐,这是不争的事实。非汉语专业甚或是非文科院系出身的汉语教师提高专业水平、提高教学技能是必需的,汉语专业出身的老师不断更新知识和改善教学方法也很有必要。不过,据笔者所知,参加相关培训或相关学习的人却不太多。

第二外语的教学效果得不到有效的保证也是一个问题。据笔者所知,日本教师之间很少有公共教研活动,也不相互听课和共同切磋教学技能。至于教学效果怎么样,无人过问。也许有人认为这是尊重教师,相信教师的个人能力,但如果遇到教学效果不好的教师的话,对于学生来说则有失公平。

参考文献

洪历建,《全球语境下的汉语教学》,学林出版社,2011年,上海。

安藤彦太郎,《中国语与近代日本》,卞立强译,北京大学出版社,1991年,北京。

附录:日本汉字与中国汉字简要比较

一、以现行汉字标准来看,中日汉字具有以下关系:

(1) 日本汉字与中国的简化字、繁体字完全同形。

(2) 日本汉字与中国的繁体字同形,即中国简化了,日本没有简化。

(3) 日本汉字与中国的简化字、繁体字均不同形,即中国和日本都将原繁体字形简化,但简化形式不同,例如(繁-简-日):

對-对-対　擧-举-挙　廣-广-広　賣-卖-売　讀-读-読
邊-边-辺
團-团-団　發-发-発　經-经-経　輕-轻-軽　歡-欢-歓
錢-钱-銭
續-续-続　應-应-応　氣-气-気　關-关-関　龍-龙-竜
價-价-価
從-从-従　鷄-鸡-鶏　樂-乐-楽　藥-药-薬　齊-齐-斉
圖-图-図
實-实-実　豐-丰-豊　腦-脑-脳　幫-帮-幇　壓-压-圧

(4) 中日两国汉字原本同形,但现在中国使用新字形,而

日本仍使用旧字形,例如(汉-日)

晚-晚　天-天　差-差　着-着　冰-氷　凉-涼　净-淨　决-決

况-況　真-真　将-將　角-角　两-両　宫-宮　步-步　卧-臥

虎-虎　叫-叫　直-直　遍-遍　阪-阪　所-所　修-修　吴-吳

骨-骨　穿-穿

二、除去字形的差别,有些相同意思的词汇,日汉形式不同,例如(日-汉):

湯-热水、开水　走-跑　老婆-老太太　丈夫-结实　大丈夫-没关系

約束-约定(名)　勉強-学习　留守-不在家　娘-女儿　手紙-书信

三、有些词语日汉意思相同或相近,但用法不同,例如:日语的"裁判"指法律审判,"审判"指体育比赛中的裁判;日语的"扶养"对象包括父母、兄弟和子女,而汉语一般只用在子女方面,对父母应该是"赡养";日语的"视察"范围与是否为自身管辖无关,而汉语则只能视察自己的管辖范围。

新加坡高校中的中华语言与文化教学
The Teaching of Chinese Language and Culture at the Tertiary Institutions in Singapore

梁秉赋(Peng Fu Neo)
新加坡南洋理工大学国立教育学院
National Institute of Education,
National University of Singapore

提要 新加坡四所国立高校中有两所设有中国语言与文化研究课程的院系。这些课程有一个显著的特点就是用中文授课。这一点意义重大。因为在新加坡,英文是全国的工作语言,同时又是各个学校多数学科的教学语言。虽然新加坡执行的是双语教育政策,各校必须开设英语和学生的母语(华语、马来语、泰米尔语)课程,但英语是作为第一语言、其他语言是作为第二语言来教授的。所以英语自然成了绝大多数新加坡学生的主要语言。如果要在高校实行用华语来教授汉语和中国文化,困难可想而知。举例来说,有关院系如何保证我们有足够的生源,而且学生既要对汉语和中国文化感兴趣,又具备报考这些学科的必要的语言能力。本文试图探讨这些问题。本文认为,新加坡的双语教育实践近年来出现一些变化,它致力于扩大有兴趣并且有能力把双语(英语和汉语)都作为第一教学语言的学生人数。

关键词 双语教育 新加坡双语政策 教育语言政策规划 国家语言规划 国际汉语 华人移民

一、导论：汉语的"国际化"与新加坡经验

过去三十年以来，在中国大陆以及台湾、香港和澳门以外的地方，有越来越多的国家把汉语作为学校的一门课程。在这些国家之中，除了把汉语列为一门外语（foreign language）来教授之外，还有一个更值得注意的趋势，那就是将汉语作为一种社区语言（community language）或祖裔语言（heritage language）而纳入其主流教育体系之中。正如我们所了解的，上述现象的出现主要缘于两大因素，即，近来中国的经济影响力，以及当代的华人移民潮。前者促使这些国家致力于把汉语作为一门重要的外语来教授，而后者则致使这些国家将汉语接纳为一种社区语言，或其多元族群国民中的一种祖裔语言。后一方面的发展之所以更值得关注，是因为汉语如果在这些国家之中不仅仅是作为一门外语，而且是被当成是该国家与社群自己的一门语言来教授的话，那汉语日后极有可能在这些地区经历一段本土化的过程，而发展出有新颖的地域型态的汉语。由于受到"World Englishes"的启发，已有学者对此加以留意，开始探讨"国际汉语"的新概念。

当然，我们了解，汉语从其原生地有规模、有系统地向境外移植，在历史上就曾有过。在19世纪末至20世纪中叶的几十年之间，以闽、粤两地为主的中国南方省份人口，曾大量移民东南亚。这些中国南方省份的方言和我们今天所称的"汉语"

(Mandarin)当时就曾经随着这股移民潮,扩散到东南亚一带,并在那里落地生根。但是,相较于过去的那一股汉语向境外拓展的浪潮而言,当今的这一波汉语"国际化"现象从其移植区域以及可能的本土化过程来看,都有截然不同的崭新发展。首先,这一次的汉语境外拓展,主要发生在北美、欧洲、澳大利亚、新西兰和日本等发达国家。其次,今天汉语在当地的扎根,与从前移民东南亚的华人必须通过自办华文学校来完成的经历是很不一样的。现今的华人移民可以利用其移居国比较开明的国家语言政策之便,为汉语教学在这些国家的主流教育领域中争取到一席之地。

肇始于1980年代而持续至今的这一股最新的华人移民潮,人数极为庞大。它其实是过去四十年来,为数达上亿之众的世界跨国移民潮的一部分[①]。根据一份研究所作的估计,至2006年为止,已有400-460万以上的华人从中国大陆、70-80万从台湾和香港移民国外。这些所谓的"中国新移民",绝大部分(约80%)是迁徙到发达国家的。其中,到美国去的有约180-190万;加拿大约90-100万;欧洲约90万;日本约30万;澳大利亚和新西兰约30万。由于移民的方式包括合法与非法的渠道,后者的数据则更难以把握。因此,这些由中国大陆及港、台地区迁往发达国家的移民之实际数字,极有可能比这里的估计更高(庄国土,2007:8-9)。

明白这一波最新的华人移民潮之迁徙地主要是发达国家以后,我们就不难了解,汉语目前为什么得以在一个广泛的范围内,通过被接纳为社区语言或祖裔语言的形式,而进入不同国家

[①] 据了解,全球范围内的国际移民数目,自1960年代以来到1975年,有8400万;至2000年已达到1.75亿;到了2005年,更达到1.91亿人。见庄国土,2007:8。

的主流教育体系之中,从而造成所谓的汉语"国际化"现象。其关键在于,这些西方国家或发达国家,大部分都有着奉行多元文化并存之理念的政体,所以它们对所接纳的移民社群固有的语言文化有较大的包容性。这些国家认识到,对各族裔国民原有的语言文化给予应有的尊重与完善的发展,将为整体社会带来正面的影响,因此,在这些国家中纵使是位居少数的族群,也拥有较大的空间来发展其祖裔语言。汉语在很大的程度上便是藉着这样的国策,随着这一波的华人移民潮,而被接纳为这些国家的社区语言的①。

然而,由于各国的国情有异,汉语通过成为一国的社区语言而国际化以后,它要面对的一个迫切问题,便是要如何适应不同环境的挑战,而发展出有利于它在移居国扎根、成长的一套教学体系。对这个问题,新加坡的华文教学经验也许有一些值得研究的地方。这不单是因为它曾经历过一段比较长的摸索过程,因此累积的经验相对而言较为丰富。更重要的是,新加坡的国家教育体系,是一个以英语为主要教学语言的教育体系,而当地的华文教学,则是从属于这样一个主流教育体系之中的语言教学,是在一个以英文为主导语言的国家的主流教育制度中运作的华文教学体系。因此,对正在一些西方发达国家的主流教育体系里成长、发展的汉语教学,新加坡的华文教学及国家语言政策,其经验与探索可能具有直接的借鉴意义。

新加坡华族约占全国总人口的75%。但基于历史因素与

---

① 比如,洪历建在《澳大利亚国家语言政策及其对澳大利亚高校汉语教学的影响》一文中,分析了澳大利亚的国家语言政策在1990年代以来所发生的重要变化是如何使汉语不但进入了该国主流的教育体系,甚至被接纳为它的一种社区语言的。见洪历建,2011:61-83。

政经现实的考量,华语(也就是"汉语",下同)自建国以来一直都没有成为该国的国语(national language)或主要的工作与行政用语①。华语与马来语(Malay)、淡米尔语(Tamil)和英语并列为新加坡的四种官方语言(official language)。而且,华语、马来语和泰米尔语,代表新加坡华、巫、印三大族群的祖裔语言,虽然与英语并列为官方语言、享有法律上的平等地位,但英语才是该国的政府行政语言,以及金融、通讯、科技和工商业各界的工作语言(working language)。这一事实,自然而然地使英语成为新加坡全国各级学校(特别是高等教育与专业训练)的主要教学媒介语。因此,虽然新加坡实行双语教育的国策,规定华语为新加坡华裔在校学生必修、必考的"母语"(mother tongue language)科目,但作为其国家主流教育体系子系统之一的华语教学,实际上是从属于一个以英语为第一语言的架构下的语言教学。也就是说,其华语教学是面对着与另一种强势语言竞争下的语言教学。在这样的一种体制的制约下,华语的教与学该如何兼顾到普及与高端的层面,以便善用主流教育体系所给予的资源,来使华语成为一种具有活跃生命力的社会语言呢?若是我们将新加坡在这一方面的规划,置放在以上所讨论的汉语国际化进程的语境下来思考,其经验与尝试可能有些许值得借鉴的地方。

在新加坡主流教育体系中的华文教学,实是一套涵盖中、小学至大专范畴的课程系统。因此,本文的讨论并不局限,或者说不仅聚焦于新加坡高等教育层面中的华族语言与文化之教学,而是把基础教育的层面也并联为一个整体来讨论。具体而言,

---

① 马来语(Malay)才是新加坡宪法所定的"国语"。

即以新加坡的两所国立大学里的中文系之课程结构为切入点，思考主流教育体系可以作出怎样的协调，使作为一种社区语言而非国家的主导语言的华语华文，在体制中得以维持其生命力，从而保障其社会地位。本文的中心议题是：从课程内容与结构而言，新加坡大学里的中文系基本上仍是比较接近中国大陆，及港、台等地的大学所开办的中文系，而并非英、美或欧洲等西方国家大学里的东亚系（East Asian Studies）、汉学系（Sinology），或中国学系（China Studies）。因此，值得我们追问的是，既然在新加坡的主流教育体系中，不论是基础还是高等教育的层面，英语都是教学上的主导语言，那为什么它的大学里的中文系仍会是以汉语为主导语言的国家的传统中文系为模式的呢？这样的中文系的课程结构首先要面对的一个考验，便是它所招收的学生在基础教育的阶段所掌握到的中文是否能与大学课程的语文水平之要求衔接的问题。对于这个挑战，新加坡有什么对策？它所采用的方案对当今汉语的国际化发展又具有怎样的参考价值呢？

二、"汉学"、"汉语"与"中文"专业

新加坡的四所国立大学中[①]，有两所开办中文系课程。第一所为新加坡国立大学（以下简称"国大"），它的中文系隶属于该校的文学与社会科学院（Faculty of Arts and Social Sciences）。

[①] 这四所国立大学是：新加坡国立大学（National University of Singapore or NUS）、南洋理工大学（Nanyang Technological University or NTU）、新加坡管理大学（Singapore Management University or SMU），以及新加坡科技与设计大学（Singapore University of Technology and Design or SUTD）。

第二所为南洋理工大学(以下简称"南大"),它总共有两所学院开办中文系课程。其中一个中文系隶属该校人文与社会科学学院(College of Humanities, Arts and Social Sciences),另一个则隶属国立教育学院(National Institute of Education)。本文重点讨论国大中文系及南大人文与社会科学院的中文系的课程[①]。

首先,我们可以从课程结构与要求上,来认识新加坡这两所国立大学开办的中文系。这两所大学的中文系,都旨在让学生考获本科和高级的学位[②]。因此,它们开办的是提供高级学术专业训练的课程。在本科方面,两所大学的中文系都提供中文"主修"(major)课程,让学生修读。国大和南大人文与社会科学院的中文系,虽然基本上都以华语与中华文化的教授为其课程的核心,但它们在专业的称谓与组织上却有一些差异。新加坡国立大学的"中文系",其英文名称为"Department of Chinese Studies"。它在行政组织上虽为一"系"(department),但实际上却是一个提供两个主修课程的科系,其一是"汉学"(Chinese Studies),另一个为"汉语"(Chinese Language)。它所开设的与中国语言和中华文化有关的各门课,分别属于这两个并立的主修课程。学生可选择"汉学"或"汉语"作为主修科目,以考取学位。这里所谓的"主修",指的是一名学生在他的这一专业学习领域中所修得的学分,比重达到他毕业所需修满的总学分中的一半或以上。由于国大的主修课程又分三年制文学士(Bachelor of Arts Degree),及四年制荣誉文学士(Bachelor of Arts Honours Degree)两类,因此,以三年制的文学士学位而言,国大中文

---

① 这样处理的原因,主要是因为南大的国立教育学院中文系,已有学者作了专业的讨论。见吴英成,2011:118—133。
② 本文不涉及对这两个中文系的硕士与博士课程的讨论。

系规定，一名学生要取得"汉学"主修的学历，他必须在系里"汉学"部分所开的课程中修满60个学分的课。同样的，要取得"汉语"主修的学历，其要求也是60个学分。至于修读四年制荣誉文学士学位的学生，则分别需要在系里所开的相关课程中修满100个学分，才能取得"汉学"主修或"汉语"主修的学历①。南洋理工大学人文与社会科学院的"中文系"的英文名称为"Division of Chinese"，它所提供的则是一个单一的四年制荣誉文学士学位"中文"主修课程（Bachelor of Arts in Chinese）。其规定是，一名学生若要取得主修学历，必须在该系所开的课程中修满69个学分的课。这个比率为该名本科学生毕业所需的126个总学分的55%②。由此可见，选择到这两所大学念中文系的学生，不论是以"汉学"、"汉语"或"中文"为其主攻范畴，他们所接受到的与中国语言文化有关的专业训练之课程比率，皆占整个本科课程总数的一半或以上。需要说明的是，新加坡大学近年来在本科课程的规划方面，亦已因追随北美的理念与模式而从"深度"（depth）倾向"广度"（breath）发展。因此，若从这个大背景来看，则不难发现，这两个中文系的课程，是一个具有一门独立的主修学科应有的专业强度的本科课程。

接着，我们可以再从这两个系具体的学科要求上来进一步了解其专业性。国大的"汉学"主修规定，除了"汉学导论"、"中国通史"、"中国文学史"、"经史子集"和"历代文选"这五门课为"必修单元"而外，学生还需要从"文学单元"、"史学单元"、

---

① 这里的说明，是依据国大中文系网站：http://www.fas.nus.edu.sg/chs/，所列讯息整理而来。

② 这里的说明，是依据南大中文系网站：http://chinese.hss.ntu.edu.sg/CH/Pages/Home.aspx，所列讯息整理而来。

"哲学单元"、"当代中国和海外华人单元",以及"其他单元"这五大范畴中,选择感兴趣的课,来修满毕业所需的学分。因为这些单元的每一门课都是4个学分,所以,一名以"汉学"为主修的三年制文学士学位课程的学生,必须在国大中文系修满15门课,方能取得学历资格;而四年制的学生则须修满25门课,才能取得荣誉文学士学位。国大"汉语"主修的课程结构也与此类似。它规定,除了"汉语导论"、"中国文字学"、"汉语语音学"、"汉语语法"和"中国文学史"这五门课是主修生的"必修单元"以外,学生还需要从"汉语单元"、"翻译单元"和"其他单元"这三大范畴中,选择感兴趣的课,来修满其毕业所需的学分。同样的,这些单元的每一门课也都是4个学分,所以,一名以"汉语"为主修的三年制文学士学位课程的学生,必须在国大中文系修满15门课,方能取得这一学历;而四年制的学生则须修满25门课,才能取得荣誉文学士学位①。至于南大人文与社会科学院的"中文"主修,其课程结构则规定,该系"核心单元"中的"文学与文化导论"、"汉语导论"、"先秦两汉魏晋文学"、"阅读与写作"、"唐宋文学"、"元明清文学"、"中国历史导论"、"中国现代文学"、"中国思想史"和"东南亚华人"这10门课,为学生必修的科目,这些必修课总计为35个学分。除此之外,学生们还需要再从"选修单元"中修满另外的34个学分的课。这一选修部分的课,则被归纳为"文学与文化"、"中国历史与思想"、"现代中国社会、政治、经济"、"语言学与汉语语言学"以及"华人研究"的这五大范畴之中。由此可见,一名以"中文"为主修的南大学生,总共必须在该校中文系修满20门以上的课,方能取得

---

① 见国大中文系网站:http://www.fas.nus.edu.sg/chs/

荣誉文学士学位①。我们看到,国大与南大中文系在课业的选修细节上,的确存有些许的差异。然而,我们应当会同意,它们在科目的数量与其范畴的涵盖面上对学生的具体要求,却是同样有坚实、严格之持守标准的。因为两所学府的中文系学生需要修读的科目,除了在数量上达到15至20余门的强度以外,其范畴亦广泛,涵盖了古代及现当代中国的语言、文学、历史、哲学,甚至海外华人研究的领域。

　　从以上课程范畴之概述中可以观察到,新加坡这两所大学里的中文系是有其独特之处的。首先,这两个置身于一个以英语为主要教学媒介语的大学里的中文系,在课程结构上却与中国大陆和港、台地区的中文系接近。因为在这些以中文为主导语言的大学之中文系中的习见科目,如历代文选、中国文学史、先秦两汉魏晋文学、唐宋文学、元明清文学、中国现代文学,以及中国文字学、汉语语音学、汉语语法等等,也都被列为国大和南大中文系的必修或选修课。但是,再细看之后却又会发现,它们的课程与这些大中华地区传统的中文系其实也并不完全一样。因为,这两系的必修与选修课中,又包含着史学单元、哲学单元、海外华人单元,以及现当代中国的社会、政治、经济,甚至翻译单元等科目。这就有把中国的语、文、史、哲,甚至海外华人社会研究兼容并蓄的意味了。从这一点来看,则国大和南大中文系的课程,就与所谓传统中文系一般仅专注于中国语言与文学的教授是有区别的;似乎与欧美的东亚系或中国学系较为接近了。那么,新加坡的这两个中文系在研究与教学专业上,到底是如何自我定位的呢?这的确是一个值得了解的问题。要回答这个问题,也许最直接的办法就是把它们所开的课程作一通盘的概览。

---

① 见南大中文系网站:http://chinese.hss.ntu.edu.sg/CH/Pages/Home.aspx

因此,以下试以列表的方式,把它们的课程全貌展示出来:

南大"中文主修"	国大"汉学主修"	国大"汉语主修"
核心单元	**核心单元**	**核心单元**
文学与文化导论	汉学导论	汉语导论
汉语导论	中国通史	中国文学史
先秦两汉魏晋文学	中国文学史	中国文字学
阅读与写作	经史子集	汉语语音学
唐宋文学	历代文选	汉语语法
元明清文学		
中国历史导论	**文学单元**	**汉语单元**
中国现代文学	中国小说	汉语语义学
中国思想史	中国散文选读	汉语风格学
东南亚华人	唐宋词	语言学专题(一)
	中国韵文选读	语言学专题(二)
选修单元	中国韵文研究	语言与文化
A组:文学与文化	中国戏剧	汉语语言学要略
台湾与香港文学	中国现代文学	汉语语言习得
中国古典小说	城市与现代中国文学	汉语人类语言学(以英语授课)
唐诗	中国白话小说	汉语修辞学
中国俗文学	唐宋诗选与习作	汉语语汇学
文学与文化批评理论	中国章回小说	汉语话语分析与语用学

（续表）

南大"中文主修"	国大"汉学主修"	国大"汉语主修"
华文剧场与表演	中国文学批评	古代汉语
中国古典戏剧	作家/专书研究（一）	汉语社会语言学
专家诗研究	作家/专书研究（二）	汉语音韵学
文学创作	中国文学专题（一）	汉语训诂学
现代诗、现代主义与现代性	中国文学专题（二）	汉语方言学
两岸三地电影的文化研究	新马华文文学（一）	汉语语言学专题
中国古典文学批评	新马华文文学（二）	汉语的概念隐喻
晚明文化中的情与欲	中国文学专题（以英语授课）	汉语语法的理论问题
中国小说的叙事		汉语史
中国文学与性别研究	**史学单元**	
华文文学与文化研究专题	近代中国社会政治史	**翻译单元**
中国古典文学专题（以英语授课）	中国历史专题（一）	基础翻译
	中国历史专题（二）	翻译与传译
B组：中国历史与思想	中国断代史（一）	高级翻译
先秦诸子思想	中国断代史（二）	翻译研究
儒家思想	中国地方史	
分裂与统合——从春秋到五代	中国女性：历史与文学	**其他单元**

（续表）

南大"中文主修"	国大"汉学主修"	国大"汉语主修"
中国的佛家与道家思想	中国文化史	中国通史
征服王朝——从宋初到清末		中国韵文选读
现代中国的战争与记忆	**哲学单元**	选读
中国现代思想与文化运动	中国哲学史	
中国文化交流史	中国哲学专题(一)	
中国历史与思想专题	中国哲学专题(二)	
	儒家思想专题	
C组：现代中国社会、政治、经济	宋明理学	
理解中国	中国近代、现代思想	
当代中国政治与社会		
中国的改革开放与经济发展	**当代中国和海外华人单元**	
现代中国的城市文化	工商华文	
中国在亚洲	新加坡的中文媒体：理论与实践	
台湾海峡两岸关系	中国商务	
中国与亚细安	中国历史上的商业与文化(以英语授课)	
全球化中的中国	中国社会中的宗教	

（续表）

南大"中文主修"	国大"汉学主修"	国大"汉语主修"
现代中国专题	跨界现代中国：文学·文化·历史	
	当代中国研究	
D组：语言学与汉语语言学	中国社会经济史	
汉字学	当代中国：1949至今	
现代汉语	当代中国文化	
汉语词汇	现代中国报刊文化	
语言与社会	现代中国与现代世界	
汉语的变体	现代中国社会与文化	
汉语音韵	中国电影文化（以英语授课）	
汉语与语法理论	东南亚华人	
汉语语义学	海外华人社会	
篇章、修辞与风格	海外华人专题	
汉语语言学专题		
	其他单元	
E组：华人研究	专书：《四书》	
新马华人史	专书：《庄子》	
东南亚华文教育	中国艺术概论	
新马华文文学	中国艺术专题	
欧美地区华文文学	中国艺术概论（以英语授课）	

(续表)

南大"中文主修"	国大"汉学主修"	国大"汉语主修"
新加坡的跨文化剧场	中国艺术专题(以英语授课)	
海外华人与中国	中国传统导论(以英语授课)	
新加坡社会与文化研究	中国文明专题(以英语授课)	
全球化与海外华人	中国古代的科学与医药(以英语授课)	
华人移民	缔造"中国":中国古代帝国的形成(以英语授课)	
华人研究专题	荣誉学位论文	
	自行学习研究	
毕业作业	中国实习课程(以英语授课)	

* 此表依据两系网站所示讯息整理而得。需要说明的是,这里所列的课目,是两系挂有编号但并不一定常年或每一学期都会开设以供选修的课。

从上表之整理所得,我们能更清楚地看到,不论是国大的文学与社会科学院,或是南大的人文与社会科学院的中文系,其课程范围的确并不仅限于中国语言与文学的教学而已,而是涵盖了古代及现当代中国的历史、哲学、艺术、社会、经济、政治,以及海外华人和中英翻译等的领域。所以,严格来说,它们与专以中国语言与文学课程的教授为核心的传统中文系是有些距离的。若以一种较为严格的尺度衡量，它们也许更应该被称之为中国文明或文化研究系。如果是这样的话，这就意味着它们应该是与欧美的东亚系或中国学系同一类型的科系了。不过，这一看法其实是不准确的，因为它忽略了极为关键的一个重点，那就是，这两个中文系所开设的课，绝大部分都是以华文来教授的，其课程所教授的文本和参考书目，也都是以中文文献为主的。这就使它们与西方的中国文化或文明研究学系有着根本的不同。换句话说，国大与南大的中文系可说仍是以一个华人地区的中文系为其自我定位的。

当然，新加坡大学里的中文系在课程属性上之所以有这样的一种定位，是有其历史和社会因素的。这一方面的问题过于复杂，非本文的讨论范围。本文所欲探讨的是，这样的一种课程规划牵涉到的一个很根本的技术性问题是如何解决的。我们知道，新加坡从基础教育的阶段开始，即以英语为学校中的主要教学媒介语。这意味着，新加坡的华族学生一般而言对英语的掌握能力是远强于其母语的。因此，国大和南大的中文系如果是以大专水平的华文作为其主要授课语文的话，它们是如何确保进入该系就读的新加坡学生，在语文能力上可以跟得上课业上的要求的呢？

三、"华文"、"华文 B"与"高级华文"

新加坡国立大学和南洋理工大学的中文系之所以能以中文为其主要教学媒介语，从而使其课程结构在性质上较为接近中国大陆与港、台的中文系，关键在于新加坡的主流教育体系之中，在小学与中学阶段就已设立机制，让那些自小对华文有兴趣、又有能力把华文掌握好的学生，有机会在进入大学以前，就得以持续和有系统地学习较高水平的华文课程。这样的一套机制，确保在一个以英文为主导语言的国家教育体系中，仍能够培养出一群华文能力接近或达到第一语文之水平的学生①。因此，这些学生将来进入大学以后，如果选择以中国语言与文化为其主修专业，那他们是有能力直接以中文来修读大学水平的中文系课程的。这一批生源的存在，使国大与南大中文系虽然身处一个以英语为主导语言的社会大环境之中，仍能够独树一帜，以中文为其主要教学媒介语，让学生能通过直接阅读原著而不是倚重翻译的方式，来学习中国语言与文化。

在新加坡的双语教育体系之中，英语是全国各级学校的主要教学语言，也是学生自入学之始，便以第一语文的水平来学习的语文。然而在英语之外，每一名新加坡学生在学校中还需要修读"母语"课，把它作为第二门语文来学习。政府规定，华族学生必修的的母语课为华文，马来族学生则为马来文，而印族学生则为淡米尔文。这一教育政策，遂使所有的新加坡华裔学童在中、小学阶段，都因为要学习必修的母语课程而掌握了华文。然而，华文虽然是学校中必修、必考的科目，但由于它是学生在其以第一语文的水平来学习的英语之外兼习的另一门语文，因此难以要求所有的学生对它的掌握能力都达到等同于其第一语文的水平。基于这一理解，作为学校里的一门语文课的华文，主要是以第二语文的水平来开设的。也就是说，新加坡绝大多数华族学生所修读的"华文"（"Chinese"），虽然名之为"母语"课

---

① 这里所说的"接近第一语文之水平"的华文，是针对新加坡语文教育的语境而言的"华文"。其所谓的"第一语文之水平"，是指与学校中作为主要教学语文的英文之水平对比而言的；而不是指接近或等同于中国大陆的"语文"，或港、台地区的"国文"科的第一语文之汉语水平。

程,但它其实是以第二语文的水平来定位的。不过,在新加坡的学校里,还有另一类的华文课是以高于第二语文,而接近于第一语文的水平而开设的,那便是被称为"高级华文"("Higher Chinese")的母语课程。在这两大类别的华文课程之外,学校里甚至还有一种水平被设定为低于第二语文的要求的母语课,那便是被称为"基础华文"("Basic Chinese"),或称"华文 B"("Chinese B")的母语课程。

  这三大类华文课程,在教学目标和语文程度的要求上都有区别。作如此规划的原因,是要在语文的学习强度和难度上做出区分,以便让资质和背景都不尽相同的学生皆有所适从。以下举例简略说明其差异所在。首先,以授课时间而论,各年级的小学"高级华文",就比一般的"华文"每周平均多出一小时。比如小学一年级的"华文",每周的授课钟点为 6.5 小时,三年级为 4.5 到 5 小时,六年级则为 4 小时;而"高级华文"则分别为7.5 小时,5.5 到 6 小时,以及 5 小时。相比之下,小五和小六的"基础华文",每周只授课 2.5 小时(新加坡教育部《小学华文课程标准 2007》,2006:9)。再从识字与写字能力的要求来看,到了小五和小六阶段,"华文"课程的"累积识读常用汉字",其要求为 1600 到 1700 个字,其中 1000 到 1100 个字要会写。而"高级华文"在这方面的要求,则高达 1800 到 1900 个字,其中 1400到 1500 个字要会写(新加坡教育部《小学华文课程标准 2007》,2006:22)。至于中学阶段,就以针对语文技能的训练来说,各项技能在不同的华文课程中所占的比例也有所不同。在"华文"课里[①],"听、说"所占的课程比重为 40%,"阅读"为 30%,而

---

 ① 这里的"华文",指的是让"普通学术源流"(Normal Academic Stream)的学生修读的"华文(普通学术)"。

"写作"则为30%。但听说、阅读、写作,这三项技能在"高级华文"中所占的比重,则分别为:25%、30%、45%。这就与它们在"华文B"中,分别各占:50%、30%、20%的比重形成鲜明的对比(新加坡教育部《中学华文课程标准2011》,2010:7)。同样的,再从识字与写字能力方面的要求来看,中学的"华文"课程要求学生:"能认读2200到2300个常用字",以及"能写其中的1800到1900个字"。然而,"高级华文"的要求则是:"能认读和写2700到2800个常用字"。相比之下,"华文B"则仅要求:"能认读1600到1700个常用字",以及"能写其中的1100到1200个字"而已(新加坡教育部《中学华文课程标准2011》,2010:14)。可见,比起"华文B"以及"华文"来,"高级华文"在阅读与写作方面显然有更高的要求。

由此可知,在新加坡的主流教育体系之中,供华族学生修读的母语课程,若依其语文标准的高低作划分,则总共可概分为三大类别,那就是:近似外语水平的"基础华文"或"华文B"、以第二语文之水平为定位的"华文",以及趋近第一语文之水平的"高级华文"。换句话说,新加坡所实行的双语教育,实际上是一种多层次的双语教育。它是在要求所有的学生必须掌握的第一门语文(英文)的水平上,达至一致之标准的同时,允许学生在他们掌握的第二门语文(母语)的水平上,可以选择达到各自力所能及的标准。因此,在这样的一种体制下,一般的华族学生在以全力掌握作为第一语文的英文之后,只需以第二语文之要求的水平来学习其母语——"华文"。而对于一小部分在学习华文方面有特殊困难的华族学生,国家的教育体制则在要求他们在掌握第一语言的英文之后,允许他们以大致等同于一门外语水平的"华文B"来学习其母语。不过,要是华族学生有意愿而且又有能力,体制则尽力提供资源,让他们可以同时将英语和华语(高级华文)作为第一语文来修读。这就是新加坡的主流教育体系为什么在以英语为主导语文的前提下,也能培养出一批比同侪掌握更高水平之华文的学生的原因。

然而,应该说明的是,新加坡这一套多层次的双语教育制度,其实并不是一项一蹴而就的发明,而是经过长期的调整之后才逐渐成型的。新加坡实行双语教育的历史,可追溯到1950年代。这个被大英帝国统治了一百余年的殖民地,直到20世纪中叶,仍是一个多元民族混居的多语社会①;在教育方面,则是华、马、印、英四种语文源流的教育体系并存。这样的一种语言与教育生态,在实行分而治之的统治政策的殖民地时期,对新加坡人民来说,是一种不得不接受的政治现实。但在殖民主义时代即将结束的时候,人们开始谋划建立一个打破语言与民族之藩篱的新社会。双语,乃至三语教育,因为被视为是实现这一理想的有力工具而为当时的有识之士所积极提倡。那时的想法是,无论是华文学校、马来文学校、泰米尔文学校还是英文学校,除了主要教学媒介语之外,还应当教授第二甚至第三种语文。各校所应当教授的两种或三种语文,便是新加坡三大族群的母语及英语。换句话说,华校应当以英文及马来文为第二和第三语文,而英校则以华文、马来文或泰米尔文为其第二和第三语文。这样的规划,用意是希望各个族群之间因为在语文的学习上有了交集,拥有了共同通晓的语文,遂可消除彼此之间的隔阂②。但

---

① 有学者根据新加坡1957年的人口普查记录指出,当时新加坡的总人口中,计有可区分为33种类别的母语族群(specific mother tongue groups)。见Eddie Kuo, 1980:39-62。

② 这一语文政策的倡导,可见诸发布于1956年的《新加坡各党派华文教育委员会报告书》(Report of the All-Party Committee of the Singapore Legislative Assembly on Chinese Education)及《教育政策白皮书》(White Paper on Education Policy)之中。

自1965年以后,由于政治形势的丕变,学习第三语文的举措渐渐被淡化,新加坡在教育政策上始转向仅专注于教授双语①。而随着华校等民族语言学校在1970年代以后逐渐式微,并最终在1987年为全面的英文教育所取代,新加坡以英文为各族学生共同的第一语文,并以华、马、印三大族群各自的母语为第二语文的双语教育模式遂于此正式成型(*The Straits Times*, 1983 : 1)。

由此可知,双语教育在新加坡发轫甚早。不过,一直到1980年代以前,新加坡在双语教育方面所取得成绩却是不尽人意的。一份对新加坡在这方面二十多年的努力作出检讨的报告——《1978年教育部报告书》(*Report on the Ministry of Education 1978*)称:在当时的小学离校考试中,有62%的学生,其第一或第二语文没法获得及格;初中会考的情况也相近,为66%。换句话说,虽然学校积极教导双语,但学生在双语的掌握上能达到最低水平之要求(也就是在会考中及格)的人数,仅有不到四成的比例而已。(Goh Keng Swee, 1979 : 4-5 of Chapter 3)毋庸讳言,这是一个相当令人触目惊心的数字。这到底是什么原因造成的? 报告书对此作了分析。它认为问题的症结出在当时的教育体系上。即,要一个人同时成功地掌握两种语文,虽然并不是一项难以达到的目标,但它确实是一个具有一定难度的学习历程。然而,新加坡当时用来实行双语教育的制度,却是一套僵硬的教育制度,因为它并没有充分地照顾到每一个学生在学习能力和家庭语言环境上的差异②。

---

① 新加坡为了通过与马来西亚合并而取得独立,自1959年人民行动党政府执政以来,便积极推广学习马来语。许多华族与印族学生,因此需要在其母语及英语之外,再以马来语为第三种语言。但1965年8月9日,新加坡退出马来西亚联合邦之后,以马来语为学校里的第三语言来学习的举措已失去推动力。

② *Report on the Ministry of Education* 1978, Chapter 4.

报告书指出,对当时85%的华族学生而言,他们在国家的双语教育政策下所必须学习的两种语文——英语及华语,其实都不是其家庭常用语①。因此,大部分学生在学习这两种语文时,由于得不到学校以外的家庭与社区的语言大环境的支持,所以学习效果事倍功半。除此之外,当时学校各个年级里所教的第一或第二语文,都是一套单一标准的课程。也就是说,不论是资质聪慧或平凡的学生,都必须接受同等进度与难度的语文训练。这就意味着,如果同时学习双语是一项具有难度的挑战,那么,国家的教育制度显然没有考虑到,学生群体之中那些资质中下的学生,可能无法应付语文课程的要求,而另一些资质比较优秀的学生,则又可能会觉得课程过于简单。这一缺乏灵活性的制度,使得前者在语文的学习上陷入揠苗助长的困境;而对后者而言,则是其学习语言的潜质未能得到充分的开发。诊断出这一"病因"以后,报告书遂倡议,把新加坡的双语教育制度,改造成在一个体系中能容纳多轨并行的新制度。简言之,它认为从小学阶段开始,就应依照学生不同的学习能力,把他们分别归入"一般双语源流"(normal bilingual stream)、"延伸双语源流"(extended bilingual stream)及"单语源流"(monolingual stream)这三大类别的语文源流之中,接受不同要求的语文训练。继之在中学阶段,再划归为"特别双语源流"(special bilingual stream)、"一般双语源流"(normal bilingual stream)和"普通源流"(ordinary stream)。它据以划分的原则,其实就是量体裁衣,让资质最优秀的学生接受英文和母语皆为第一语文之水平的双语教育,而次优者则接受英文为第一语文、母语为第二语文之

---

① 当时新加坡华族在家庭和社区中,主要是以各自所属籍贯的方言来沟通的。

水平的双语教育。至于资质中下的学生,则让他们只接受单语教育,或者学习一门接近外语水平的第二语文。

新加坡在1970年代末摸索出来的这一套制度,其要点在于,它力求对资质各异的学生在他们学习语文的过程中,给予比以往更为周全的支持与照顾。我们知道,它的三大语文源流,是对应着三种类型的学生而设的。但本文因囿于主题之限,将把关注点只放在了解它如何致力于在一个以英文为第一语文的主流教育体系中,培养一批母语水平亦可达到,或接近第一语文之水平的学生群体之举措上。《1978年教育部报告书》中提及的"特别双语源流"是一个专门为学习能力特别强的学生而设的教育轨道,进入这一主流教育体系子系统之一就读的学生,将以第一语文的水平来学习英文和华文。这使他们与其余的学生在母语这一语文科目的学习上有所区别。因为这一批学生所将学习的,是比全国其他华裔学生程度更高的华文。根据报告书的构想,只有在小学离校考试(Primary School Leaving Examination)中,成绩高踞最顶尖8%的范围内的学生,才能够进入这一"特别"的双语源流就读(Goh Keng Swee,1979:2-3 of Chapter 6)。由此可知,这一构想是基于一个简单的概念之上的,那就是认为学生掌握双语的能力,是与其整体的学术能力直接相关的。因为一名学生要在小六会考中跻身成绩最优的8%之行列,就不仅在华文一科上要学习得好,他在其余的三科考试科目(英文、数学、科学)上,也一样要有优秀的表现才行。要不然,他的综合成绩是难以达到顶尖的分数要求的。当然,这一想法有其客观依据。因为语文的学习,在性质上的确属于一种学术技能的考验。所以,一个学术能力强的人,自然对掌握较高语文水平的挑战也是可以应付自如的。不过,这一构想也有一个不容否认的盲点,那就是没有把学生个人的兴趣与家庭环境的因素考虑在内。具体而言,就是这份报告书在培养有能力掌握更高华文水平的学生之计划中,忽略了那些在华文的学习上可以得心应手,而其他科目的学习却成绩平平的学生。这些学生也许没有能力在学校的每一门课业上都取得优异的成绩,但他们可能由于自身的兴趣或语文天赋,也可能由于得益于特殊的家庭背景而在华文这一门学科的学习上,有特别得心应手的表现。虽然如此,他们却要因为会考的综合成绩未达顶尖要求而失去在体制中享有进一步开发他们学习华文的潜质之机会。

的确,教育部亦直接明言,这一"特别双语源流"目标是为了"培养我们最聪慧的学生成为有效地掌握双语的人才(effectively bilingual)"而设的。而且,当时也只安排在全国九所"特选中学"中,开办这一"特别"的语文源流课程(Singapore Ministry of Education,1980)。这便意味着,在全国其他学校中就读的学生,纵使对学习华文特别有兴趣,也有能力在掌握这门语文上更上层楼,他们也得不到体制的眷顾。这样的缺憾后来有了改善。1986年,教育部打破仅在"特选中学"开办以第一语文水平为定位的母语课程之规定。接着在1992年,它又接受了当时的另一份报告书——《新加坡华文教学的检讨与建议》之进言,准备让更多的学生有机会修读更高水平的华文课程。这份报告书指出,应"准许"更多对华文有兴趣,又有能力把它学好的学生,有机会以第一语文的水平来修读华文。它之所以做这样的建议,目的是为了"避免今后十年(新加坡社会)出现华文人才短缺的现象"(华文教学检讨委员会,1992:32,64-65)。于是,教育部在1994年8月宣布,那些在小学离校考试中,成绩虽未达顶尖但仍位列最前的11%~20%的学生,如果他们的母语一科获得特优(A+),而英语这一科目的成绩也获得特优(A+)或优等(A),那他们也能够在升上中学后,修读"高级华文"(Singapore Ministry of Education,1994)。到了1999年,教育部更将能在中学里修读"高级华文"的学生人数,进一步扩大到在小学离校考试中,成绩达到前21%~30%的学生(Singapore Ministry of Education,1999)。到了2004年,教育部还将原本需要考生在英文这一科上,也与华文同样考获优等的要求也取消了,并把评估以及决定学生是否具有能力在学校里修读"高级华文"的权利,下放给个别学校(Singapore Ministry of Education,2007)。换句话说,学生能否在学校里修读"高级华文",现在主要是由校方来决定的。

新加坡教育部一步一步地放宽修读"高级华文"的限制,让更多的学生有机会掌握更高水平的华文,固然是顺从民意的表现。但其实这也反映出,它从多年实施双语教育的经验中认识到,不能仅固守一个片面的想法,或套用一个简单的模式来处理复杂的语文学习方面的问题。这里尤其值得注意的一点是:它已不单从一名学生的综合学习能力,来决定是否让他在承担着英文为第一语文的学习负担时,也允许他同时修读更高水平的母语课程。教育部应该是意识到,学生除了个人的语言天分外,其家庭背景实际上也是一个有助于使他在母语的掌握上,能比同侪达到更高水平的目标之正面因素。比如,以一个土生土长的新加坡学童而言,如果他是来自一个父母或祖父母辈都接受过华文教育的家庭的话,那自小在一个常用华语华文的家庭环境中耳濡目染的优势,已自然地使他具有在学校中接受难度更高的华文课程训练的条件。而对所谓来自"中国新移民"家庭的孩子来说,这一方面的优势显然更是不言而喻的[①]。其实,对

---

① 新加坡与中国于1990年10月正式建立外交关系。过去二十年以来,新加坡接纳了为数颇为可观的来自中国的移民与留学生。

一个发达的社会而言,其国家主流教育体系懂得善用学生的先天和后天优势,尽力协助他们开发其学习潜能,本来就是理所当然的事。新加坡在语文教育政策上的这些举措,可以说是走对了方向。根据教育部的统计,目前在新加坡的小学与中学之中,修读"高级华文"的学生人数已约占四分之一的比率(Singapore Ministry of Education,11 January 2010)。若单以在中学修读"高级华文"的学生而论,其比率则当已接近30%(Singapore Ministry of Education,13 November 2010)。教育部2007年的数字显示,在这一年升上初中一年级的全国学生当中,共有8876名学生是修读"高级母语"(Higher Mother Tongue Language)课程的。而在1995年,修读这一科目的学生只有862名而已①。十二年之间,人数竟增长了10倍。

其实,"高级华文"课程的设立,主要还是一项着眼于在横向面上,扩大能掌握更高华文水平的学生人数之举措。除此之外,教育部还有另一类的课程,致力于在一个以英文为主导语言的教育体系中,培养一群人数不多,但对华文及其文化内涵能有更为精湛的掌握能力的学生。目前,这一类的特别课程有两种。第一种是在1990年就开办的"华文语文特选课程"(Chinese Language Elective Programme)。这是一门在初级学院(等同于高级中学)中开办的两年制课程,原先只在两所初院中开办,现已增至五所。这门课的内容已不仅是单纯的语文教授而已,还让学生更深入地认识中国文学与文化的内涵。学生在课程中修读的文本,不仅有现代汉语和古代汉语的篇章,还包括《论语》、唐诗、宋词、《红楼梦》、《水浒传》,以及现代文学名著的选读。由

---

① 这里的"高级母语"课程,包括"高级华文"、"高级马来文"和"高级泰米尔文"。见 Singapore Ministry of Education, 2007.

于它是一门专以初级学院的学生为对象的课程,因此能让在初中阶段就已经对华文"具有浓厚兴趣与天赋"的学生升上高中以后,仍有机会把他们对中国语言与文化的认识,提升至一个更高的水平之上。由于这是一门比"高级华文"更高的课程,所以它所训练出来的学生,在华文的掌握能力上亦是更胜一筹的。当然,修读"华文语文特选课程"的学生,在人数上要比修读"高级华文"者少得多。但过去二十年来,从这一个课程毕业的学生人数,累计起来也有2100多名(新加坡教育部,2008;(Singapore Ministry of Education,7 June 2010))。他们自然也是新加坡国内大学中文系学生的一个重要来源。在"华文语文特选课程"开办了十五年之后,教育部又再设立这一方面的第二种特别课程——"双文化课程(华文)"(Bicultural Studies Programme〈Chinese〉)(Singapore Ministry of Education,2004)。这门设立于2004年的课程,其目标是为了培养一批对现、当代中国的历史、文化与社会、政经情况能有较为深入认识的学生。它是一门四年制的课程,选修的学生将从初中三年级开始,直到初院二年级修毕整个课程。它每一年所录取的学生约有两百余名,目前共有四所学校开办这一课程。这门课的训练重点虽然不在学生的语文能力方面,但由于它要求修读的学生以华文来撰写他们对现当代中国的研究与学习心得,因此,实际上也是一门能有效地提高学生的华文水平的课程。教育部每年都颁发优厚的奖学金,鼓励优秀学生修读"双文化课程(华文)"和"华文语文特选课程"。修读这两种特别课程的学生,若是将来继续在新加坡念大学并选择以中国语言文化为其主修专业的话,他们自然能以中文直接修读国大与南大中文系所开的课程。实际上,修毕这个课程的学生,有许多还是直接到北京大学、复旦大学或台湾的大学去深造了①。

四、结　　论

　　新加坡的双语教育体系也许可以让我们认识到,在一个以英文为主导语文的国家之中,若是在其主流教育体系的基础教育阶段就有意识、有规划地对学生加以训练,那是有可能培养出一批在第二门语文的掌握上,也达到与其第一语文之水平相等或接近的学生的。"高级华文"和"华文语文特选课程"、"双文化课程(华文)"等语文教学机制的设置,应当是使国大与南大中文系能在一个英语社会中仍以中文为其主要教学媒介语的关键原因。

　　如果以上所提的汉语的"国际化现象",是因中国近来的经济影响力与当代的华人移民潮所促成的,那么,20世纪末以来的这一波汉语由其原生地向境外的拓展,是否能顺利地完成它在迁徙地的扎根或本土化过程,在很大程度上要看它是否能在其移居地开创与维持一个自我生成与再生的语文生态。也就是说,汉语如果要在一个移植地巩固其作为一种当地社区语言的地位,那它在当地的主流教育体系中,就有必要发展成一个能完整地衔接基础和高等教育这两大板块的语文教学体系。因此,从汉语之"国际化"的这一视角来看,新加坡的发展经验似有其可供借鉴之处。

---

　　① 据新加坡总理在该国公共服务委员会2009年奖学金颁奖典礼上的演讲,那一年所颁发的87份奖学金之中,有10份是颁给准备到中国大学修读本科学位的学生的。这10位奖学金获得者之中,有7位是曾经修读"双文化课程"的学生,另有1位则是修读"华文语文特选课程"的。见 Singapore Prime Minister Office, 2009.

参考文献

洪历建,"澳大利亚国家语言政策及其对澳大利亚高校汉语教学的影响",见洪历建主编《全球语境下的汉语教学》(上海:学林出版社,2011年),61–83页。

华文教学检讨委员会《新加坡华文教学的检讨与建议》(新加坡:新加坡教育部,1992年3月28日)。

吴英成"从L1至L2:新加坡中文系变法维新",见洪历建主编《全球语境下的汉语教学》(上海:学林出版社,2011年),118–133页。

新加坡教育部《小学华文课程标准2007》(新加坡:教育部课程规划与发展司,2006年)。

新加坡教育部《华文语文特选课程》(新加坡:新加坡教育部课程规划与发展司,2008年)。

新加坡教育部《中学华文课程标准2011》,(新加坡:教育部课程规划与发展司,2010年)。

庄国土,"中国新移民与东南亚华人文化",《华裔馆通讯》(*CHC Bulletin*),Issue 9,May 2007(新加坡:华裔馆,2007年),8–10页。

Colony of Singapore, Legislative Assembly, All Party Committee on Chinese Education, *Report of the All-Party Committee of the Singapore Legislative Assembly on Chinese Education* (Singapore: Government Printing Office, 1956).

Colony of Singapore, Legislative Assembly. *Sessional Paper*, No. Cmd. 15 of 1956, "White Paper on Education Policy" (Singapore: Government Printing Office, 1956).

Eddie Kuo, "The SociolinguisticSituation in Singapore: Unity in Diversity", in Evangelos Afendras & Eddie Kuo (eds.), *Language and Society in Singapore* (Singapore: Singapore University Press, 1980).

Goh Keng Swee and the Education Study Team, *Report on the Ministry of Education* 1978 (Singapore: Ministry of Education, 10 February 1979), pp. 4–5 of Chapter 3.

Neo, Peng Fu, "Singapore Bilingual Education in 2004: Refinement or Erosion of Past Policy?", *Asian Culture* 28: 40-53 (June 2004).

Neo, Peng Fu, "Chinese Language Teaching in Singapore: An Analysis of Recent Developments", *Asian Culture* 29: 24-40 (June 2005).

Robert Kaplan and Richard Baldauf Jr. (Eds.), *Language and Language -in-Education Planning in the Pacific Basin* (Dordrecht, Boston, London: Kluwer Academic Publishers, 2003).

Singapore Ministry of Education, "New Education System (Secondary) Implementation Guidelines", 1980.

Singapore Ministry of Education, "Notification: Extending the Learning of Higher Mother Tongue Languages", 22 August 1994, see MOE website: http://www.moe.gov.sg.

Singapore Ministry of Education, "Press Release: Chinese Language in Schools", 20 January 1999, see MOE website: http://www.moe.gov.sg.

Singapore Ministry of Education, "Press Release: Nurturing a Core of Students with Advanced Knowledge of Chinese Language and Culture", 3 September 2004, see MOE website: http://www.moe.gov.sg.

Singapore Ministry of Education, "Press Release: Special and Express Courses at Secondary Schools to Merge", 3 August 2007, see MOE website: http://www.moe.gov.sg.

Singapore Ministry of Education, "Parliamentary Replies: Choices for Above Average Chinese Language", 11 January 2010, see MOE website: http://www.moe.gov.sg.

Singapore Ministry of Education, "Speech by Ms Grace Fu, Senior Minister of State for Ministry of National Development and Ministry of Education at the Chinese Language Elective Programme 20th Anniversary Celebration at Hwa Chong Institution", 7 June 2010, see MOE website: http://www.moe.gov.sg.

Singapore Ministry of Education, "Speech by Dr. Ng Eng Hen, Minister for Education and Second Minister for Defence at the Hokkien Festival 2010 Organised by the Singapore Hokkien Huay Kuan", 13 November 2010, see MOE website: http://www.moe.gov.sg.

Singapore Prime Minister Office, "Transcript of Prime Minister Lee Hsien Loong's Speech at the PSC Scholarship Award Ceremony", 25 July 2009, see PMO website: http://www.pmo.gov.sg。

The Straits Times, "It's English for all by 1987", Singapore, 22 December 1983, p. 1.

以语言教学为本位的文化教学与专业汉语教学

Language Focused Teaching and the Teaching of Chinese Culture and Teaching of Chinese for Special Purposes

阮黄英(Nguyen hoang Anh)
越南河内国家大学所属外国语大学
(University of Languages and International Studies-Vietnam National University)

提要 语言是民族文化的载体,要想掌握语言的深层意义,必须了解语言背后的文化背景,因此,语言教学往往离不开产生该语言的民族文化介绍。在交际中语言是人们交流思想、沟通业务的重要工具。若想充分发挥其作用,操语言的人对交流所涉及的领域也应该具备一定的知识。所以,专业语言教学在语言教学中也占有举足轻重的地位。越南汉语教学一直以来语言教学与文化教学并重,但是,专业汉语教学相对来说尚未得到应有的重视。本文试图透过对越南重点中文系汉语专业的课程规划的介绍与分析,阐述在初级、中级、高级等不同阶段的汉语语言技能,以及在汉语言知识、中国文化知识的教学中如何把语言与文化糅和在一起。同时也指出越南汉语教学由以往的纯语言教学转向专业语言教学的新动态。本文还对越南今后汉语师资队伍培训以及越南汉语教学展望提出个人看法。

关键词　文化教学　专业汉语　教学转向　课程模块

一、越南汉语教学中文化教学与专业汉语教学的必要性

1. 汉语与中华文化的紧密关系

众所周知,语言是文化的载体,是反映民族文化的一面镜子。汉语负载着汉民族文化。通过汉语的学习,学习者对汉民族文化会有一定的了解。反过来,若了解汉民族文化,就能够帮助学习者更深刻地掌握汉语。换句话说,我们一方面可以从汉语语音和文字、汉语语法、汉语词汇与汉语修辞来观察汉民族的文化取向,了解汉族人的思维方式等。另一方面可以从汉民族文化知识的输入来理解汉语中各种语言现象。比如,汉族人非常注重音节组合成字词、组合成句子时的和谐和对称,所以现代汉语中的双音节词的数量非常多。这些双音节词主要从古汉语的单音节词演变而来,如:孩——孩子、桌——桌子、师——老师;还有些双音节词从多音节词组紧缩而来,如:高等院校入学考试——高考、人民代表大会——人大、环境保护——环保等。汉字"日、月、山、水"都是根据人们双眼所见的事物形状模仿而来的,是象形字,而"男、休、林、森"等字则为会意字。按照当时人们的思想观念,男人身体强庄,负责田地农活事务,因此"男"字由"田"与"力",分别指土地和力量的部分组成;"休"字看上去像是一个人靠着一棵树木,表示在歇息;两个"木"字连在一

起,就成了"树林",三个"木"字合成一个字,意思就是"森林"。从词的构造上我们也可以观察到汉民族文化的痕迹。比如汉语一部分合成词的内部结构是并列的。有一些并列结构的合成词,它们的并列成分的顺序不能变动,比如"师生、夫妻、男女老幼"我们不能将它们的顺序颠倒成"生师、妻夫、女男幼老"。原因是在古代中国,重男轻女、长幼有序、上下尊卑的观念已成为社会潜意识,深深地影响人们的行为,也影响到汉语的字词结构。再比如,汉语词汇中存有大量国俗词语,像"旗袍、四合院、京剧、景泰蓝、离休"等词,在另一种语言中难以找到完全相对应的词,因为这些词汇反映了中华民族特有的物质文化和精神文化。

由此可见,语言与文化密不可分。因此,对汉语学习者来说,去探寻和了解汉语语言背后蕴藏的中华文化,是一件趣味盎然的事情。

2. 越南汉语教学的新转向——以语言教学为本位的专业汉语教学

进入 21 世纪的第一个十年,越南汉语人才的需求有了新的变化。汉语教师需求目前已呈饱和状态,而专业汉语翻译人才的需求猛增。其中需求量最多的是旅游汉语翻译人才及商务汉语翻译人才,这对越南各汉语教学机构提出了新的挑战。为了适应社会的新需求,越南各汉语教学机构纷纷对原来的教学内容作了大规模的调整,由语言本位教学转向多元化的汉语教学。究竟如何进行改革与调整,是所有的汉语教学机构亟待解决的问题。为此,笔者进行了大量的调研与走访,从实际调查分析中发现,有些汉语教学机构死板地坚持原来的教学目标,即,除了专门讲授语言技能及语言知识以外只有师范或翻译专项,这些机构的汉语专业生源大大减少。另一些教学机构却急于把汉语教学转为专业汉语教学,忽视学生汉语语言技能的强化训练及语言知识的深化了解,这样虽然生源有所增多,但毕业生汉语翻译的长期工作质量受严重影响。

根据上述情况,为了满足社会需求,同时保证汉语人才的培养质量,越南汉语教学必须转向保持语言教学本位的专业汉语教学。只有这样,越南汉语教学才能保证持续性发展。

二、汉语教学中的汉民族文化教学

语言教学可以分为两大部分:语言技能训练及语言知识传授。语言技能训练可分为初级、中级和高级等三大阶段。语言知识传授又可以分为随着语言技能训练的语言点介绍和语言知识系统总结。前者可以贯穿在语言技能训练的整个过程中,后者一般要设立独立课程并安排在学生汉语中高级阶段来讲授。

作为与汉语密不可分的汉民族文化知识必须与汉语同步教学。在汉语语言技能训练的初、中、高级各个不同阶段中可以逐渐给学习者输入汉民族文化知识。根据笔者的统计,汉语技能教材中的文化内容可以归纳为以下不同的文化教学等级:(1)初级阶段的文化教学包括:称呼习惯、社交礼仪、生活方式、普遍社会意识、家庭及校园日常文化、名胜古迹等;(2)中级阶段的文化教学包括:抽样文物简介、传统节日及风土习俗、社会热门话题、古今中外文化交叉等;(3)高级阶段的文化教学包括:民族文化意识、人的思维方式、民族文化取向等。这些文化内容一般呈现在语言技能课的课文中,老师和学生可以从课文中抽出这些文化内容来讨论,甚至可以与本地相对应的文化现象进行对比,从而掌握相关的文化知识。可以说语言技能训练过程中是最容易把语言与文化糅和在一起,以达到语言与文化相结合的教学目的。

语言知识一般放在学生汉语中高级阶段来讲授。这时,语言的语音、文字、语法、词汇、修辞等各语言要素被看作一个完整的系统输入给学生。学生在语言技能中所接受的零散语言点就有机会重新地系统认识并得到进一步的理解。其中有一些语言现象若只在语言规则的范围内论述是解决不了问题的,必须跨出语言范围,参考民族文化因素才能找到合理的答案。语言中文化要素的教学需要由此产生。换句话说,在讲授语言系统知识的同时,应该进一步揭示隐含在汉语语音、文字、语法、词汇、修辞中的文化因素。这也就是说,从汉民族文化的角度去理解汉语,从而深刻地掌握汉语。比如汉语的谐音现象使用得比较频繁。从文学作品到日常生活和广告用语,到处都可以找到利用谐音构成双关语的例子。这无疑反映了汉族人的幽默委婉的心态、深奥含蓄的思维。在汉语词汇中,有一部分长期被默认为特指男性的,比如:经理、秘书、市长等职务用语。若这些职务由女性担任,一般要在前面加上"女"字来区分。之所以有这种语言现象是汉语词汇深受古代中国重男轻女思想的影响。再比如汉语有大量来自中国文学、中国历史、传统文化等的成语。每一个成语都包含着一则文化知识。由此可见,汉语语言知识传授若能够与汉文化紧密结合,就能够达到语言与文化互相渗透的最佳教学效果。

三、以语言教学为本位的专业汉语教学课程探索

如上所述,越南汉语教学转向专业汉语教学是满足社会在汉语人才方面需求的必然趋势。然而,越南各汉语教学机构对

这一"转向"还在摸索过程中。越南国家大学所属外国语大学中国语言文化系以近60周年的教学经验和相当雄厚的师资队伍,经调查探索之后,为汉语零起点的本科生初步拟定出以语言教学为本位的专业汉语教学课程。其中,汉语技能课集中在头两学年密集训练,其教学目标为学习者汉语水平可达新HSK的四至五级。后两学年逐渐输入汉语言知识及专业知识。值得注意的是,因为后两年的课程基本上是以汉语授课及师生互动的教学方式,所以学习者的汉语技能在这个阶段仍可不断提高。下面是本系多元化汉语教学的新课程方案。

表一:河内国家大学所属外国语大学中国语言文化系
汉语专业总课程新方案

课程名称	学分	课程类型	教学安排
M1 越南本科生公共课程	27		
M2 社会人文科学专业的公共课程	6		
M3 语言学(外语)专业的公共课程	8		
M4 汉语专业课程	54		
M4.1 汉语言技能课程	36		
基础汉语(一)	5	必修课	第一学期
基础汉语(二)	5	必修课	第一学期
初级汉语(一)	5	必修课	第二学期
初级汉语(二)	5	必修课	第二学期
中级汉语(一)	4	必修课	第三学期
中级汉语(二)	4	必修课	第三学期
高级汉语(一)	4	必修课	第四学期

（续表）

课程名称	学分	课程类型	教学安排
高级汉语(二)	4	必修课	第四学期
M4.2 汉语言与中华文化知识课程	18		
现代汉语(一)	3	必修课	第五学期
现代汉语(二)	3	必修课	第六学期
中国概况(一)	3	必修课	第五学期
跨文化交际	3	必修课	第七学期
汉语语用学	3	选修课	第六/七学期
对比语言学(汉越语言对比)	3	选修课	第六/七学期
言语分析	3	选修课	第六/七学期
古代汉语	3	选修课	第六/七学期
中国概况(二)	3	选修课	第六/七学期
中国文学(一)	3	选修课	第六/七学期
中国文学(二)	3	选修课	第六/七学期
中国语言文化专题	3	选修课	第六/七学期
世界文化	3	选修课	第六/七学期
东南亚文化	3	选修课	第六/七学期
M5 汉语专业不同方向课程	29	(具体课程请看表二)	第五至第八学期
实习	3		
毕业论文	6		
学分总数	133		

注：M 为模块的简写。

从表一中我们可以看到以下几个问题：

（1）汉语言技能课（M4.1）都集中安排在头四个学期，即头两个学年密集训练。所以，进入第五学期，学生的汉语水平可以并必须达到新 HSK 四至五级，以接受汉语言文化知识课（M4.2）以及不同方向的专业知识课（M5）；

（2）汉语言技能课（M4.1）的课程名称都以语言等级命名而不细分为不同的语言技能，但实际上每一等级都包括听、说、读、写等四个基本语言技能，并且在教学过程中这四个技能都糅合在一起；

（3）汉语言与中华文化知识课（M4.2）的必修课程以语言知识为主，选修课则包括语言知识和文化知识（包括中国文学）。

（4）从整个汉语专业课程（M4）来看，在54个学分中主修课程仍是属于汉语言技能和语言知识，文化课作为辅助课程。但如上所述，中华文化知识可以从语言技能课和语言知识课等不同途径输入给学生。换句话说，文化知识是融合在语言课程中的。因此，在课程中语言与文化仍算是并重的。

（5）在语言技能较为熟练的基础上，在语言知识和文化知识输入的同时，汉语专业不同方向课程（M5）以29个学分的比重已经成为学习者学习的重点。换句话说，汉语专业不同方向课程（M5）在整个课程中占着举足轻重的位置。具体内容我们继续看表二所示。

（6）实习与毕业论文的具体内容在本课程中尚未得到显示，但它们会与汉语专业不同课程（M5）的内容方向一致。

如上所述，各模块的课程内容都围绕着培养汉语人才之教学目的。这也就是本系传统汉语教学的宗旨。近60年的教学效果表明，这一教学宗旨是正确的，因为能够长期为国家提供大量汉语人才。

步入新世纪,国与国之间的关系更加密切,联系更频繁,越南社会对汉语人才又提出业务专业化的汉语翻译需求。面对新情况,越南河内国家大学所属外语大学中国语言文化系对本系课程也有了新的调整,这不仅体现在整个课程中各知识课程模块的重新布置,更重要的是体现在第五模块(M5)中的具体不同方向课程。如表二所示:

表二:河内国家大学所属外国语大学中国语言文化系汉语专业不同方向总课程(M5)方案

不同专业方向课程					学分
M5.1 翻译	M5.2 旅游汉语	M5.3 经贸汉语	M5.4 中国学	M.5.5 师范	29
必修课	必修课	必修课	必修课	必修课	17
翻译(口译)	翻译(口译)	翻译(口译)	翻译(口译)	心理学大纲	3
翻译(笔译)	翻译(笔译)	翻译(笔译)	翻译(笔译)	教育学大纲	3
翻译理论	旅游汉语	经贸汉语	当代中国社会文化	汉语教学理论	3
专业翻译(口译)	旅行社经营管理	微观经济	中国历史	汉语课堂教学技巧	3
专业翻译(笔译)	饭店经营管理	宏观经济	古代中国哲学	外语考试	3
翻译文本评估	旅游学入门	财政银行经济学	中国学入门	国家行政管理	2
选修课	选修课	选修课	选修课	选修课	12

(续表)

不同专业方向课程					学分
高级口译	高级旅游汉语	高级经贸汉语	当代中国经济	翻译(口译)	3
高级笔译	中国旅游文化地理	财政汉语	台湾社会文化经济	翻译(笔译)	3
多媒体与翻译	中国旅游经济	经贸交际汉语	中国教育史	外语教学心理学	3
文学作品翻译	中国民间文化	旅游汉语	中华人民共和国政治制度	教案设计与教学资料开发	3
经贸汉语	中国历史	行政办公汉语	中国民间文化	教学课程建设	3
财政汉语	中国艺术专题	法律汉语	中国艺术专题	专业汉语教学	3
旅游汉语	台湾社会文化经济	当代中国经济	唐诗	多媒体与外语教学	3
经贸交际汉语	经贸交际汉语	国际经营法	佛教与中国文化	世界汉语教学专题	3
行政办公汉语	行政办公汉语	管理学	儒教与市场经济	语言习得理论与探索实践	3
法律汉语	饭店业务基础	国际经济	全球化与当代社会		3

（续表）

不同专业方向课程				学分
翻译技巧	旅游业务	推销学	中国改革开放理论与实践	3
旅行社经营管理	客人接待业务	计算学原理	中国对外政策	3
		经济与发展		3

  表二介绍的是汉语专业不同方向的课程（M5）。根据越南社会当前对汉语人才的新需求，河内国家大学所属外国语大学中国语言文化系把第五模块（M5）分为翻译、旅游汉语、经贸汉语、中国学和师范等5个方向的专业。每一方向都包括自己独特的必修课以及可以与其他方向共同分享的选修课。其中翻译方向和师范方向比其他三个方向相对来说比较接近传统的越南汉语教学。它们的必修课和大部分选修课的课程内容相当齐全。中国学方向虽然是新的，但是由于传统的越南汉语教学中语言与文化并重，而且在第四模块中已经有了中国概况课作为基础，所以展开起来还比较顺利。旅游汉语与经贸汉语也都是新的方向，并且，在其他模块中尚未出现此方向的基础课。所以这两个方向的课程建设起来相当困难。其中最困难的是确定每一课程的教学目标。但正如前面所说，我们认为，总体课程仍以语言教学为本位，因此不管是什么方向，最终目标还是提高学生在相关领域的语言知识。因此，我们把专业汉语知识及其训练作为主要教学目的，把专业知识讲授作为辅助目的，即，只介绍相关专业的基本概念、主要术语、大概内容等。

从表一和表二可见,越南河内国家大学所属外国语大学中国语言文化系汉语专业培养目标已经有了新的转向,即从语言教学转为以语言教学为本位的文化教学和专业汉语教学。这一转向要求在教学法和教师培训上都要有相应的调整,才能培养出满足社会需求的汉语人才。

四、越南新时期汉语教师培训的一些设想

越南的汉语教学面临着新的转向。为了满足新时期汉语教学的需求,"教师"在"三教"中起着极为重要的作用。目前越南汉语教师都是汉语专业本科毕业,其中大部分教师升学时仍继续沿着语言研究方向深造。另一部分去了硕士或博士专项文学专业。还有小部分甚至转为经济学或文化学专业。这样,越南汉语教师目前的培训可以选择以下几种培养方式:(1)在教师语言知识的基础上给他们输入一定程度的专业知识(包括汉语专业用语)及专业汉语的教学方法。在这个过程中,教师培训的教学用语既使用汉语又要利用教师的母语——越南语来传授专业知识。其中汉语讲授所占的比例应该大于越南语。(2)第二种培训方式是在教学转向的第一阶段,邀请母语为汉语的专业教师给越南学生授课,将要担任这些课程的教学任务的老师可以全程听课,吸取专业知识及相对应的教学方法。此外,当学生学习碰上困难时,听课的老师可以给学生作适当的辅导,还可以担任学生和专业老师之间的沟通桥梁。(3)另一种培训方式是让具有丰富教学经验的教师学习新的专业,再回来担任专业汉语课程。越南各个汉语教学机构可以根据自己不同的条件选择适当的培训方式。但不管通过什么途径,求助于国外专家学者的帮助以及与国内外学者们的交流是必须的。

五、结　语

本文仅限于对越南汉语教学中的文化教学及本科课程中专业汉语教学转向作简单的介绍。至于每一课程的具体内容、相应的教学方法以及教师培训具体内容将另作讨论。本文还认为，越南汉语教学应该从汉语队伍重新培训做起，与时俱进地逐步更新汉语教材，对教学方法与手段进行适应性调整。希望本文能为读者了解越南汉语教学提供新的视角。

参考文献

1. Nguyễn Hữu Cầu *Ngôn ngữ và văn hóa Trung Quốc*, NXB Đại học Quốc gia Hà Nội, 2007

（阮有求，《汉语言文化》，河内国家大学出版社，2007，河内）。

2. 《越南河内国家大学所属外国语大学中国语言文化系课程调整方案》

"大华语"和"国际汉语"的理念与思考[①]

Some Thoughts on the Concepts of Extensive Mandarin and Chinese as an International Language

吴春相(Chunxiang Wu)
中国上海外国语大学

提要 本文结合汉语、华语在历史上不同称谓的实际情况和以往学者对汉语研究的文献,首先讨论大华语和国际汉语各自的内涵,认为大华语是全球所有华人的共同母语,国际汉语是中国大陆、港澳台地区以及世界各地华人和非华人所使用的汉语的总和,同时包括全球所有华人共同的母语。接着论述大华语和国际汉语两个概念提出的积极意义,认为大华语的提出主要作用在于华人的感情认同,也有利于汉语走向世界;而国际汉语概念的提出,不仅有利于汉语迅速走向世界,同时有利于汉语自身作为国际化通用语言的良性发展。文章最后指出了两个概念需要进一步解决的问题。

---

① 本文的写作得到了上海外国语大学科研创新团队的资助。

关键词 大华语 国际汉语 共同语 通用语

一、引 言

自20世纪80年代以来,随着中国大陆的改革开放,汉语作为第二语言教学进入了一个崭新的时代。伴随着汉语研究和教学的深入,尤其是海外汉语本土化教学实践的深入,不少学者提出了新的思想理念。其中,近几年出现的"大华语"、"国际汉语"等创新性概念,在语言学界引起了较为强烈的反响。本文结合自己的体会,谈谈对大华语和国际汉语两个概念的认识。

二、汉语是汉民族的语言

在讨论大华语和国际汉语之前,有必要先说一说与汉语相关的内涵。汉语,又称中文、汉文、中国语、中国话,还有的称为国语、国文、华文、华语、唐文、唐话等。汉语的标准语为普通话,这是中国大陆的说法,在香港、澳门、台湾地区称之为"国语";在新加坡、马来西亚称之为华语;韩国、日本称之为中国语。"国语"、华语等较之普通话有部分的差异。

汉语属于汉藏语系,是世界上最古老的语言之一,也是至今仍通用的、使用时间最长的语言之一。汉语作为联合国的工作语言之一,使用人口最多,在世界分布相对比较广泛,主要分布国家和地区是:大中华区(中国大陆、台湾地区、香港特区、澳门特区)、新加坡(新加坡大多为华族,汉语是其官方语言之一),另外,蒙古、马来西亚、印度尼西亚、越南、缅甸、老挝、朝鲜、韩国、日本、美国等也有大量说汉语的华人社区。

汉语是汉民族的语言,可以从历时和共时两个角度来理解。

从历时的角度来看,主要关涉共同语名称的变化问题。在汉民族未形成之前,当时中国所通行的语言是雅言,相对的是方言。自汉代开始,即汉民族形成以后,将汉民族的语言称为汉言,汉言跟"胡音"(指梵语)相对(张德鑫,1997)。到明清时期,中国通行的标准语称为官话,所谓"官话",即"官方语言",指官员在公务活动中使用的并能让各地人士都能听懂和运用的标准语(张德鑫,1997),与方言土语相对。辛亥革命后,"国语"作为汉民族标准语这一名称开始使用。从清末到1949年中华人民共和国成立前推行的"国语"运动,提出"言文一致"和"国语统一"两大口号,"国语统一"就是现代白话要以北京话为全国通用的国语。1955年以后,中国大陆正式把"国语"改为普通话,自2001年起,普通话正式成为全国各族人民通用的国家标准语。

从共时的角度来看,现代汉语是现代汉民族使用的语言。广义的现代汉语包括汉语的各种方言,即不同地区的汉族人所使用的语言;这些语言都是汉语,只是在语音、词汇、语法等方面存在一定差异。而狭义的现代汉语则是指"普通话",即:以北京语音为标准音,以北方话为基础方言,以典范的现代白话文著作为语法规范的现代汉民族共同语。普通话所代表的标准现代汉语也是中国的国家通用语言。

对于汉语的概念,从以上论述可以得到如下看法:汉语从母语角度来说是汉民族的民族语言;而现代汉语的标准语——普通话,是中国大陆的说法,是全国各族人民通用的国家标准语;"国语"是台港澳地区的说法;华语是海外华人的说法。当然,这些概念不仅是说法异同的问题,内涵也不尽相同。

三、大华语是全世界华人的共同语

对于华语这一概念,我国古已有之,如南朝梁僧祐所撰《祐录·高世安传》等已经出现"华语",同时也出现了"华言"等说法;但"华语"、"华言"皆出自记述"外夷"时的史料,是针对"老外"是否懂中国话而言的;"华"乃"外"或"夷"之对照,从而使"华语"有别于"番话"(张德鑫,1997;柳英绿、金基石,1997)。

目前《现代汉语词典》等工具书上一般将"华语"解释为汉语或中国的语言,自20世纪80年代以来,不同学者对华语的阐释则各有所不同:

(1) 陈重瑜(1986)较早谈到"华语"概念,认为"华语"指的是华人的共同语。

(2) 田惠刚(1994)认为应解释为汉语在海外的通称。

(3) 周有光(1995)认为"华语"是全世界华人的共同语。

(4) 张德鑫(1997)认为"华语"一词有点类似"英语",这个名称的优点就在于共性和个性基本兼具。共性者,华语是中国所有民族的共同语,也是中国大陆、台港澳地区、新加坡等国外广大华人社会的共同语,称"华语"可以走遍天下,不同国家和地区都能接受;个性者,华语只属天下炎黄子孙的共同语……

(5) 丁安仪、郭英剑、赵云龙等(2000)把普通话以及现代汉语的书面语统称为"国语",把中国各民族的语言和文字,统称为"华语"或是"中国语"……

(6) 张从兴(2003)认为"华语"可简单地定义为"华人的共同语",而复杂的定义则为"接受汉语为母语的中国人及不具备中国人身份但以汉语为母语的中国人后裔的共同语"。

(7) 陆俭明(2005)在汉语教学基础之上,提出了"大华语"

的概念:以普通话为基础而在语音、词汇、语法上可以有一定的弹性、有一定宽容度的汉民族共同语。王若江(2008)对"大华语"概念进行了较好的阐释:"大华语"的概念与"华语"有所不同,所谓"大"是就地域广阔而言,"大华语"的概念更强调区域间的包容性,即不论在世界的任何地区,只要是同源的汉语都属"大华语"的范畴。"大华语"概念的提出,凸显了汉语的"域"意识,昭示了汉语在世界范围内在一定程度上所具有的多样性特征,同时强调了它的广泛包容性。

(8) 近年来对"华语"概念的阐释,郭熙的论述较多。他认为华语有狭义和广义之分,狭义的华语指的是海外华人的共同语,广义的华语指的是以现代汉语普通话为标准的华人共同语(郭熙,2004)。广义的"华语"概念,也即"大华语",郭的认识也存在着不断更新变化,比如到后来,他认为把这个定义中的"标准"改成"核心"或许更合适(郭熙,2006)。再后来,他又更新为华语是以普通话为基础的华人共同语(郭熙,2010),这种认识和李宇明(2006)的看法近同,李认为:华语,是以普通话为基础的现代全世界华人的共同语。

综观以上各种看法,华语的内涵存有以下两方面的认识:(1)狭义的华语指的是海外华人的共同语;而广义的华语,即大华语,它不是中国人所独有的,而是全世界华人的共同语,使用者存有相同文化背景[①],或者说使用者存有相同"血缘关系";(2)无论狭义的华语,还是大华语都不等于汉语和普通话,大华

[①] 本文认同朴文熙等学者关于民族与血统的看法,认为"民族是文化上的概念,而不是血统上的概念"。摘自朴文熙 2011 年 7 月 8 日在由吉林省文联、吉林省作协、吉林省社科院和吉林日报报业集团联合主办的南永前图腾诗研讨会上的发言。

语以普通话为基础。郭熙(2006)曾论述过广义华语的内涵：(1)华语不等于汉语；(2)华语也不等于普通话；(3)华语不是中国人所独有的；(4)华语是一种共同语，有自己的标准。郭的这种看法很有启发性。

虽然后来郭熙(2006)强调目前所说的"华语"不包括历史上的"华语"，也不一定是华人用语①。但是根据实际情况和以往其他学者的观点，我认为华语应该指的是全球所有华人共同的母语(Mother Tongue)更为合适。因为，现在不少海外华人实际上并不会说汉语，但这些不会说汉语的华人，其祖辈一定说的是汉语，他们的母语是汉语。

这里需要说明，本文所讲的母语与一般意义上所讲的母语不同。《现代汉语词典》对母语的解释是：一个人最初学会的一种语言，在一般情况下是本民族的标准语或某一方言；联合国教科文组织1951年把母语也称为"本族语"，认为母语或本族语是指"人在幼年时习得的语言，通常是思维和交际的自然工具"②。这是传统上一般的解释，本文依据李宇明(2003)对母语的理解：母语指向民族共同语，方言不是母语而是母言。第一语言与母语是交叉概念，第一语言可能是母语也可能不是母语，母语不取决于语言获得的顺序，甚至也不取决于语言的是否获得，决定母语的是民族或自己的语言认同。华人的母语即华人共同语，即大华语。

---

① 华语不再必然是华人的标志。一方面，一些华人因为种种原因逐步放弃华语；而另一方面，同样是语言市场价值起作用，随着中国的崛起，非华裔的华语学习者还会进一步增加(郭熙，2004)。

② 转引自李宇明《论"母语"》一文，参见《世界汉语教学》2003年第1期(总第63期)。

四、国际汉语是华人母语和全世界汉语使用者的共通语

什么是国际汉语,这一概念大概是洪历建等学者最早提出的。洪历建认为:"国际汉语"是指包括中国大陆、台湾地区以及世界各地华人和非华人所使用的汉语的总和。也就是说,"国际汉语"是将汉语作为母语、将汉语作为外语、将汉语作为社区或家庭语言、将汉语作为第二语言、第三语言乃至第 N 种语言的各种汉语的总和(洪历建,2011:1)。

在当前国际交流日益密切的情况下,随着中国国际地位的不断提升,汉语的国际性地位也不断提升,学习汉语的外国人越来越多,"汉语热"在不断升温,使用汉语进行沟通交流的范围越来越广,在此过程中,出现了多种特点的"汉语",如,东南亚华人的华语、"韩国式"汉语、"日本式"汉语、"欧美"式汉语。这样,汉语不仅不再是中国人所独有,也不再是所有华人所独有,汉语已成为国际性的语言,成了一种在国际上一定领域范围内用来"共通"或"互通"的语言,因此,在此背景下有必要提出"国际汉语"这一概念。

需要说明的是,在一些会议或协会名称中所出现的诸如"国际汉语教学"、"国际汉语教育"等,其中的"国际汉语"非专门性概念,不同于此处的"国际汉语",国际汉语教学可理解为国际性的汉语教学,国际汉语教育也可这样理解。

本文此处也顺便讨论一下"共通语"(或"互通语")问题,我们认为用来沟通交流的"共通语"和"共同语"意思不相同。日语中采用"共通语"和"共同语"实际是一回事。本人所能见到的中文文献中最早涉及到共通语的,是张育钦的《世界语的产生及发

展》(1982)一文。该文认为,所谓"共通语"或"互通语",指的是交际双方或几方交际时共同采用的语言,它不牵涉交际成员所属的语言社团;而共同语是一个专用术语,一般指的是一个民族的全体社会成员通用的语言,是民族内部共同用来交际的语言,是识别一个独立民族的主要标志之一,也是民族文化标志之一。

共同语既包括当代正在使用着的民族通用语,也包括曾经使用过的民族通用语,比如汉语作为汉民族共同语,既包括历史上经历了雅言、通语、官话、国语、普通话等不同的名称,也包括现代汉语的标准语——普通话;另外,共同语的使用者还有着共同的文化背景。共通语则只是包括正在使用着的交际双方或几方的沟通用语,它既可能是使用者的第一语言,也可能是第二语言,甚至是第三、第四语言等[1],共通语是交际双方或几方掌握的语言的"交集"。如果正在交际的双方或几方不同属于一种文化时,共通语可能与其中的一方的共同语一致,比如某外国人(非华人)来中国用汉语与中国人交流,此时汉语就是共通语,与中国人的共同语一致;如两个外国人(非华人)用汉语进行交际时,则共通语与任何一方的共同语都不一致。如果正在交际的双方或几方同属于一种文化时,共通语可能与交际双方或几方的共同语一致,也可能不一致,典型的如2004年在上海举行的世界华人物理大会,大会规定只能用英语作报告,与共同语——汉语不一致。

结合洪历建提出的国际汉语理念,按照本文以上的理解和阐释,我认为,国际汉语既指的是以普通话为基础,在世界范围内充当共通语(或互通语)的汉语;也指的是全世界华人的共同母语,这样,国际汉语的范围涵盖了大华语。

---

[1] 目前汉语教学界一般把除第一语言之外的所有语言,统称为第二语言,参看陈昌来主编《对外汉语教学概论》第46页,复旦大学出版社,2005年。

按照这种理解,国际汉语的区域范围可以包括中国大陆和港澳台地区,以及其他凡是用汉语作为交际工具的汉语区域;汉语言类型则可以分为中国内部的汉语类型和海外汉语类型。中国内部汉语类型包括方言、次方言、土语等;海外汉语又分为华人汉语和非华人汉语,华人汉语包括国家官方语言(如新加坡华语)、地区性语言(如印尼山口洋地区汉语)、社区性语言(如唐人街汉语);非华人汉语指的是不同国家或地区的非华人所掌握的汉语,这种类型的汉语一般不是他们的第一语言,同时往往夹杂有他们第一语言(或当地语言)的特点。

那么在什么情况下存在或使用的汉语才属于国际汉语范畴呢?我认为仍然可以从历时和共时角度来理解,从历时角度看,不管哪个地区,只要汉语作为其母语,那么这种汉语就属于国际汉语的范畴,比如俄罗斯、哈萨克斯坦、吉尔吉斯斯坦、乌兹别克斯坦境内东干族所说的"中原话",这甚至包括现在改用其他通用语言的海外华人在历史上曾使用过的汉语。从共时平面来看,又可以从静态和动态两个角度来理解。从静态角度来讲,指的是一般把汉语作为首选交际工具的固定语言区域,所有这样的固定区域都属于国际汉语范畴。所谓固定汉语区域,即以汉语为国语的区域(如中国)、以汉语为官方语言的区域(如新加坡)、以汉语为地区性语言的区域(如印尼山口洋地区、马来西亚的槟城州)、以汉语为社区语言的区域(典型的如海外的唐人街,小规模的如多以汉语为交际工具的生活小区,甚至也可以包括使用汉语进行交流的家庭);从动态角度来讲,只要采用汉语进行沟通交流[①],这种汉语就属于国际汉语范畴。

---

① 所谓正常的沟通交流,指的就是平常意义上的语言交流,而诸如外语教学中课堂语言交流等,都是"非正常"的语言交流。

五、"大华语"和"国际汉语"概念提出的意义

以上分析了汉语、大华语和国际汉语等概念,可以看出这些概念之间的针对性和适用范围不尽相同。汉语和普通话是大陆通常的说法,普通话标准的实施可以采取行政干预来进行;国语是台湾、香港、澳门的说法;华语是海外华人的说法。而大华语是针对全球华人的共同母语来说的;国际汉语范围最广,不仅包含了大华语的内涵,而且包括了世界上所使用的各种形式的汉语。

其中,大华语和国际汉语是在当前形势下由专家学者倡导的新概念,二者都具有极大的开放性。国际汉语概念和大华语概念存有相异点,比如在使用者方面,大华语包括了所有使用和不使用汉语的华人,而不包括外国人(非华人),而国际汉语既包括了所有可以采用汉语作为交际工具的华人和非华人,也包括了不会说汉语的华人。

大华语和国际汉语也存有相同点,比如都以普通话为基础。二者之所以必须以普通话为基础语言,首先,这正如共同语必须以基础方言作为民族共同语基础的道理一样,大华语和国际汉语作为语言范畴,也必须有自己的基础语言或方言,狭义的现代汉语即普通话,就是以北方方言为基础方言;其次,大华语和国际汉语的区域广泛,遍布世界各地,且类型繁多,所以必须以最主要且最重要的方言类型为基础,抑制各种类型的汉语变体过度发展,在合理吸收当地语言文化特点的情况下,保持国际汉语作为一种交际工具所应具备的通用度(universal frequency)和可懂度(intelligibility)。就大华语和国际汉语来说,无论从汉语的

起源和发展历程,还是从当今普通话的国际地位及其影响力来讲,以普通话为基础最为合适。

在国际化日益发展的今天,在让汉语迅速走向世界的今天,提出大华语和国际汉语有着各自积极的意义。

郭熙(2004)认为,提出广义的华语概念至少有以下几点积极意义:(1)有利于称谓,即为全球使用和学习汉语的人提供了一个统一的语言名称;(2)有利于汉语的传播和国际化;(3)有利于华人的沟通和汉语的健康发展。我认为,本文上述对于"大华语是全世界华人的共同母语"的理解,大华语概念的提出最重要的是有利于华人的感情认同。

汉语作为华人普遍使用的语言,它与华人社会休戚相关;汉语作为汉语掌握并使用者的共通语,与各自所在的地域文化密切相关。各地的地域文化多姿多彩,这必然影响人们所使用的汉语,使其各具特色。各区域性汉语之间的互相接触和交流,不仅增强了汉语发展的原动力,也使汉语发展的方向更加复杂①。汉语已经是世界性的语言,不再为中国所独有,汉语的发展也不再是中国内部的事情,全世界的华人都在为汉语的发展做出贡献(郭熙,2004)。

同样,汉语不再必然是华人的标志。这是因为一方面,一些华人因为种种原因逐步放弃华语;而另一方面,同样是语言市场价值起作用,随着中国的崛起,非华裔的华语学习者还会进一步增加(郭熙,2004)。目前以汉语为母语的人居世界人口数量使

---

① 这里是吸收了邹嘉彦、游汝杰先生的观点;汉语作为华人普遍使用的语言,它与华人社会休戚相关。五大洲众多的华人社区多姿多彩,他们所使用的汉语及其方言也是各有特色。而社区之间的互相接触和交流,不仅增加了汉语发展的原动力,也使汉语发展的方向更加复杂。参看邹嘉彦、游汝杰著《汉语与华人社会》第1页,复旦大学出版社,2001年。

用语言第一(占世界人口使用语言五分之一),使用的广泛度已居世界第二(约有5000多万非华裔外国人把汉语作为第二语言)。因此,国际汉语概念的提出,不仅有利于汉语迅速走向世界的传播路途,同时有利于汉语自身作为国际化通用语言的良性发展。自古以来,华夏民族、华夏文化和华夏语言(原始汉语)都带有综合性质(游汝杰,2001:1),而汉民族是融合性民族,汉文化是融合性文化,汉语也是混合性的。当前,汉语的发展不仅不再是中国内部的事情,也不仅是华人内部的事情,而且是全世界使用汉语者的共同事情。据我观察,海外华人使用的有特色的汉语已经部分影响到中国大陆汉语,比如"摩登、打(量词)、巴士、鸦片、啤酒、鸡尾酒、热狗"等外来词都是首先在美国华人粤语社区使用,后来进入大陆普通话的[①]。有理由相信,随着国际交流的日益密切,世界各地的汉语必将更加密切接触,相互影响,和谐共存,全球各地的汉语使用者也必将为汉语的发展作出贡献。

六、结 论

本文重点讨论了大华语和国际汉语这两个概念,论述了大华语和国际汉语各自的范畴及两个概念提出的积极意义。然而,这两个概念的提出,目前仍然存在一些问题,比如:(1)国际汉语是否只作为一种单纯抽象概念,还是一种客观存在的实体(即是一种音义结合的符号系统,是人类的一种交际工具)?如果是一种实体,它有没有自己的标准?如果作为一种交际工具,

---

① 例子参看邹嘉彦、游汝杰著《汉语与华人社会》第149页,复旦大学出版社,2001年。

它的包容度(tolerant degree)究竟怎样？二者如何在汉语传播中发挥积极作用？这些问题还有待进一步论述。

参考文献

陈昌来 主编,《对外汉语教学概论》,上海:复旦大学出版社,2005年,上海。

陈重瑜,"'华语'——华人的共同语",《语文建设通讯》,1986年第21期,香港。

丁安仪、郭英剑、赵云龙,"应该怎样称呼现代中国的官方语言?",《河南师范大学学报》,2000年第3期,郑州。

郭熙,"论'华语'",《暨南大学华文学院学报》,2004年第2期。

郭熙,"马来西亚:官方语言的推行与华语的拼争",《暨南学报》,2005年第3期。

郭熙,"论华语研究",《语言文字应用》,2006年第2期。

郭熙,"话说'华语'——答旧金山华文电视台《八方论坛》主持人史东问",《北华大学学报(社会科学版)》,第11卷第1期,2010年。

洪历建 主编,《全球语境下的汉语教学》,学林出版社,2011年,上海。

李宇明,"论'母语'",《世界汉语教学》,2003年第1期,北京。

李宇明,"语言学习需求与对外汉语教学",《汉语教学学刊》,北京大学出版社,2005北京。

李宇明,"中国的话语权问题",《河北大学学报(哲学社会科学版)》,2006年第6期。

李宇明,"海外华语教学漫议",《暨南大学华文学院学报(华文教学与研究)》,2009年第4期。

陆俭明,"关于建立'大华语'概念的建议",《汉语教学学刊》,北京大学出版社,2005,北京。

田惠刚,"海外华语与现代汉语的异同",《湖北大学学报》,1994年第4期。

王若江,"关于'大华语'的教学思考",《第九届国际汉语教学研讨会论文选》,2008年。

吴英成,"全球华语的崛起与挑战",《新加坡华文研究会新加坡华文教学论文三集》,泛太平洋出版社,2003,新加坡。

张从兴,"华人、华语的定义问题",《语文建设通讯》,2003年第74期,香港。

张德鑫,"从'雅言'到'华语'",柳英绿、金基石 主编《对外汉语教学的理论与实践》,延边大学出版社,1997,延吉。

张育钦,"世界语的产生及发展",《兰州学刊》,1982年第3期。

周有光,"语文闲谈(上)",生活·读书·新知三联书店,1995,北京。

邹嘉彦、游汝杰,《汉语与华人社会》,香港城市大学出版社、复旦大学出版社,2001。

论外语教学的语境与作为外语的汉语教学
The Context of Foreign Language Teaching And The Teaching of Chineseas a Foreign Language

郑振贤（Zhenxian Zheng）
中国上海外国语大学

提要 外语教学同外语教学的语境密切相关，外语教学语境因素是由教学过程中的教学时间、教学地点、教学场合、教学对象、教学目的、教学任务、教学目标、学习者国家的外语教学政策及其状况、教材等构成的。这些外语教学的语境因素影响并制约着外语教学。汉语作为外语教学不仅在国内展开，而且在国外展开，汉语不仅在中国语境下使用，而且在国外语境下使用，这就应该从全球语境来看待作为外语的汉语教学，从全球语境出发开展作为外语的汉语教学。

关键词 外语教学 作为外语的汉语教学 教学语境 全球语境

作为外语的汉语教学在国内外蓬勃发展，深入探讨作为外语语教学的教学语境及其对作为外语的汉语教学的影响能够帮助我们更广泛、更深入、更持久地开展对外国学生的汉语教学。

一、外语教学的语境因素

外语教学活动总是就一定的教学对象、在一定的时间和地点、为了实现一定的教学目的和完成一定的教学任务而展开的。

外语教学过程同外语教学的语境密切相关,也同目的语语言运用的语境有关。外语教学语境是由教学过程中的各种外语教学因素构成。通过对外语教学活动状况的分析,我们可以得出如下的教学语境因素。

教学时间:长期短期,分散集中。学历教学属于长期教学,本科教学一般需要四年。进修教学中一般把一个学期或两个学期的学习称作长期学习,不足一学期的称作短期学习。集中指每天有课,分散是指一星期一次或两次。假期或周末学习。

教学地点:从事教学的地方,教学地方涉及目的语语言运用的状况。在不同的地方,目的语运用的状况是不一样的。比如汉语在德国海德堡和日本京都的运用状况是不一样的;普通话是我们国家的标准语或叫官方语言,但在不同的地区,方言也不同程度地使用着。这些情况都会影响到汉语的教学。在中国国内进行汉语教学,可充分利用现实的语言运用的语境促进汉语教学,这对那些单独开班的教学尤为重要。充分利用汉语运用的语境,开展访问调查、参观实习活动,结交中国朋友,组织中外语伴活动,建立兴趣小组,让学生亲身体验中国社会,亲自了解中国社会,从而促进汉语学习和汉语运用。在中国,汉语运用语境下的汉语教学,教学语境同语言运用的语境密切相联。在国外语境下的汉语教学同语言运用的语境在联系上存在着不同程度的松散性。这就要采用适合语言运用的教学方法和手段来进行教学。

教学场合:课堂教学,一对一,大班小班。

教学对象:学生和教师。与学生相关的诸多因素包括年龄、身份、外语能力、学习的动机、性格、学习外语的习惯、文化程度、知识水平。外语学习的习惯是指在以往学习外语过程中形成的学习方法,这种方法在学习一种新的外语时会被沿用,成为一种习惯性的学习方法。尊重和利用这种学习方法有利于发挥学生的学习主动性。文化程度和知识水平因素会影响到学生的接受能力。教师是课堂教学的掌控者,与教师相关的诸多因素包括教师的目的语水平(汉语水平)、掌控教学过程的能力、从事教学的外语能力、使用教材的能力、知识水平和特长。教学过程不是按照教材照本宣讲,在教学过程中应当有紧张和轻松的教学气氛、详细和简略的教学解释、重点和一般的教学内容,根据教学对象的各种因素把握教学节奏。从事教学的外语能力表现为能否有效和准确地用外语解释汉语教学中出现的各种语言问题,翻译是否得当,学生能否准确接受等,这也涉及到对学习者母语和学习者其他外语知识的了解。使用教材的能力表现为对教材的熟悉和理解。要对教材编写的理论基础和方法论的指导有所认识,对整个教材的词语解释和运用训练、语法点的安排和解释、话题的内容等都要有清晰的了解,因为教师应该是运用教材,不是教教材。教材同教师和学生之间存在着适应性。长期使用某种类型教材的教师使用新教材时总有一个适应期,学生也是这样。作为语言教师需具备丰富的日常生活知识和人文科学知识。语言教学中伴随着知识和经验的交流和传授,这会使教学更有趣更有意思。教师的特长在教学中会有互补性,一位擅长唱歌的教师可以通过教唱歌来教授汉语,提高教学的趣味性;一位具备丰富汉字知识的教师可以利用汉字的音形义的讲解来开展汉语教学,使教学更生动。教学对象是外语教学语境因素中最为复杂的因素。

教学目的:为什么学习。

教学任务:学习什么。

学习目标:要达到的教学要求,即要完成的教学任务。

学习者国家的外语教学政策及其状况:不同的外语在同一个国家的地位是不一样的。有的外语在大学中学乃至小学广泛地开课,学习者众多;有的则不然。

教材:适合各种语境的教材。为了适合不同的语境,会不断出现新教材。教师的一个重要任务是选择合适的教材。在没有合适的教材情况下,教师往往会改变教材或自编教材。

以上讲述的这些外语教学的语境因素影响并制约着外语教学。其中学习者的因素和教师的因素在某种程度上对外语教学起着非常重要的影响和作用。

二、语境因素对作为外语的汉语教学的影响和制约

1. 外语教学语境因素的差异形成了不同的教学类型、教学特点和教学原则。

不同的教学语境因素形成了不同的教学类型和教学特点。由于教学任务、教学目的、教学时间的差异出现了汉语本科教学、汉语进修班教学、汉语强化教学、商务汉语教学等。就是相同类型的教学,在不同的国家也有不同的特点,比如汉语本科教学,上海外国语大学的汉语言专业一年级新生,必须具备汉语水平考试三级的能力,而在日本京都外国语大学的一年级新生

(2009年)中,汉语水平有三种情况,有汉语背景的(华裔或华侨);在日本高中学过汉语的;汉语为零起点的。这些学生在同一个班级学习时,就要求教师对同一本教材采用不同的处理方式,对不同的学生采用不同的教学方法,对不同的学生提出不同的要求。

汉语强化教学是一种为完成特殊教学任务的教学。强化教学的学习目的单纯,教学任务比较单一,学习目标明确,学生的各种因素相对统一。如何把教长时间内完成的教学任务在较短的时间内完成,这里有一个对教学内容和时间的掌控问题。不能简单地用增加周课时量来解决问题,相同的教学课时在一个学期内完成和在两个学期内完成,在生理上和心理上对学生来讲都是不一样的,这就要求根据学习者的各种因素对教材和教学方法做相应的改变。强化教学能否取得成效主要取决于两大因素,教师的素质:教师掌控教学的能力,学生的因素:学习的欲望和动力。强化教学是一种在教师严格控制下的教学过程。

假期汉语教学是学生利用假期学习汉语。比如,上海外国语大学的假期留学生短期汉语教学。教学时间:假期,时间相对集中(相对于国外的教学每周若干个课时);教学地点:中国上海外国语大学;教学场合:课堂;学习目的:学习或提高汉语,并且附带旅游、探亲或工作;教学对象的身份有中学生、大学生、在职人员,汉语水平参差不齐;学习对象的年龄从十几岁到四十几岁,来自世界各国;教学对象的其他语境因素更是各不相同。根据教学对象的各种因素,建立不同的教学层次,又在不同的教学层次中建立带有不同教学特点的平行班,以最大程度适应教学语境的需要。根据教学对象和教学目的选择口语教学为主的教材,教学内容主要为初级汉语和中级汉语。初级汉语分为三个层次,中级汉语也分为三个层次。不同的教学层次完成不同的教学任务。相同的教学层次的不同班级的教学任务也有所不同。教学内容具有实用性,就是尽量贴近学生的日常生活,学了就能用,无论是例句还是话题,要有实用性;教学内容有亲密性,就是让学生对教学内容感到亲近熟悉,教学内容同当代社会和现实生活有密切联系。现有的教材内容,与在不同的时间和地点举办的假期班的教学需求之间还有一定的差距,就需要补充教学内容和编写补充教材。

教学地点是上海,教学场合是课堂。学生可以在现实的汉语语境中学习和使用汉语,把汉语作为一种交际手段来学习。他们既可以在课堂上学习汉语,又可以在现实的汉语语言运用语境中使用和学习汉语。这样的教学地点可以把语言学习和语言运用紧密地结合起来,课堂教学内容同现实的交际需要紧密结合起来。

由于假期汉语教学时学生的学习目的不是单纯的,因此要非常重视课外活动的安排,每天每周都有课外活动。下午开设书法课、剪纸课,还有太极拳、中国电影欣赏、学唱中国戏曲、中国文化、上海风俗等选修课。课外活动开展语伴活动,观看杂技演出,组织中外学生联欢;周末举办参观旅游(世博会、朱家角、豫园、杭州、苏州、乌镇等)。让学生亲身体验中国文化,亲自接触中国社会,促进汉语学习。

根据学生的不同目的和特点,暑期汉语学习在轻松愉快气氛中进行,教学方法以听说为主,在听说中学习语言知识,进行语言运用的训练。在课堂上除了教师简练的讲解外,更重要的是通过运用汉语学会汉语。不仅是学生和教师的互动,而且还要学生与学生的互动,在互动中学习汉语。

教师的安排也根据学生的特点和学习的目的。选派年轻的、能与学生保持良好沟通的和能积极参与学生课外活动的教师担任教学工作。任课教师不仅负责教学工作,还要组织课外活动,指导学生在上海的生活。老师参与的活动,学生参加的就多,因为老师参加的活动,不仅仅是参观访问,也是一种语言实践活动。要求教师具有良好的英语交际能力。

2. 教师的安排、教材的选择和教材的使用以及教学方法的运用都同教学语境因素相关。

任何外语教学都是在具体的教学语境中进行的,教师的配备、教学方法和教学手段的运用乃至教学内容的选择都应同具体的教学语境因素相联系。教师的安排要发挥教师的特长,教师的特点同学生的语境因素要适应,一个教师放在一个合适的岗位上才能发挥最大的作用。教材的使用要根据学生的语境因素,合理有效地使用教材。照本宣讲的方法是在教教材,是不可取的。为什么在国外教学的老师往往会运用丰富多变的教学手段(如音乐、图画、歌曲、汉字、表演等等)?为什么国外汉语教师对国内编写的一些教材不满意?就因为国外从事汉语教学的老师注重在具体的语境下的汉语教学。凡是结合具体语境的教材和教学方法都会受到欢迎。

教学计划的制定和教学计划的实施也都依赖于对具体的教学语境因素的了解和分析。教学计划的实施是一个过程,要根据对语境因素的不断认识和语境因素的变化对其做相应的调整。

从全球语境来看待作为外语的汉语教学,必然会带来教材的适用性(多样性)、教法的灵活性和教师的多才性。

3. 学生和教师的各种主观因素对教学也会产生影响。

教师的教学态度、学生的学习情绪、对事物的态度等等对教学也会产生影响。例如,有个学生问老师一个问题,老师回答说,这么简单的问题你也不懂啊?学生第二天就不来上这位老师的课了,因为学生的学习积极性受到了打击,学习情绪受到了影响。

三、全球语境下的作为外语的汉语教学

作为外语的汉语教学不仅在国内展开,而且在国外展开;学习者的国别众多,年龄层次不一,学习动机多样;学习者有的在中国学习和使用汉语,有的在国外学习和使用汉语;有的先在自己的国家学习,然后到中国来学习;有的先在中国学习,然后回到自己的国家继续学习;也有的在整个学习过程中的某段时间来中国学习;很多学习者不仅在中国语境下使用汉语,并且也在国外语境下使用汉语。语言学习的环境同语言运用的语境相互影响。这些情况要求我们从世界范围来看待作为外语的汉语教学。我们把中国境内的语境因素和中国境外的语境因素统称为全球教学语境或全球语境。从全球语境出发来看待作为外语的汉语教学,能够帮助我们更好地制定汉语国际推广的策略和方法,更好地确定汉语教学的语言规范和教学内容,能更有效和合理地采用教学方法,更有目的地编写教材和使用教材。

从全球语境来对待汉语教学,作为外语的汉语教学具有丰富的内容。在中国国内进行汉语教学既是在教学语境中进行的,同时又是在现实的语言运用的语境中进行的。在国外进行对外汉语教学,现实的汉语运用的语境各国差别较大。比如汉语的交际场合如何,汉语的交际功能如何,是否有汉语的报纸、电视、广播,学习者的学习目的是什么等等。这些都会影响到教学方法的运用、教材的使用以及教学内容的选择。我们从新老

汉语水平考试的变化，就能看出新汉语水平考试的语言要求更能够适应当今的全球语境。新教材和新教法的不断出现也是为了适应不同语境的要求，比如"先语后文"的教学模式，再如"歌谣教学法"。

语言学习同语言运用密切相关，我们应该更注重组织更多的国外大学生短期到中国大学来学习汉语，在一个现实的语境中学习和运用汉语，亲自了解中国社会，亲身接触中国社会。对初学者来说，能够激发他们的学习热情和学习的持久性；对进修者来讲，不仅能提高汉语水平，更重要的是，能够体验汉语的实际交际状况，增强学习的信心。

在全球语境下开展汉语教学不仅有助于汉语国际推广，而且有助于汉语的交际功能和活动领域的扩大。随着中国政治经济文化的发展，汉语将成为世界上重要的外语教学语言。从语言的发展来看，一种语言的交际功能的扩大和活动领域的变化，必然会带来语言自身的变化，这就提示我们要关注语言的规范性和变异性。从全球语境的角度来讲，汉语教学中在重视规范性的前提下也要重视变异性。

四、全球语境下的中外大学合作中文教学

上海外国语大学同澳大利亚蒙纳士（Monash）大学、美国的卡内基梅隆大学和加州大学长滩分校以及泰国的法政大学开展了合作中文教学。中外大学合作教学的语境因素的特点主要是：教学的组织者是中外双方大学；学生是国外大学在校学生；学习的任务是完成国外大学整个大学学习中的某个阶段的任务；学习目的和任务明确；学习地点在中国（上海）；学习时间有完整的学期和一个月或两个月的强化教学；学生已有学习经历，

有一定的学习习惯和学习能力。

上海外国语大学与澳大利亚蒙纳士大学12年合作办学的过程也是从中国语境理念向全球语境理念发展的过程。教学班的学生来自澳大利亚的在校大学生,具有不同汉语水平和专业背景,既有主修汉语的又有辅修汉语的。蒙纳士大学制定了详细的教学计划,而教学计划是在中国语境中由我校教师具体实施的,这就要求两校教师在教学计划的具体实施中对教材的使用、教学方法和教学手段的运用、教学内容的增减和考核标准的执行以及如何处理学生的学习要求等方面互相交流互相沟通,教学理念不断从中国语境下的汉语教学转变到全球语境下的汉语教学。

上海外国语大学与泰国法政大学的合作中文教学包括语言类课程和文化类课程。教学地点在上海外国语大学,课堂教学;每门课程的学习时间为一学期,总课时为51课时,每课时50分钟。课程性质为大学学习课程,学习对象为泰国法政大学在校二年级或三年级大学生,教师为上海外国语大学的教师,教学的组织者为上海外国语大学和泰国法政大学,泰国法政大学对教学的内容有具体的规定和要求。根据这些教学语境因素两校共同制定了教学计划和确定了监督教学计划实施的措施。

在教学过程中组织一次期中教学检查,法政大学派有关负责人员来上海外国语大学听课、同学生座谈;上海外国语大学进行学习情况汇报,汇报学习成绩和考勤情况以及学生的学习态度。期末进行教学考评,教学考评包括两个方面,学生对教师教学的考评和教师对学生学习的评价与对教学组织的评价。

两校各自设立项目主管,保持经常性的联系,检查教学计划的实施,及时解决教学过程中出现的问题,做好期中的教学检查和期末的教学考评。

全球语境下的中文合作教学能够比较好地处理各个大学在教学理念、教学目的、教学任务、课程设置、测试标准、教学考评等方面的不同。

中外大学合作进行的中文教学是在中国语境中进行,有现实的学习和语言运用的环境,这是积极有利的教学语境因素。它是一种优化的教学形式,有效地利用了教学资源和语言运用的环境。这种教学形式能吸引更多的大学生到中国来学习。

中外大学合作中文教学适应国际化办学的需要,一方面能满足国外大学组织学生到中国大学学习的需要,另一方面,合作教学能满足国外大学特定的教学任务和特定的教学要求。

参考文献

洪历建主编,《全球语境下的汉语教学》,学林出版社,2011年,上海。

王德春,《多角度语言研究》,清华大学出版社,2002年。

赵金铭载,"国际汉语教育研究的现状与拓展",《语言教学与研究》,2011年第4期。

周小兵主编,《对外汉语教学入门》(第二版)中山大学出版社,2009年。

非目的语环境下高校汉语教学中的三教问题——以日本高校汉语教学为例

Three Issues of Language Teaching (Teachers, Teaching Material and Teaching Philosophy) in University Education of Chinese Language in Non-Target Language Environment - A Case Study of Chinese Language Teaching in Japanese Universities

杨金华(Jinhua Yang)
中国上海外国语大学

提要 日本的汉语教学历史悠久,近二十多年又有突破性的发展,绝大部分高校都开设了汉语课程,汉语教学在日本高校形成了史无前例的规模。尽管如此,日本高校汉语教学中的教师、教材和教学方面仍有不少问题没有得到很好的解决,成为汉语教学取得进一步成效的瓶颈。日本高校的汉语教学相对于中国周边邻国来说比较典型,其存在的问题在其他非周边国家也普遍存在。因此,日本高校汉语教学问题的解决对其他国家高校的汉语教学有一定的借鉴作用。鉴于此,本文在回顾日本高校汉语教学历史与现状的基础上,探讨日本高校汉语教学中的三教问题。

关键词 日本高校 汉语教学 教师 教材 教学

一、日本汉语教学的历史与现状

1. 历史的回顾

中国和日本一衣带水,从公元前两百多年起,两国就开始了文化、经济及政治等方面的交往。由于商贸往来的需要,日本早在"明治维新"之前就已有汉语教学,不过那时叫做"中国语教育"。"明治维新"运动给日本的政治、经济、社会、军事、文化乃至思想上都带来了一场深刻的现代化改革,也使当时的中国语教育得到了进一步发展。不过当时的中国语教育并不是为增进互相了解和友好交流,而主要是为了日本政治和军事扩张的需要。据王幼敏介绍,日本近代中国语教育主要经历了三个阶段:第一阶段是出于与中国清政府建立邦交的政治需要而把传统的"南京语教育"改成"北京官话教育"(1868-1885);第二阶段是出于维护本国经济利益及军事扩张的需要而加紧中国语教育;第三阶段是第一次世界大战结束到第二次世界大战结束(1918-1945),这时的中国语教育也是为日本的军事扩张服务的(王幼敏,2006)。

战后的日本虽然随着"对中国的关心下降,学习中国语的人一度锐减"(安藤彦太郎,1991:122),但汉语教学并没有完全停止。当时的第一高等学校(现在的东京大学教养学部)和山口高等学校在1946年开设了中国语班(安藤彦太郎,1991:122)。实行新学制以后,很多大学都规定在第二外语中增设中国语。战后尽管日本政府对中国采取不友好政策,但是民间日中友好运动却自行发展并逐渐扩大,两国的商贸活动也有所恢复。这些自发的运动使大学学习中国语的学生比二战结束时增加,虽然规模不大,人数也不多,但汉语教学确实在缓慢中行进。正如安藤彦太郎指出的那样:"民间对扩大交流的努力不断取得进展。特别是在经济方面,在日中贸易的扩大与邦交正常化紧密相连的这一认识的指导下,为相互举办商品展览会等付出了种种努力,进行了称之为积累方式的交流"(1991:138)。总的来说,从战后到70年代日本高校的汉语教学处于低潮。如果说这一阶段的汉语教学有所进展的话,那也是民间友好活动推动的结果。

2. 日本高校的汉语教学现状

中日邦交的正常化,特别是中国的改革开放大大促进了两国之间政治、经济、科技的往来,带动了两国的文化交流和教育交流,给日本的汉语教学带来了前所未有的发展机遇。20世纪80年代随着学习汉语人数的猛增,日本大学"以汉语教育为专业课程的系或学科多了起来"(长谷川清,2003:16)。2000年前后日本掀起了汉语热潮,日本文部省统计数据显示,1998年有53所大学、35所研究生院设有汉语学科、中国文学和中国史课程,2003年开设汉语专业的大学就有42所(沈林,2007)。另据不完全统计,日本全国686所大学每年新生近70万,其中近30万(约40%)学习汉语(郭春贵,2005)。虽然随着日本人口出生率降低,近几年大学新生入学人数有所减少,但至目前为止,日本高校开设汉语课程的学校仍"占整个4年制大学的80%左右,占2年制短期大学的40%左右"(《日本的中国语教育2002》转引自古川裕,2011)。汉语的地位在短短的二十年间内迅速提高,仅次于英语。这里有两个很能说明问题的情况:有的大学直接规定所有学生的第二外语一律为汉语,如在北陆大学汉语成了3000名学生的必修课。还有的大学,如立命馆亚洲太平洋大学不仅面向本国大学生开设汉语课,还向来自70多个国家和地区的2000多名外国留学生开设汉语课(沈林,2007)。

需要说明的是,日本综合性大学公共外语不同于其他国家,仅属于教养课,目的是让学生了解不同语言文化而已(郭春贵,2005),对学习要求不高。这也就是说,在上述高校中,大部分大学汉语课程是作为第二外语选修的,课时量很少(每周只有1-2课时),而小部分的才是汉语专业的(周课时10节左右)。尽管如此,汉语教学在日本高校中的总体规模却相当大,几乎是"遍地开花",这种状况"恐怕在其他国家是罕见的"(杨晓初,2003)。

目前日本高校在汉语教学方面已经形成了一些较为成熟的做法,如在大学入学考试中心,汉语已被列为外语考试科目之一。这意味着学生在大学入学之前就可以学习汉语。再如,为检验日本国内学生的汉语水平,日本中国语检定协会制定了《中国语检定考试》,汉语专业的学生几乎每年都要参加若干次此项考试。

综上所述,二十多年来日本高校的汉语教学已有长足的发展,形成了相当的规模。然而,规模如此之大的日本高校汉语教学却未取得显著的成效,一些悬而未决的问题始终制约着汉语教学的顺利发展,"真正能学到中高级阶段的大学生可以说是寥寥无几"(古川裕,2011),难以培养出大批高水平的优秀人才。我们认为,日本高校的这种状况是与教师、教材和教学这三教问题分不开的。近几年,这些问题已引起了不少学者的关注,但相关的研究尚不全面。鉴于此类问题多而分散,本文将在下面就主要问题进行讨论并直接提出相关对策。

二、日本高校在汉语师资方面的问题及建议

教师是教学的重要支柱,在教学中起着举足轻重的作用。足够量的、合格的师资是教学顺利进行的重要前提,也是教学质量的基本保障。大学是培养社会精英的摇篮,没有优秀的师资,要想培养出高水平的、能在中日两国政治经济文化各领域的交往中担当重任的优秀汉语人才,就是纸上谈兵。

1. 关于专任汉语教师短缺的问题

日本高校中有很多非专任教师的编外人员承担着汉语教学任务,他们不需要"教员资格证",只须有硕士以上文凭和教学经验即可(沈林,2007)。据对日本部分高校师资的调查统计,在27所大学的522节课里,非专业教师所担当的课占了近60%。另一项调查显示,东京66所开设汉语课的大学里,有18所大学没有专任教师,课程全由非专任教师担当,占27%(郭春贵,2005)。究其原因,这种状况是由于学汉语的生源猛增,但合格的汉语师资跟不上造成的。目前此类状况虽有所改善,但由于大学人事制度是既定的,不会因此有根本性的改变。有些高校不仅教师的资质不能保证,连合格的师资队伍都没有。在这种情况下开设汉语课,教材的选用,课堂教学的实施都成问题,汉语教学的质量如何能得到保证?

建议:凡开设汉语课的大学都应制定一系列相关规定,一是要对从事汉语教学的教师进行资格认证;二是鉴于大学汉语专任教师不足,一个大学至少保证有若干名专任汉语教师以便协助制定教学计划、进行课程设置以及承担教学管理工作等;三是非专任教师必须参加课前"上岗"培训,以基本保证教学质量;四是每个开设汉语课的大学应寻找并与中国相关高校签订交流协议,轮流派教师到中国进修以提高教师的汉语教学水平及研究能力;同时中国"对口"高校也应派教师参与日本相关大学的汉语教学。目前日本高校中已建立了不少此类校际交流项目,应督促相关大学抓紧寻找中国高校合作伙伴,建立互利共赢、共同发展的教学机制。

2. 关于专任中国师资不足的问题

在日本高校中的汉语教师绝大部分是日本人,近些年也有一些中国教师进入日本高校作为专任汉语教师,但人数不多,双方互相切磋也不多。因此,中国教师未必能协助相关部门制定教学计划、参与课程设置或辅助教学研讨等。此外,在进入高校的中国教师中,有部分毕业于其他专业,他们虽然或多或少积累了一些教学经验,但因缺乏汉语教师的资质,理论素养不足,在课堂上仅凭经验教学,很多问题不讲,也讲不清楚;加之没有进修和提高的压力,也没有相关制度约束。如此年复一年地上课,自身业务能力难以提高,学生也不会有很大的进步。这样的情况在日本高校中较为普遍。大学要进行外语教学,没有目的语专任教师的参与,教学质量是很难保证的。

建议:除了开展中日高校校际交流之外,还应逐渐提高汉语专任中国教师的比例,或至少每个大学有一到两名有较高资质的中国人专任汉语教师,以改善汉语师资结构和教学环境。其次，专任中国教师无论在制定教学计划、培训教师，还是在教学问题探讨等方面都应与所在大学汉语教学部门积极配合，获得应有的支持和帮助，以保证汉语教学计划的顺利实施。

3. 关于汉语专业师资不足的问题

在日本高校，担任汉语教学的专任日本教师中，有不少是从事古汉语或古代文学研究的汉学家，也有的是从事与汉语无关的其他专业的研究人员。虽然他们具有较高的学历和学位，但未必具有从事现代汉语教学的资质。其中不乏如下情况：能进行书面阅读，但不太能开口说话；虽能开口，但发音很有问题；虽能用口语交谈，但表达不很流畅；交际表达都没问题，但解决不了学生学习上的一些具体问题，等等。这也是一个较为普遍的现象。这样的专任汉语教师不是汉语专业毕业的，不十分熟悉现代汉语要素及其关系，不知道如何解释相关语法及词汇的用法，不能娴熟地、灵活地综合运用各种教学法。他们比较擅长用汉语朗读课文，之后用母语翻译。在教学中，他们或者能够解释其然，但很难解释其所以然。大部分不具备依据汉语规则熟练地对各种语法特点和用法进行解释的能力。如果一个学校这样的教师占有一定的比例，加之教师之间的交流甚少，那么，该校的汉语整体教学水平可想而知。

建议：首先，在正式聘用教师时，不仅重视专任教师的学历及文凭，更要注重专任教师是否具备从事汉语教学的资质（发音及表达、专业背景、研究情况和能力等）。其次，教学部门可组织相关教师分科目集体备课、阶段性组织专题讨论，搭建教师沟通的平台，使教师养成互相交流、互通有无、取长补短的习惯。对已经从事多年汉语教学的专任教师，要鼓励他们继续学习进修，以不断提高其汉语教学水平。

4. 关于重研究轻教学的问题

如上所述,有些专任汉语教师所学专业不是现代汉语或与之相关的专业(如第二语言习得或教育心理学),所从事的研究多半与汉语教学关系不大,加之为评职称而注重科研,忽视或轻视教学,他们的科研对所担任的汉语教学没有实际作用。这种情况在日本高校中为数不少,值得关注。

应该说,无论是研究型大学还是教学型大学,教师的教学水平和能力的提高与其研究能力的提高不无关系。从事汉语教学的教师,特别是专任汉语教师,只做自己的研究而较少顾及教学中的问题或研究不与教学实际相结合,其教学水平很难提高,教学效果也难以提高。教师不能因职称评定而一味追求科研成果,轻视或忽视课堂教学。不可否认,汉语教师的专业背景比较复杂,其研究成果也不一定都能直接用于教学。但鉴于这些教师已经具备了学科知识和能力,如能在汉语教学上稍加用心,仍能在汉语教学的实践中调整自己的知识结构,使自己逐渐适应汉语教学,并将已有知识和汉语教学紧密结合起来,发挥出更大作用。问题的关键在于教师是否具有"教学意识"(陆俭明,2005)。

另外,有些日本大学从培养学生的教养、扩大知识面出发,聘请中国高校一些"研究型"教师赴该校从事汉语教学,但对教师的相关要求不够明确,安排不够妥当。一些之前从未接触过对外汉语教学的中国教师却担任低年级汉语课程,结果上课时带有浓重的口音,学生听不懂;语速太快学生不明白;对一些很简单的词语也讲解不清,这不仅造成课堂气氛沉闷的尴尬局面,而且也挫伤了学生的积极性。

建议:大学应注重毕业于其他专业的汉语教师的知识结构

重构,督促其下功夫将已有学科知识与教学兼容整合,在汉语教学上发挥应有的作用。此外,制定相关标准对聘用的汉语教师进行筛选,向"对口"大学明确提出交流教师的相关要求,以期教师赴任后很快能适应所在学校的教学环境,并让学生"在最短的时间内能最快最好地学习好、掌握好汉语"(陆俭明,2004)。

三、日本高校在汉语教材方面的问题及建议

1. 关于教材编写出版方面的问题

日本高校学汉语的人数猛增,带动了汉语教材出版事业的蓬勃发展。如上所述,日本综合性大学的汉语课是作为第二外语开设的,因此,公共汉语课对教材的需求量很大,而日本出版的汉语教材大多也是供大学公共汉语课使用的。

日本高校汉语教材的主要特点是没有相对统一的汉语专业教材和统一的公共课教材。但汉语专业课因教学内容多,课时量大,专业性强而对编者和教材有较高的要求。已出版的专业汉语精读教材大多注重系统性、渐进性,通常由多册构成。这类教材"课文较长,语法要点说明详细,例句充实,循序渐进性强"(石汝杰,2004),练习类型多,题量也较大。而公共课教材则情况大不相同,不仅数量多,种类也多;初级的、不成系列的很多,中高级的较少。由于是供公共课使用的,因此每册的篇目少,课文短,解说简单,词汇量也很少,练习量也不大。

汉语专业的会话课教材也是如此。有的会话教材课文短,说明过少,练习也很少,教师上课得自己添加很多材料。而有的

会话教材语法说明多，词汇多，句子长，但又不是典型的口语表达，与实际生活相去较远，词语及表达的句型书面色彩浓重。类似书面语的对话形式，明显不适合作为会话课的教材。

无论教材是由日本人编写的，还是中日合作亦或是在日的中国教师编写的，也无论编者资质如何，高校汉语教材的关键问题是没有统一的教学大纲作为依据，教材编写随意性很大，在深浅及难易度上也很难把握。一般说来，语法项目的设立及其解说、语法点的分布及其连贯性、词汇的使用量及其难易度、每篇课文的生词量和课文长度、课文中句际的衔接、段落承上启下、课文材料的筛选和改编、主题的确定和分布、对学生的应掌握的语法、词汇量及表达上的要求、每册的教学目标及册际的衔接，这些都是编写教材必须事先考虑的重要问题。此外，大学汉语教材也应考虑是从零起点开始，还是与高中部分汉语教学水平衔接。公共课还须考虑每周一两节的汉语课课文之间难度坡度的大小，以及既要让学生轻松地学习，又要保持循序渐进、趣味性和吸引力等问题。没有统一的标准，教材便无法可依，随意安排，五花八门，乱而无序，不仅难以保证质量，而且也不一定适合特定的教学对象。应该说，教材和教学是相辅相成的，教材不能有效地服务于教学，教师不能充分利用教材进行教学，最终将严重影响教学效果和质量。

建议：尽快设计适应各教学层次的统一的、标准的汉语教学大纲（如本科专业和公共课教学大纲），其中包括语法教学大纲、词汇教学大纲以及汉字教学大纲，以便为教材编写提供理论依据。由于是在非目的语环境下进行汉语教学，大纲在汉语水平、难易度、词汇量以及具体词汇表的国别化方面都应不同于中国国内的对外汉语教学大纲，应当在各方面充分把握好这个度。只有有了教学大纲，才能理顺教材和教学之间的关系，教材也不至于偏离轨道,才能真正发挥教材对高校汉语教学的积极作用。

2. 关于教材国别化和规范化的问题

以往教材无论从词汇到内容往往很少反映日本当地的日常生活,缺少日常交际基本用词,学生学的和实际生活离得较远。词汇不实用,生活中上不了口,课堂上说一套(课本上的东西),课后生活中又是一套。结果是没有用的词语学了一大堆,想表达的不会说,语言能力始终徘徊不前。

非目的语环境下进行汉语教学不同于目的语环境下的汉语教学(杨金华,2011),两者既有相同的部分,也有不同之处。因文化背景及生活环境的差异,日本高校教材除了主要安排反映中国环境下的一些语言材料外,还须结合日本当地生活环境,在内容上穿插反映日本日常生活的相关词汇,以及相关的语言材料(越是初级阶段越应如此),让学生不仅学会用汉语表达中国的事物和现象,也能直接表达身边的事物和现象,并具有自由交流思想和跨文化交际的能力。国别化教材既反映中国现实社会及文化生活,又带有日本国别特色,学生学了就会用,就能用。汉语教学只有做到了本地化(洪历建,2011:31),才能使汉语在异国文化的环境中生根,这样的汉语教学才能持久。

建议:高校汉语教学不同于自学汉语,它有目标和时间限制,有系统和具体的要求,应做到相对规范。因此,可组成高校汉语教材编写组,整合各方力量,编写出有分量、系统性强、适用于不同需求、不同层次的有代表性的教材,改变自由化发展、杂乱无序的状况,使高校汉语教材编写逐渐走上正轨。

3. 关于教材使用方面的问题

"日本各大学使用的汉语教材,多数是由任课教师自行选定的"(石汝杰,2004)。其实,就其实质来说,教材是为教学服务的。一部好教材能使教学得心应手,顺理成章,教师再利用已有知识进行解释、补充和引导,便能达到事半功倍的教学效果;反之,教师就是尽再大的努力,其效果也只能是事倍功半。从这个意义上说,教材对教学的实施是非常重要。鉴于专业汉语课与公共课在诸多方面都有所不同,各大学不仅应根据既定的教学目标来挑选相关教材,并且尽量多地征求具有丰富教学经验的教师的意见和建议。有可能的话,还应适当听取学生的意见。

此外,同类教材之间有的差异大,有的差异小。但各自的指导思想、编写思路、体例以及相关方面的布局都应有全盘的考虑和设计。设计周密与否、科学与否、合理与否、实用与否都能在教学中体现出来,因此确实需要认真加以选择。

四、日本高校在汉语教学方面的问题及建议

1. 关于教学大纲方面的问题

如上所述,无论是汉语专业,还是作为第二外语,日本"大学没有统一的教学大纲"(沈林,2007),这难免会给各个大学的汉语教学带来负面影响。

一般说来,教学主要管两件事,即"教什么和怎么教。首先是教学大纲必须就教什么和怎么教作出详细而明确的规定,其次是教材依据大纲妥善安排所要教的语言项目,其三是教师根据大纲的规定和教材的内容,采用恰当的方法或手段授课。就这三方面来说,大纲是最重要的,它是课程教学的标准,决定着教材和授课的质量"(杨金华,2011)。教学大纲是保证教学有

序进行的依据,没有教学大纲,教学便没有依据,也很难保证教学的系统性、完整性及有效性。虽然各个大学都会自行制定各自的教学目标和教学计划,但没有能为所有大学遵循的统一的标准,各大学便自行其是。理论意识、系统意识、教学意识强弱之分在实际教学过程中的效果便有高低优劣之分。如果说前者是隐性的话,那么,后者则是显性的。总之,有关部门应该考虑如何把握好教学的可控因素,以最大限度地确保高校汉语教学的整体质量。

教学大纲是教学的标准,有了教学大纲,大学的汉语教学便就可据此制定相关的目标、要求以及相应的课程设置,使不同年级应达到的程度与考试等级挂起钩来。公共汉语课虽不同于汉语专业,但大致情况也应如此。

2. 关于教学规范等方面的问题

教无定法,但教有定规。要保证高校汉语教学的顺利进行、建立较稳定的教学秩序并确保教学质量,有几个问题值得注意:

1)教学计划:教师应根据学校的要求制定具体的教学计划,同年级的应有统一的教学计划,以便协调同年级不同班级之间的教学进度。开课之初应将相关的问题向学生交代清楚,包括教学目标、教学进度、教学方法、练习、考核考试、检查评估以及评分等。只有按照严密的计划进行教学,正常的教学秩序才能得以维护,教学效果也才能得到保证。

2)教师教法:要保证较高的教学质量,教师是第一位的。鉴于日本高校非专业汉语教师很多,专业教师中也有不少不具有现代汉语教育背景,建议逐渐推行"汉语教师资格证"制度,即通过培训使广大从事汉语教学的教师都具备较为系统的汉语本体知识,并形成良好的互动关系:以科研带动教学,以教学为科研提供研究的平台，使教师逐渐做到具有"深广的专业基础知识和相关的学科知识"、"高超的教学技艺"、"一定的教学技能"（陆俭明，2005）。

3）中方提供帮助：中国方面如汉办或"对口"高校应派有较高资历的汉语教师赴不同学校辅助汉语教师培训，以规范化教学快速提升日本汉语教师的教学水平和教学质量。也可派一些既有理论修养，又懂相关国别语言的资深教师作为常驻的教学督导，辅助当地的汉语教学，包括进行汉语教师培训、制定教学大纲、编写国别化教材、制订具体的教学目标和计划等等。这些都要在中日两国专家的通力合作、相互配合下才能保质保量地完成。

五、结　　语

上述梳理的问题和相关建议只涉及日本高校汉语教学的部分，其中有些涉及日本高校自身的制度问题，有些属于教学策略和规划等问题。只要认真对待，中日双方共同谋划，假以时日，相信日本高校在汉语人才培养方面定能取得显著的成效。

参考文献

安藤彦太郎著，卞立强译《中国语与近代日本》，北京大学出版社，1991年。

古川裕，"日本中国语教学概况"，洪历建主编，《全球语境下的汉语教学》，学林出版社，2011年，107–117页，上海。

郭春贵，"日本的大学汉语教育问题"，《世界汉语教学》2005年第4期。

洪历建，"澳大利亚国家语言政策及其对澳大利亚高校汉语教学的影响",洪历建主编,《全球语境下的汉语教学》,学林出版社,2011年,61-86页,上海。

津田量,"日本汉语教材综合研究及分析",《汉语学习》2010年第2期。

刘元满,"中日母语作为第二语言教学的师资培养比较研究",《汉语学习》2009年6月。

陆俭明,"汉语教学应有的意识",《世界汉语教学》2005年第1期。

陆俭明,"增强学科意识,发展对外汉语教学",《世界汉语教学》2004年第1期。

沈林,"日本孔子学院的现状及展望",《广东外贸大学学报》2007年9月。

石汝杰,"日本的汉语教科书及其出版情况介绍",《世界汉语教学》2004年第2期。

王幼敏,"近代日本的中国语教育",《云南师范大学学报(对外汉语教学与研究版)》2006年7月。

杨金华,"非目的语环境下的汉语教学及其基本对策",《汉语国际教育创新型人才培养论集》,上海人民出版社2011年。

杨金华,《外国人汉语语法习得难点研究》,上海大学出版社,2011年。

杨晓初,"日本汉语教育的现状",《云南师范大学学报》2003年7月。

张英,"日本汉语教材及分析",《汉语学习》2001年第3期。

长谷川清,"关于日本大学汉语教育及进修计划的思考",《云南师范大学学报(对外汉语教学与研究版)》2003年3月。

朱瑞平,"关于日本汉语教学的考察与思考",《语言文字应用》2006年6月。

百度网站:http://baike.baidu.com/view/22062.htm

大阪产业大学孔子学院工作简介[①]

A Brief Introduction to the Chinese Teaching at Confucius Institute at Osaka Sangyo University

鹿钦佞(Qinning Lu)
中国上海外国语大学
吕林(Lin Lü)
中国上海外国语大学

提要 本文介绍了大阪产业大学孔子学院的主要工作情况。文章分为四部分:第一部分是大阪产大孔子学院概况;第二部分总结了大阪产大孔子学院的工作范围和具体细则,分别从教学、文化活动、当地考试、师资培训、向中国输送学员等五个方面进行了详细介绍,对大阪产大孔子学院工作中反映出的特点、优势和存在的问题进行了必要的分析;第三部分就前面的内容反映出来的问题谈了作者的一些思考和展望;最后是全文的结语。

关键词 大阪产业大学孔子学院 国家汉办 孔子学院教学的特点与难点 当地使领馆与孔子学院

[①] 本文得到了上海外国语大学青年教师科研创新团队项目的资助。

一、大阪产业大学孔子学院概况

2007年11月26日,由上海外国语大学和大阪产业大学双方合作创办的大阪产业大学孔子学院揭牌仪式在大阪皇家饭店隆重举行,从此,大阪产业大学孔子学院(以下简称"大阪产大孔子学院")开始了正式运营。大阪产大孔子学院坐落在大阪市北区的繁华商业中心梅田,孔子学院与产大的一个卫星校区共同使用大阪站前第三大楼的一个楼面,周边有五条轨道交通线的车站,地理位置非常优越。

大阪产业大学孔子学院可使用的楼层面积约为600平方米左右,包括接待室一间、事务室一间、教室三间、电脑房一间、休息区、多功能区、吸烟室等,此外还有书库一个,在大厅、走廊等公用区域还布置了书柜、书报架、宽屏电视、中国文化多媒体体验区等设施。

至2012年,大阪产大孔子学院设有一名日方院长、两名日方副院长以及一名中方副院长,四位院长讲授一定数量的汉语课程;孔子学院还聘有中方教师一人、中方志愿者一人、日方兼职教师一人,他们承担了大部分的汉语课程;孔子学院设有事务局,其中行政人员四人。大阪产大孔子学院聘请国内知名的专家学者作为顾问,他们是上海市外办副主任、前上海外国语大学党委副书记张伊兴教授,北京大学中文系教授陆俭明先生,孔子学院总部高级顾问、老舍纪念馆馆长舒济女士。

大阪产业大学孔子学院同日本中国经济学会关西支部、日本老舍研究会、日本高等学校中国语研究会、关西支部等学会和组织机构进行了充分的、卓有成效的合作,使得大阪产业大学孔子学院的各项事业得以顺利开展。同时,与RISONA银行、南都银行等企事业单位以及大阪府亚洲交流课、大阪商工会议所、经济产业省中小企业基础整备机构(统筹指导和管理中小企业发展及定位的官方机构)等政府部门合作,得到了广泛的理解和支持。每当有重要活动,大阪及周边地区的重要媒体如新华社驻大阪分社、大阪日日新闻社、关西华文时报、华人周报等都会前来进行采访和报道,使孔子学院的活动产生了良好的社会影响。

二、大阪产业大学孔子学院的工作范围

总体来说,孔子学院不同于大学里的汉语教学实体,更有别于一般意义上的语言培训机构,它的工作范围相对繁杂,任务是多方面的。不同国家的孔子学院有不同的工作范围,同一国家里的各个孔子学院的职能也不完全一致。下面仅就大阪产大孔子学院的工作情况简要做一个介绍。

1. 教学

大阪产大孔子学院最具核心性的工作就是面向当地社区的汉语和文化教学工作。

(1) 学制

大阪产大孔子学院为非学历制教学,不纳入产大的全日制国民教育体系。因此在参考一般大学学期设置的基础上,每年都会适当调整学期的起始时间。孔子学院通常在1月、5月、9月开课,采取十周为一学期,每门课每学期20学时的教学制度。学员可以较为随意地选学合适的或者感兴趣的层级和水平的课程。以2012年第二学期为例,每周开设的课程为23节,其中周六的课程最多,从早上10点一直到下午6点,所有教室都处于满员状态。

（2）招生及生源

产大孔子学院的生源主要来自社会,另有少量的在校大学生。从学生的学习目的来看主要有三个方面:一是纯粹出于兴趣爱好。比如,为了看懂自己喜欢的电影明星所拍的电影,或者想去中国旅游,他们为了满足自己的兴趣爱好来学习汉语,期望提高自己的汉语交流能力,这部分学员以退休的公司职员和家庭主妇为主,占全体的约六成左右;二是出于工作的需要。比如商务活动的需要(商务人士)、日常工作的需要(公务员、大百货公司的售货员、汉语教师等),这部分人大概占到四成左右;三是出于研究的需要。比如日本高等院校里从事中国历史学、中国考古学等专业研究的学者,这部分学员极少。

产大孔子学院建立初只有30余名学员,2012年第二学期已经超过了200人。

（3）课程设置与教材配备

＊**语言课**

语言课是孔子学院教学工作的重中之重,百分之九十以上的学员都是来学习语言课的。以下是孔子学院语言类课程设置以及教材配备的情况:

	综合	听说
入门	《汉语入门》,郁文堂出版	
初级	《长城汉语》(3、4、5、6)北京语言大学出版社	《你说我说大家说·基础口语》,北京语言大学出版社
		《很好》(1、2),北京语言大学出版社

（续表）

	综合	听说
初级	《成功之路》(顺利篇2) 北京语言大学出版社	
中级	《中级中国语》(日)	
	《长文读解秘诀》(日)	《很好》(3、4)，北京语言大学出版社
	《汉语综合教程》(第二册) 上海外语教育出版社	
	《成功之路》(进步篇1) 北京语言大学出版社	
	《汉语综合教程》(第三册) 上海外语教育出版社	
高级	《桥梁》(上) 北京语言大学出版社	
发音训练		《外国人汉语发音训练》，高等教育出版社

* HSK 辅导

　　国家汉办/孔子学院总部研制并推广的新汉语水平考试近年来在海外影响越来越大，很多学习汉语的学生一直都将 HSK 作为测试自己学习成果的工具，考试报名人数每年都会大幅度增长。大阪产大孔子学院 HSK 辅导是从 2009 年 5 月期开始的，使用的是自编教材，培训的对象主要是参加新汉语水平考试（2-5 级）的学员。

* 商务课

来孔子学院学习汉语的有一些商务人士或者有志于从事商务活动的人士,他们学习的目的比较明确,就是能在短时间内掌握或者巩固运用汉语进行商务活动的知识和能力。这门课有一定的专业性,对教师和教材的要求也比较高。目前这门课的学员水平普遍比较高,由孔子学院日方副院长王京滨教授担任,参考教材是《经贸汉语高级教程》(罗陈霞主编,外研社)及《经理人汉语》(张晓慧主编,外研社)。

* 文化课

文化课是从 2010 年 5 月期开始的,目前开设了两门课程:剪纸和中国歌曲演唱。

* 补习课

补习课分为两种:一种是学期内每隔两周的周三或周六中午,孔子学院组织汉语会话角,大阪产大孔子学院学员包括其他对汉语和中国文化感兴趣的大阪及周边城市的市民,这一活动是免费的,旨在让社区市民有机会使用汉语、了解中国,同时也可为孔子学院做宣传;第二种补习课可以说是为来大阪产大孔子学院学习的学员提供的"优待",因为它的学费只有正常学费标准的一半,在学期与学期之间的间隔中进行汉语补习。第二种补习课一般根据层级和课型分为 4 个左右的班(如初级听说、初级语法、中级听说、中级语法等),学员可以根据兴趣和水平自由选择。该类课没有教材,一般由中方专任教师自编讲义,根据所在班级的水平和课型来编排授课内容,一般听说补习课以听录音、看录像、演讲、讨论等方式为主,语法补习课则以语法项目的练习为主。

(4) 孔子学院教学的特点和难点

第一,学员汉语能力参差不齐。

不仅不同年级、不同课别的学员如此,同一层级、同一课别也是如此。往往一个班级中有的是学过几年汉语的,有的是刚刚从入门班里出来的,大家坐在一个课堂中学习,老师和学生互动的难度可想而知。况且每个人学习的起点也有所不同,有的是从拼音阶段开始学习的,有的则是通过和中国朋友的交流掌握了一定的交流口语。

第二,学时少,任务集中。

由于大阪产大孔子学院的教学是非学历制的,生源的稳定性不强,为了让前来参加课程的学生在一个学期内学到尽量多的内容,我们不得不把大量的学习任务尽量集中地在十次课内完成。每个学期只有20个小时,而一册书两个学期就要完成。以初级汉语为例,从入门开始,四十个学时就要讲完"把"字句、"被"字句、比较句、连动句等语法项目。这样的教学制度常常会使学生学得半生不熟,很多学员学完了中级课程时,反过来又来学习王德春主编的《综合教程》第二册,从"了"重新学起。这也是大阪产大孔子学院教学的一个尴尬。(据笔者了解,在日的其他孔子学院大都也面临着同样的难题)

第三,学员学习目的不同。

前面2.1.2中已经谈到,来学习汉语的学员目的不一,有想学到东西的,有想消遣的,有想马上就用到工作中的,有想慢慢来的,可谓众口难调。目的不同,教学效果便难以趋同。

第四,非目的语环境下的全目的语课堂。

相当数量的中国大学外派教师和志愿者并不通日语,课堂就几乎全部是以汉语贯穿的,这给学员们尤其是初学者带来了极大的恐慌。由于他们中的大多数并不想强迫自己学得多好,而仅仅是一个乐趣而已,全汉语的课堂很容易让学员感到疲惫、厌学甚至萌生退意。

2. 文化活动

孔子学院另一项重要活动就是源源不断的文化活动。文化活动的组织方主要是以下几方面：

(1) 国家汉办

孔子学院直接受国家汉办暨孔子学院总部的领导，因此，孔子学院总要源源不断地接受国家汉办的任务，完成国家汉办下达的各类传播中国文化的细致工作。孔子学院总部已将"巡演、巡讲、巡展"这一系列三巡活动常态化，以扩大孔子学院的影响。

举例来说，2009年3月到2010年4月，大阪产大孔子学院承办了以下几项重大的活动：

一是2009年11月1日汉办组织山东省京剧院赴韩日巡演的大阪站演出，该演出剧目精彩，阵容强大，反响非常强烈。早在公演前半个月，日本三大主流报业集团之一的《每日新闻》就对此次公演做了宣传活动，《关西华文时报》和《大阪日日新闻》等媒体机构也对公演进行了全程跟踪报道[①]。

二是为了促进中日青年的交流，加深日本大学生对中国文化的了解，中共中央政治局常委李长春邀请日本青年学生赴华访问。2009年12月23日至31日，国家汉办暨孔子学院总部出资举办了"日本孔子学院访华冬令营"活动。来自日本稻田大学、北陆大学和大阪产业大学等三家大学的孔子学院学生共42人参加了此次冬令营活动，大阪产业大学孔子学院派出了13人的学生队伍参加了本次活动。冬令营先后在北京、厦门两地举

[①] 参看 http://college.chinese.cn/conference09/article/2009－11/23/content_92413.htm

行,学生们在孔子学院总部、中央民族大学、北京外国语大学、厦门大学等处聆听了专家的讲座,并分别参观了北京故宫、奥林匹克公园、厦门鼓浪屿、泉州等旅游文化胜地。

三是2010年1月19日,汉办组织上海外国语大学艺术团赴大阪、东京两地巡演。演出颇具民族风味,学生艺术团演出活动的成功举办,让大阪产业大学、大阪桐荫高中以及大阪府大东市周边居民对中国的传统艺术有了最为直观的感受。《大阪日日新闻》、《关西华文时报》以及《中日新报》等多家媒体对此次活动进行了报道[1]。

四是2010年1月19日和21日,汉办组织的中国书籍展览分别在大阪产业大学本部和大阪产大孔子学院(产大梅田卫星校区)两地举行。展览展出了中国书籍500余种,展览结束后还向部分参观人员、孔子学院学员和当地的社区图书馆进行了赠书活动。

(2) 当地使领馆

大阪产大孔子学院与中国驻日使馆、驻大阪领馆有着较多的接触,尤其是与大阪领馆教育室有着较为直接的密切关系。由于大阪产大孔子学院在当地影响力较大,与当地的汉语教学机构,如各大学中文系、关西汉语教育协会等有着十分密切的往来,使、领馆在关西地区的文化活动往往要由孔子学院来承办。例如:

大阪产业大学孔子学院分别于2008年5月10日、2009年5月17日、2011年5月29日、2012年5月27,同中国驻大阪总领事馆教育室合作举办了第七、八、十、十一届"世界大学生汉

---

[1] 参看 http://college.chinese.cn/article/2010-01/29/content_105595.htm

语桥中文比赛"西日本地区预赛。来自西日本地区的大阪大学、神户市外国语大学、京都外国语大学、天理大学、摄南大学、帝塚山学院大学、关西外国语大学等多所大学的选手参加了比赛。每次比赛均有大批观众到现场为选手加油助威,当地主要华文报纸《关西华文报》等都对比赛进行了详细报道,扩大了"汉语桥"中文比赛在西日本地区的影响。

2009年11月20日,中国驻大阪总领事馆面向日本民众举办了"纪念新中国建国六十周年征文比赛"活动,大阪产业大学孔子学院积极响应,组织学员参加了这一赛事。经过激烈的角逐,孔子学院的两名学员的作文脱颖而出,分别获得"美文奖"和"佳作奖"。参赛学员受到了中国驻大阪总领事馆郑祥林总领事的接见和嘉奖,并出席了颁奖仪式和庆祝宴会。

(3) 孔子学院自身

孔子学院自身自发组织的文化活动是孔子学院日常工作的一大重头戏。一般来说,每年孔子学院都要组织三场演讲会,一场是关于中国文学和文化的,一场是关于中国经济和外贸的,还有一场是关于中国语言学及汉语教学的。例如:

2008年9月16日,为庆祝大阪产业大学孔子学院设立1周年暨大阪产业大学学园法人创立80周年,大阪产业大学孔子学院举办了"老舍与北京"文化演讲会①。孔子学院总部高级顾问、老舍纪念馆馆长、老舍先生的长女舒济女士专程访问大阪并作了演讲。来自日本关西地区教育、文化、经济等各界的近百名

---

① 老舍先生及其作品在日本受到很多学者和普通民众的欢迎,大阪地区曾经排演过老舍的《茶馆》等多部话剧,大阪产大孔子学院的一位学员便曾参演过《茶馆》。日本也集中了一批老舍研究的优秀学者,大阪产大孔子学院的院长仓桥幸彦教授是现任"日本老舍研究会"会长。

听众到场体验了老舍文学的魅力和北京文化的精彩。

2008年11月28日晚,"大阪产业大学孔子学院纪念成立一周年"经济演讲会在大阪隆重举行。本次演讲会由大阪产业大学孔子学院主办、日本中小企业基盘整备机构近畿支部协办,邀请上海市外办副主任、上海市市长国际企业家咨询会秘书长张伊兴教授对上海市外向型经济的发展进行了回顾与展望。来自大阪各地的中小企业家和各界社会人士100余人出席了演讲会。

2008年11月29日下午1点,"纪念中国改革开放30周年国际学术研讨会——中国市场化改革的成绩、课题与未来展望"研讨会在孔子学院总部的特别支持下,由日本中国经济学会与大阪产业大学孔子学院联合举办。大会专门邀请了中国著名经济学家张曙光教授(北京天则经济研究所)和张军教授(复旦大学),他们分别以"打破国有部门垄断建立政府经济管制"和"改革开放——鲜为人知的故事"为题进行了演讲。

2009年10月12日下午,北京大学陆俭明教授在大阪产业大学孔子学院做了演讲,日本中国语学会会长、大阪大学杉村博文教授,日本中国语教育学会会长、大阪大学古川裕教授以及来自关西地区的近百名大学汉语教师及汉语学习者参加了演讲会。

2011年7月9日、10月31日,12月13日,孔子学院分别邀请上海社会科学院历史研究所特别研究员、上海东华大学人文学院陈祖恩教授,中国社会科学院语言研究所方梅女士,北京大学政府管理学院常志宵副教授赴日做专题讲座。演讲题目分别为《国际大都市上海与日本》、《语体差异与语法研究和教学》、《中国财政系统和地区经济发展》,共有近两百名孔子学院学生参加。

2011年7月10日下午,大阪产业大学孔子学院举行了第四届语言学讲座,暨南大学中文系教授、著名汉语语言学家邵敬敏先生作了题为"是非问内部类型的特点及其比较研究"的讲座。来自日本京都、神户、名古屋及东京等地的六十多名汉语研究者和汉语学习者参加了此次讲座。

2011年11月13日,大阪产业大学孔子学院举办了题为《中国点滴》的现代中国讲座。来自中国社会科学院文学研究所的研究员孙歌教授,应邀做了精彩的讲演。

2012年6月16日,大阪产大孔子学院举行了一场探讨现代汉语语法研究的现状及热点的专题讲座。这次讲座的主讲人是来自中国社会科学院语言研究所的著名语言学家张伯江教授。参加此次讲座的观众有西日本地区各大院校的老师、学者、学生以及孔子学院的学生等。

除此之外,每逢中国重大的节日、纪念日或是重大活动,孔子学院都会有相应的举动进行庆祝或者推介。例如:

在中华人民共和国成立60周年来临之际,同时也为了积极响应2010年上海世博会的召开,大阪产业大学孔子学院于2009年9月12日—25日,在大阪产业大学梅田校区以及大阪梅田北新地地铁广场两大展区,举办了以"感受上海、精彩世博"为主题的"上海千博文化"宣传活动。

2009年1月25日,大阪产业大学孔子学院举办了2009年新春联谊会。2010年2月21日,大阪产业大学孔子学院在梅田校区举办了"迎新春、吃元宵、猜灯谜"团拜活动。2012年1月22日,正值中国农历除夕,大阪产业大学孔子学院举办了龙年的春节联欢会。

2011年9月17日、18日,在大阪市中心的难波宫旧址,举办了由大阪华侨总会主办的2011大阪中秋明月节活动。大阪产业大学孔子学院作为大阪地区孔子学院的代表应邀参加了此次活动。大阪产业大学孔子学院也充分利用此次机会,积极与在大阪地区有号召力的华人团体交流,扩大影响。同时,也挑选了一些汉语学习常用的书籍和字典展出,并在结束后赠送给汉语学习者,此举亦得到了广泛好评。中国驻日本特命全权大使程永华、中国驻大阪总领事郑祥林、大阪府、大阪市政府官员、当地日中友好协会及中国演出团体的代表出席了开幕式。来自中国成都、辽宁、新疆的演出团体表演了富有民族文化特色的歌舞及变脸、杂技等精彩的曲艺节目,吸引了大批在日华人和日本友人前来参观。

大阪产大孔子学院自身举办的各种文化活动丰富多彩,很受学生和当地学者、民众的欢迎。《每日新闻》、《大阪日日新闻》、《关西华文时报》以及《中日新报》都不同程度地对上述活动进行了报道。

3. 当地考试

2009年6月21日,大阪产业大学孔子学院与HSK日本事务局联合组织了本年度的第二次汉语水平考试。本次考试分为基础和初中等两个等级,考生人数分别达到了38人和225人。

2009年11月8日,大阪产业大学孔子学院在HSK日本事务局的大力协助下,成功举办了本年度第三期汉语水平考试。来自大阪周边关西近畿地区共计232名考生参加了考试。

2011年5月22日的考试,参考人数突破了300人。

4. 师资培训

师资培训包括两个方面,一是本土汉语教师的培训:

大阪产大孔子学院曾经在2009年3月28日至29日和

2011年3月21日先后两次举办了"汉语教师培训系列讲座",旨在进一步加强西日本地区汉语教学质量与教师队伍建设,培养西日本地区汉语专业人才,提高本土化汉语教师的教学层次,为今后扩大汉语教学打下基础。讲座吸引了来自大阪市立大学、立命馆大学、姬路独协大学研究生院、新泻大学全校教育机构、尼崎市立高中、尼崎市东高中、GEOS语言学校、美树汉语学校、实用汉语学院等五十余名汉语教师的参加。通过孔子学院所做的问卷调查,大多数学员表示这样的培训对自身的提高有帮助,也有部分学员认为讲座有助于开阔眼界,但是对于教学能力的提高作用有限。

二是国内汉语教师的小语种培训:

2010年,产大孔子学院承接汉办的任务,开办了"对外汉语教师日语培训班",从中国国内招收了8名学员,在大阪产大孔子学院的平台下展开教学活动。该班学员均已于2011年3月份正式完成学业,所有学生参加日语能力考试均取得了良好成绩。

5. 向上外及中国其他院校输送学员、奖学金生

2008至2012年,大阪产业大学孔子学院先后组织了五届海外暑期汉语研修班,赴上海外国语大学进行了为期三周的研修。

2010年,大阪产大孔子学院分别向黑龙江大学和上外输送了两名汉办奖学金生,向上外输送了一名自费进修生,2010年和2011年上外汉语国教育专业硕士点还分别录取了一名来自大阪产大孔子学院的学员。2012年预计仍有学生将作为汉国教研究生被录取到上外。这些事例都表明,孔子学院在为中国扩大影响力、提升知名度、拓展海外市场等方面作出了积极的贡

献。

三、思考和展望

仅就大阪产大孔子学院自身而言,它扮演着汉语的教学者、中国文化的传播者、汉语考试的组织者、本土汉语教师的培训者以及与中国各大学各种联系的建立者等诸多角色,建院五年来取得了很多可喜的成果。同时,通过大阪产业大学孔子学院所取得的成果和反映出的问题,也可以让人思考并引发展望。在此,我们谈谈自己的想法。

1. 孔子学院总部须做好若干标准化工作

前文2.1.4提到了大阪产大孔子学院在汉语教学上"面临着学时少,任务集中"的特点和难点,具体表现是学生的语言能力往往是"半生不熟"的。其实,据我们了解,不光大阪产大孔子学院,其他在日的孔子学院也大都存在类似问题。这一方面是学生学习动机不够积极、学习热情不够充分造成的,另一方面跟我们的教学安排也有关系,此外,我们认为孔子学院总部在很多统一部署的工作方面做得还不够。

汉语教学的方法可以千变万化,世界各地的教材、教师也理应因地制宜,但汉语知识是同样的,我们起码要有较为统一的教学大纲。在大纲的基础上,各个孔子学院允许有自己的变通,但原则应当是一致的。比如,初级水平意味着多少个学时,掌握多少词汇和语法点,交际能力达到什么标准等等。这种适用全世界各地的标准化的大纲一旦建立,各个孔子学院便能有章可循,结束各自为战的局面,任何一家孔子学院的教学安排也会相对合理了,因为我们不可能再人为地划分出"层级"了,让学生摆脱学了一个学期就等于提高了一个层级的不现实的想法。同时，各个孔子学院执行力如果平均的话，那么，学生参加任何一家孔子学院的学习，在相同的学时内所学到的东西应该是一样的，这样就可以避免学员之间无谓的攀比，也可以杜绝孔子学院之间的不良竞争。各个孔子学院理性进行教学安排，前面所谈到的问题也就自然不存在了。

我们再来看教师培训的问题。目前教师培训的种类和层次非常多，至今没有统一的标准和统筹的观念。所谓的统一标准不是要求它能够适应世界各地所有的具体情况，事实上这种要求也是不现实的。我们所谓的统一标准，是指各个孔子学院所在国针对自己本国的实情来进行教师培训，如语言知识方面的课程需要哪些，教学能力方面的课程需要哪些，课堂管理方面的课程需要哪些，每种课程需要达到什么目的等等。此外，培训要有层次观念，如职前培训、职中培训、发展培训等等，不同的层次其内容、目的和方法都应该是不同的。就目前的情况来看，我们所做的培训很难做到让多数教师得到提高，因为我们没有标准可依，也无法统筹规划，这样做出的培训，其效率是受限制的。

标准的统一是孔子学院内涵建设的重要途径，西方重要的语言传播机构（如法语联盟、歌德学院、塞万提斯学院等）均建立了诸多重要的科学标准，他们的成功为我们提供了借鉴。

2. 孔子学院教师问题应尽快走本土化道路

在教学的三大要素（教师、教材、教法）中，起决定性意义的是教师要素。我们认为，孔子学院目前出现的一些教学问题，很多是出在了教师的身上。

我们在前文2.1.4中提到了"非目的语环境下的全目的语课堂"这一困境，学生在日常生活中见到中国人的机会非常有限,如何能让他们在全目的语课堂中坐下来,对老师来说是一大挑战。崔健(2008)指出,"母语环境中的第二语言教材的表述和教学过程通常要借助于母语,因而有助于传授知识,利于对知识的理解,可以收到'画龙点睛'之功效。"身处汉语国际推广的前沿阵地,不懂如何运用学生母语和汉语进行对比,就很难在国别化汉语教学中收到"画龙点睛"之功效(参鹿钦佞、姚远2011)。而实际情况是,绝大多数外派教师是不懂赴任国的语言的,这种情况给孔子学院的教学造成了困难。

抛开语言问题不论,单就孔子学院的教师结构来看,绝大多数孔子学院都会有至少一名中方专任教师和一名中方志愿者。一般来讲,中方专任教师会在所在孔子学院任教两年,孔子学院总部最近又出新规:中方教师须任教3-4年,而且孔子学院总部准备在今年建立300人的专职师资队伍(人民日报,2012年8月10日01版)。即便如此,从国内派往孔子学院的教师总是刚刚熟悉该国情况便又回国或者转派其他国家任教,这样,孔子学院的中方教师和志愿者都永远是新手。

国家汉办每年会对即将赴任的孔子学院教师进行培训,这一培训的针对性不够明确,不能提供针对教师赴任国家实际情况的培训内容。其实,即便这种培训能够做到,它也解决不了上述问题。我们认为,孔子学院总部和世界各地的孔子学院,尤其是一些有着较为优秀的汉语教学理论与实践传统的国家(如日本、韩国等)应尽早摆脱对中国派出专任教师依赖的思路,应该因地制宜,尽早走孔子学院教师本土化的道路,这样一来,孔子学院面临的很多教学问题都将迎刃而解。

3. 孔子学院语言推广和文化传播不应分裂

中国在走向世界的过程中,世界人民对中国文化的认同是我们不得不面对的一大课题,而语言是文化的载体,因此,语言推广和文化传播自然而然地成为孔子学院的两大历史使命。

任何国家在推广语言的同时都会伴以文化甚至价值观、意识形态的传播。文化传播可能是我们的最终目标,然而语言和文化的传播不应分裂,语言既然是文化载体,语言教学当然也就是需要首当其冲解决的头等大事,过分在乎结果而放松过程,其结果也不能如人意。在大阪产大孔子学院日常工作里,完成各类文化活动的工作量不比汉语教学的工作量少,但通过前文的介绍可见,这两块工作实际上是各不相干的。语言课上是否渗透文化内容是没有要求的,而各种文化活动却跟语言教学关系不大。

我们认为,要让文化传播更多地回到语言课堂上来,就要在语言课的内涵上多下功夫。孔子学院总部在制定教学大纲时应该考虑到文化的传播问题,在教师和教材上动脑筋,让文化传播以"润物细无声"的方式传播,而不要仅停留在太极拳、包饺子、剪纸、做中国结等形式上。海外众多优秀的中文教师甚至大学里的中文系主任,他们不懂剪纸、太极,但谁能说他们不懂中国文化呢?谁能说他们的教学里没有中国文化的传播内容呢?优秀教师和教材的点滴渗透胜过大张旗鼓的说教和演示,扎扎实实地培养出一批高水平的汉语学习者胜过培养出几个中国结高手。

因此,孔子学院的工作重点还应回到语言教学上去,孔子学院总部应对此有考核标准。

四、结　　语

通过对大阪产业大学孔子学院的介绍我们可以看到,孔子学院是汉语国际推广的前线,它扮演着汉语的教学者、中国文化的传播者、汉语考试的组织者、本土汉语教师的培训者以及与中国各大学联系的建立者等诸多角色,可谓意义重大。

孔子学院已在全世界各地开花结果,据报道,到 2015 年,孔子学院预计将达 500 所(《人民日报》,2012 年 8 月 10 日 01 版)。在孔子学院的飞速发展的进程中,不可能一切都顺风顺水,参与孔子学院建设和发展的工作人员须充分收集世界各地孔子学院的个案,及时总结,促进思考,藉此不断完善汉语国际推广和传播中国文化的工作。

参考文献

崔健,"关于加强国别化汉语教学的几点思考",载于郭鹏等主编《汉语国际教育研究》,北京语言大学出版社,2008。

鹿钦佞、姚远,"孔子学院专任教师应当具备的素质",《国际汉语教育(动态·研究)》,2011 年第 4 辑。

吴兢,"孔子学院:中国文化拥抱世界",《人民日报》,2012 年 8 月 10 日第 1 版。